投资的逻辑
策略与实战

LOGIC
OF
INVESTMENT

[美]李强 —— 著

清华大学出版社
北 京

内 容 简 介

现在很多投资者在投资时都是"拍脑袋"做决策,或者随波逐流,其他人投资什么项目,自己就跟着投资什么项目。事实上,这种做法是非常不明智的,也不符合当下这个高速发展的时代的要求。随着时代不断变革,投资者应该学习投资的新技巧、新策略。本书作为一本专业、科学、成体系的投资指导手册,能够帮助投资者形成足够强大的投资能力。

本书以投资为核心,从投资规划讲起,分别介绍了投资流程与规范、投资可行性预测、市场分析、商业模式梳理、企业团队考察、目标用户研究、项目评估、创业者筛选、尽职调查、谈判博弈和股权分配等多个方面的内容,为投资者提供了投资实战方案。

本书的很多案例都是作者亲身实践过的,具有极高的参考价值。另外,本书中的投资技巧是作者在多年的实践经验的基础上总结的,实用性和可操作性很强。本书中的一些内容为同类书中所少见,它们能带给读者丰富的学习体验,帮助读者快速地领会投资真谛。

本书封面贴有清华大学出版社防伪标签,无标签者不得销售。

版权所有,侵权必究。举报: 010-62782989,beiqinquan@tup.tsinghua.edu.cn。

图书在版编目(CIP)数据

投资的逻辑:策略与实战/(美)李强著.—北京:清华大学出版社,2023.1(2024.9重印)
(新时代·管理新思维)
ISBN 978-7-302-61941-3

Ⅰ.①投… Ⅱ.①李… Ⅲ.①投资-研究 Ⅳ.① F830.59

中国版本图书馆 CIP 数据核字(2022)第 196059 号

责任编辑:	刘　洋
封面设计:	徐　超
版式设计:	方加青
责任校对:	宋玉莲
责任印制:	杨　艳

出版发行: 清华大学出版社
　　　　　网　　址: https://www.tup.com.cn,https://www.wqxuetang.com
　　　　　地　　址: 北京清华大学学研大厦 A 座　　**邮　　编:** 100084
　　　　　社 总 机: 010-83470000　　　　　　　　　**邮　　购:** 010-62786544
　　　　　投稿与读者服务: 010-62776969,c-service@tup.tsinghua.edu.cn
　　　　　质 量 反 馈: 010-62772015,zhiliang@tup.tsinghua.edu.cn
印 装 者: 大厂回族自治县彩虹印刷有限公司
经　　销: 全国新华书店
开　　本: 170mm×240mm　　**印　　张:** 16.75　　**字　　数:** 261 千字
版　　次: 2023 年 3 月第 1 版　　**印　　次:** 2024 年 9 月第 4 次印刷
定　　价: 89.00 元

产品编号:095885-01

1946年,随着美国研究与发展公司的成立,风险投资在美国东海岸诞生。70年的时间里,硅谷诞生了一批产生巨大影响力的企业,它们几乎引领了从半导体到互联网,再到移动互联网,乃至如今区块链技术发展的每一次浪潮。如开启芯片行业的半导体公司英特尔,引领智能手机和PC浪潮的消费电子企业苹果,企业级数据库软件公司甲骨文,发明路由器的互联网设备公司思科,凭借搜索业务起家的高科技公司谷歌,风靡全球的社交霸主Facebook(如今的Meta),发明人工胰岛素的生物制药公司基因泰克,定义互联网运营模式的门户网站雅虎等,都在这个美西山谷中的狭长地带野蛮生长,而这个名单可以写得很长很长。

在企业创始人的带领下,这些企业不断创造出令人惊喜的卓越产品,催生或引领了行业的发展,推动了社会的进步与变革,深刻改变和影响了人们的日常生活。近百年间,这些变化发生背后的主要推手之一,就是风险投资。全球各地的风险投资人,凭借自身的判断与思考,把资金投给那些尝试创造未来的企业家们,帮助他们把从未发生的构想变成现实，并借此获得高额的回报。

李强是硅谷著名的华人风险投资人。在这本书里，他系统、全面、深入地阐述了自己在投资方面的想法和观点，不仅对有兴趣从事风险投资的人大有裨益，还能帮助创业者从另一个视角了解投资人的想法。在我看来，这是一次认真、谦虚且坦诚的观点分享，弥足珍贵。

新旧交替，浪潮奔涌，风险投资人和创业者都被时代的洪流裹挟着向前，同时也创造了新时代。当 PayPal Mafia 成为新时代的仙童"八叛逆"，当马斯克成为下一个乔布斯，当航天梦接替了汽车梦，当中本聪用代码挑战现代金融体系，我们会发现，这个世界永远不缺少天才，也不缺少奇迹。

时势造英雄，英雄亦造时势。投资的意义，就是用资源的力量去孵化那些能够改变未来的技术和想法，助力那些创始人，用行动改变世界，用商业改变未来。

福布斯中国 CEO　李思卫（Sherman Lee）

顶级投资专家彼得·林奇（Peter Lynch）说过："不做研究就投资，与玩扑克不看牌面一样盲目。"他在麦哲伦基金任职时，仅用了13年时间便使自己管理的资金从2000万美元增长至140亿美元。这需要有何等高超的投资智慧！

正所谓"知己知彼，百战不殆"，要成为一个像彼得·林奇那样出色的投资者，关键是要做好前期研究工作，摸清自己的牌面。同时，了解对手的想法和技巧，然后据此设计攻守策略，从而把胜算牢牢地掌握在自己手里，并始终坚持自己的投资信仰。

这是一个几乎可以零门槛创业的时代，好像全世界投资者的目光都聚焦在创业者及其背后的项目上。与此同时，拥有一定财富积累的投资者群体也在不断扩大。外国的里奇·伯恩斯坦（Rich Bernstein）、乔治·索罗斯（George Soros）、伯纳德·巴鲁克（Bernard Baruch）、里德·霍夫曼（Reid Hoffman），中国的沈南鹏、徐小平、张磊……越来越多优秀的投资者在这样的形势下涌现，他们都希望自己能凭借敏锐的投资触觉从而获得高回报。

在我看来，未来的投资领域，将是高段位参赛者的竞技场，对投资的深度认知是投资者必备的"入场券"。两位背景相似的投资者，如果其认知水平相差5%，那么投资回报率可能就相差一千倍，甚至一万倍。当别人问我投资的秘诀是什么时，我也会告诉对方这样的答案：多年发展与磨砺所形成的深度认知，以及对这个认知的严格贯彻与执行。

刚刚进入投资领域的投资者，大多缺乏完全成形的认知。此时，这些投资者就需要一本投资手册来帮助自己培养认知能力，获得更多投资知识，形成有效的投资理念。幸运的是，在投资领域深耕多年的我，有一定的认知与实践经验积累。于是，我决定将二者融会贯通，并编纂成书，希望借此帮助投资者走出困境，找到在投资中避免犯错的策略和技巧。

俗话说"外行看热闹，内行看门道"，投资领域亦是如此。本书以内行人的视角介绍投资方法，从投资规划、投资流程与规范、市场分析、企业团队考察、尽职调查等诸多维度对投资进行介绍，用生动、流畅的语言分享丰富的投资案例，兼具可读性与实操性。

每个人都应该把时间用在真正有意义的事情上，毕竟做对的事情比把事情做对更重要。越早规划自己的投资生涯，就越有可能让财富奔涌而来。我经常听到有人通过投资获得巨额收益的消息，于是就想：既然这些人可以做到，那么下一个成功者为什么不能是我呢？

我自认为爱学习，之前也确实通过学习改变了很多观念和处事习惯，理解了投资的价值和重要性。因此，我认为有必要将自己学习到的知识分享给大家，帮助大家把投资梦想变成现实。我将自己在投资领域潜心钻研多年的成果都融合在本书中，若书中尚有可补足之处，恳请读者朋友们予以指正。

目录

第1章 投资规划：始于规划，终于经验 / 1

1.1 投资像车轮，驱动力不可少 / 2
1.1.1 万物皆有周期，投资亦然 / 2
1.1.2 价值的底色：投资究竟能带来什么 / 6
1.1.3 思考：我为什么要投资 / 7

1.2 用理念"武装"自己，投资有筹码 / 9
1.2.1 赚钱不易，投资要有实业眼光 / 9
1.2.2 逆向投资：千万别做羊群里的"羊" / 11
1.2.3 胜而后求战，成本论不无道理 / 13

1.3 愿望清单：想成为哪种投资者 / 15
1.3.1 逐利为先，短视心态在作怪 / 15
1.3.2 撬动企业根基，做控制者 / 16
1.3.3 战略协同，不让投资变"独角戏" / 17

第2章 投资流程与规范：用逻辑思维做事 / 19

2.1 漫漫投资路，要按步骤走 / 20
2.1.1 与创业者首次PK，做好创业情况的接洽 / 20

- 2.1.2 请创业者提供商业计划书，要求完整有细节 / 21
- 2.1.3 与企业合作，做好尽职调查 / 23
- 2.1.4 审核并确认重要条款，签署投资协议 / 24

2.2 签署合同，体面和纠纷在一线之间 / 25
- 2.2.1 审核经济因素条款，重点关注估值与优先清算权 / 25
- 2.2.2 看清控制因素条款，巩固投资者权利 / 27
- 2.2.3 针对企业特别情况，补充其他重要条款 / 30

2.3 妄图触碰法律红线，后果自负 / 31
- 2.3.1 审核企业主体，避免法律隐患 / 31
- 2.3.2 做资产权利审核，拒绝投资瑕疵 / 32
- 2.3.3 投资即入股，消除股权隐患 / 34
- 2.3.4 重视信息披露，审核信息的真实性、准确性、完整性 / 35

2.4 重视财务问题，警惕财务陷阱 / 37
- 2.4.1 检查银行对账单和流水账单 / 37
- 2.4.2 审计财务报表 / 38
- 2.4.3 分析财务审计报告 / 40

第3章 投资可行性预测：别成为理想主义者 / 42

3.1 投资时代的现金流游戏 / 43
- 3.1.1 思考：如何玩转现金流游戏 / 43
- 3.1.2 借现金流看透发展的真相 / 45
- 3.1.3 扼住企业"命脉"，掌握现金流变化 / 46

3.2 "骨感"的现实：分析企业盈利能力 / 49
- 3.2.1 先观察企业的净资产收益率 / 50
- 3.2.2 做投资，就要选择盈利能力强的企业 / 51
- 3.2.3 实例讲解：A企业的盈利能力分析 / 54

3.3 偿债与成长，投资困境亟待破局 / 57
- 3.3.1 没有偿债能力的企业，请谨慎投资 / 57
- 3.3.2 分析成长能力，瞄准企业的未来 / 59

第 4 章 市场分析：机会和收益的变焦镜 / 63

4.1 带着"使命"了解整个行业 / 64
    4.1.1 古今兼顾：了解行业历史及趋势 / 64
    4.1.2 竞争壁垒是强大的"保护伞" / 67
    4.1.3 分析行业发展前景不是主要工作 / 69

4.2 解读市场数据，用事实说话 / 70
    4.2.1 从渗透率到市场占有率 / 70
    4.2.2 了解企业所处市场的发展空间 / 72
    4.2.3 思考：市场规模到底可靠吗 / 73

4.3 分析市场情况，找到真正的"大蛋糕" / 75
    4.3.1 市场之战，从目标市场分析开始 / 75
    4.3.2 识别市场机会，看"蛋糕"是否足够大 / 77
    4.3.3 掌握产品在市场上的供求情况 / 80

4.4 知己知彼，做市场竞争分析 / 82
    4.4.1 核心竞争力才是王道 / 83
    4.4.2 渠道优势是企业的宝贵财富 / 84
    4.4.3 独特而不奇葩：产品差异化分析 / 86

第 5 章 商业模式梳理：企业顶层设计之道 / 88

5.1 商业模式背后的企业价值论 / 89
    5.1.1 做投资，要认准值钱的企业 / 89
    5.1.2 免费型商业模式真的"免费"吗 / 91
    5.1.3 身处新时代，开放型商业模式受欢迎 / 93
    5.1.4 投资者的梦想：抓住那只独角兽 / 94

5.2 投资不看商业模式，大错特错 / 96
    5.2.1 值得投资的商业模式是什么样子 / 97
    5.2.2 商业模式聚焦，业务化繁为简 / 98
    5.2.3 瞄准高利润区的企业是"宝藏" / 99

5.3 商业模式创新造就成长型企业 / 101
    5.3.1 链式结构挖掘企业的成长空间 / 101
    5.3.2 让商业生态系统形成闭环 / 103
    5.3.3 Netflix：紧跟时代的佼佼者 / 104

第6章 企业团队考察：优秀人才是宝贵资源 / 108

6.1 "骨架"分析：考察组织架构 / 109
    6.1.1 了解职能架构，决策更精准 / 109
    6.1.2 做层级架构分析，避免不当行为 / 110
    6.1.3 部门划分情况影响团队协作性 / 112
    6.1.4 职权架构要清晰，责任到人 / 112
    6.1.5 设计组织规模，可参考"两个比萨"原则 / 113

6.2 "灵魂"分析：考察创始人 / 115
    6.2.1 创始人三要素：心宽、体壮、脑子活 / 115
    6.2.2 职业履历与从业经历分析 / 116
    6.2.3 梦想与情怀是创业"加速器" / 118
    6.2.4 聆听创始人的故事 / 120

6.3 "血脉"分析：考察管理者 / 122
    6.3.1 管理者各司其职，分工协作 / 122
    6.3.2 管理者的能力与优势分析必不可少 / 123
    6.3.3 综合素质：个人格局与彼此配合 / 123

6.4 "皮肉"分析：考察下属团队 / 125
    6.4.1 管理模式出色，团队更强 / 125
    6.4.2 掌握企业的人力资源管理情况 / 127
    6.4.3 重点评估某一类员工 / 129

第 7 章 目标用户研究：投资盈利的强大力量 / 131

7.1 了解被投企业的目标用户 / 132

    7.1.1 用户有需求，产品才受欢迎 / 132

    7.1.2 了解用户体量，衡量用户潜力 / 134

    7.1.3 购买行为与购买决策分析 / 136

7.2 评估目标用户，要看两大数据 / 139

    7.2.1 用户增长趋势 / 139

    7.2.2 活跃 / 留存 / 流失用户的数量 / 141

7.3 被投企业有超级用户因子吗 / 143

    7.3.1 什么是超级用户？ / 143

    7.3.2 超级用户背后的投资价值 / 146

    7.3.3 从流量思维转变为超级用户思维 / 147

第 8 章 项目评估：找到项目的真正价值 / 150

8.1 项目评估四大维度 / 151

    8.1.1 项目前景：处于蓝海中，潜力巨大 / 151

    8.1.2 项目规划：核心层 + 有形层 + 延伸层 / 152

    8.1.3 项目优势：成本 + 可规模化 + 自动化 / 153

    8.1.4 项目上线方案：时间 + 规模 + 迭代节奏 / 155

8.2 项目营销策略审核：能否赢得用户支持 / 157

    8.2.1 设立营销目标：遵循 SMART 原则 / 157

    8.2.2 渠道策略：找到一个合适的渠道 / 160

    8.2.3 营销团队及管理：有增长才有结果 / 162

8.3 项目风险全面预测 / 165

    8.3.1 项目有无风险性因素 / 165

    8.3.2 风险爆发的可能性事件 / 168

    8.3.3 计算风险造成的投资损失 / 169

    8.3.4 审核被投企业的风险控制与管理方案 / 170

第9章　创业者筛选：投资是看人的艺术　/　172

9.1　如何寻找好的创业项目　/　173
　　9.1.1　让自己身边的人引荐　/　173
　　9.1.2　充分利用媒体关系网络　/　174
　　9.1.3　经常浏览创业孵化平台　/　176
　　9.1.4　与融资机构合作　/　177
　　9.1.5　社交达人霍夫曼的投资之路　/　178

9.2　对创业者进行分类筛选　/　180
　　9.2.1　与投资者具备高匹配度的创业者　/　180
　　9.2.2　有想法，投资者无需过度插手的创业者　/　182
　　9.2.3　需要投资者给予足够信任的创业者　/　183
　　9.2.4　有顺序地接触各类创业者　/　183

9.3　与创业者接触的四大关键问题　/　185
　　9.3.1　与创业者见面之前，需要做什么　/　185
　　9.3.2　如何选择见面的时间与地点　/　186
　　9.3.3　创投双方见面，要不要带其他人　/　186
　　9.3.4　怎样判断是否会有下一步接触　/　187

第10章　尽职调查：抓住"三板斧"不放松　/　189

10.1　业务调查：认清企业的经营实质　/　190
　　10.1.1　一切从了解企业基本情况开始　/　190
　　10.1.2　分析行业发展方向，识别企业潜力　/　193
　　10.1.3　明确经营状态：客户、供应商、对手　/　195
　　10.1.4　调查股权，看透企业股权风险　/　197

10.2　财务调查：让投资者极速"排雷"　/　199
　　10.2.1　审核现金流、盈利及资产事项　/　199
　　10.2.2　预测企业的未来价值　/　201
　　10.2.3　分析三张财务报表　/　202

10.3 法务调查：知根知底而后行 / 204
    10.3.1 了解企业设立及历史沿革问题 / 205
    10.3.2 判断企业有无重大债务 / 206
    10.3.3 审查企业的重大合同 / 207
    10.3.4 警惕重大诉讼、仲裁、行政处罚 / 209

第11章　谈判博弈论：共赢下的利益最大化 / 210

11.1 谈判时需要注意的六个问题 / 211
    11.1.1 企业估值问题 / 211
    11.1.2 独家谈判期 / 214
    11.1.3 投资条款清单 / 215
    11.1.4 保护性条款 / 217
    11.1.5 企业经营瑕疵分析与处理 / 217
    11.1.6 业务合作与资源导入 / 218

11.2 如何在谈判中占据优势地位 / 220
    11.2.1 用数据和细节"征服"对方 / 220
    11.2.2 为谈判设置合理的范围 / 221
    11.2.3 谈判的基础：基于创业者类型做准备 / 222

11.3 双方共同协商股权问题 / 224
    11.3.1 投资者考虑如何安排控制权事宜 / 224
    11.3.2 调整投资额，做最有利的投资交易 / 226
    11.3.3 股权可以妥协，但必须有底线 / 227

第12章　股权分配方案：投资者要占多少股权 / 228

12.1 投资者股权 PK 创始人股权 / 229
    12.1.1 明确创始人及创投关系 / 229
    12.1.2 投资者应该拿多少股权 / 231
    12.1.3 股权分配的核心：人才＋资金 / 234

12.2 什么样的股权架构更科学 / 236
  12.2.1 如何打造科学的股权架构 / 236
  12.2.2 警惕"五五"式股权架构 / 238
  12.2.3 股权架构不合理引发投资风险 / 240
12.3 投资者要参与股权设计 / 241
  12.3.1 股权是商业文明的里程碑 / 242
  12.3.2 股东众多不可取 / 244
  12.3.3 明确创始团队"权、责、利" / 245
  12.3.4 用法律武器保护股权公平 / 247

后记 / 251

第1章

投资规划：始于规划，终于经验

　　任何投资者在投资前都要做到心中有数，制定一个完善的规划方案，并将自己的经验融入其中。投资就是"投入资源"，是一种分配资源的艺术。由于资源不是无限的，因此投资规划的重点往往是将有限的资本分配到效益更大的项目中。

　　从本质上来说，为投资制定规划方案是一个决策的过程。这个过程强调资本的时间价值，即确保今天投入1元，明天可以收获10元、100元，甚至上千元。

1.1 投资像车轮，驱动力不可少

我经常听到有人问：是什么驱使投资者做投资，而不把钱用来自己创业呢？这个问题似乎没有标准答案，因为不同的人有不同的投资目的。但可以确定的是，绝大多数投资者在投资时都需要有一个驱动力。这个驱动力促使其心甘情愿并且坚持把自己的钱投出去。对于投资者来说，投资虽然会牺牲资产的现值，但也有很大概率获得更高的未来价值。

1.1.1 万物皆有周期，投资亦然

投资者关注的焦点是企业，研究企业的发展阶段，把握各阶段的特点，并基于此做出相应的决策，这是其工作重心。20世纪80年代末，美国的一位教授伊查克·爱迪思（Ichak Adizes）在研究、辅导过上千家企业后，创作了《企业生命周期》[①]这一经典著作。

在这本书里，他将企业的发展过程与人类的进行类比，提出了企业生命周期理论。企业的发展过程被爱迪思划分为十个阶段，包括孕育期、婴儿期、壮年期、官僚期、死亡等。此后多年，众多学者不断对其理论进行完善，并将企业的发展浓缩成四个阶段：初创期、成长期、成熟期和衰退期。这也是当前被广泛采纳和应用的划分方式。

有些投资者倾向于投资处于高速成长期的企业，也因此获得了一定的超额收益。但实际上，企业的每个发展阶段都有其独特的魅力，也有不同的投资价值。

---

① [美]伊查克·爱迪思. 企业生命周期[M]. 王玥，译. 北京：中国人民大学出版社，2017.

1. 初创期

在初创期，企业往往忙于挣扎求存，盈利情况并不理想，且鲜少能搭建完善的管理制度，因而其核心竞争力比较弱。处于这一阶段的企业更多的是在某些方面有特点，但缺乏综合竞争力。这个阶段风险极大，稍不留神，初创团队就可能面临失败。所以这个阶段的企业不适合普通投资者投资，但却容易受到天使投资者的青睐。

2. 成长期

当企业发展到成长期时，其产品通常经过了消费者的试用，并以自身优势赢得了一部分消费者的偏好。与此同时，同类企业之间出现了相互竞争的局面，这种局面会持续较长时间。在这一时期，企业需要借助外部资本来提升自己的竞争力，并充分发挥负债的财务杠杆作用，从而实现快速扩张。

但需要注意的是，成长期的企业会面临较大的竞争风险，其产品大概率会引起其他企业的关注和模仿，企业的破产率与被兼并率会很高。所以投资者必须警惕这种激烈竞争下的成长陷阱，避免随时可能产生的风险，以免被套牢。

3. 成熟期

成熟期的企业为了巩固自己的行业地位，会在营销上花费较多，其盈利处于稳定或者下降的状态，但产品价格会提升，整体发展速度开始放缓。当然，其股票也从成长股蜕变为价值股，让投资者"放长线，钓大鱼"。在这个阶段，企业重视投资者回报，对于投资者来说是比较好的投资机会，但投资者要警惕企业在悄无声息中进入衰退期。

对于任何一家处于成熟期的企业来说，走向衰落都是难以避免的，其原因通常是因循守旧、丧失狼性等。企业只有不断对策略和方向进行调整，时刻保持对市场的敏感度，才能不断延长成熟期，获取更多收益。

但投资者需要注意"大船难掉头"。规模已经发展起来的企业转型更困难，因为其成本更高，内部阻力更大，运营思维、产品开发模式、技术等方面都需要进行调整。这也对企业管理者提出了更高的要求。

2012年伊始，马克·扎克伯格（Mark Elliot Zuckerberg）宣布 Facebook 将坚持"以移动为先"的理念。为了推行这一理念，他要求取消所有仍然以电脑端产品为 PPT 开头的会议，并要求与会人员将与移动端产品相关的内容在会议开始时进行展示与阐述。

享受了移动社交红利的扎克伯格，又在2021年10月末的 Connect 开发者大会上宣布转型，将大家耳熟能详的 Facebook 更名为 Meta，正式进军元宇宙领域。

4. 衰退期

衰退期的持续时间可能会很长，企业的资产负债率也会由于内部资金不足、缺乏权益融资渠道等原因而处于相对较高的水平。这个阶段的企业显然不适合普通投资者投资，但可能非常适合秃鹫投资者。[①]

1938年夏，在老师的帮助下，斯坦福大学电气工程系的毕业生威廉·休利特（William Hewlett）和戴维·帕卡德（David Packard）在车库里创办了惠普公司。从此，硅谷车库创业模式以及独具一格的"惠普之道"管理模式，成为硅谷的精神核心。

然而，即便是这样一家伟大的企业，如今也正处于衰退期。据相关数据统计，截至2021年第三季度，惠普的库存总价值约为82亿美元，库存天数高达62天。虽然82亿美元的库存总值不足以威胁其生存，但电脑技术日新月异，62天的库存天数足以让其竞品抢尽风头。

处于衰退期的企业随时可能"寿终正寝"，而初创企业更是可能随时夭折。对此，杰弗里·摩尔（Geoffrey A. Moore）在经典著作《跨越鸿沟》[②]中提出

[①] 专门处理有问题或者即将倒闭的企业的投资者。他们会买卖此类企业，消化此类企业的坏账，解决企业破产后的种种遗留问题。

[②] [美]杰弗里·摩尔.跨越鸿沟[M].赵娅,译.北京：机械工业出版社,2009.

了一个非常重要的概念：死亡谷（valley of death）。

死亡谷对于企业和创始人来说几乎是必定要经历的煎熬期和蜕变期。以埃隆·马斯克（Elon Musk）的经历为例，他在创建美国太空探索技术公司（Space X）早期，也曾因为资金链短缺而承受非常大的压力，经常在深夜失眠，并大喊大叫。在死亡谷阶段，创业者和企业都在挣扎求存，一失足便可能万劫不复。而只有成功跨越死亡谷的企业，才有可能迎来风雨之后的海阔天空。

将企业发展划分为上述四个阶段的界限不是固定的。例如，波里（Polli）和库克（Cook）就倾向于将实际销售量的百分率变动的正态分布作为界限。在我看来，如果投资者可以把握住字节跳动、美团、特斯拉等知名企业的初创期和成长期，陪伴这些企业从"小孩"慢慢变为"青壮年"，那么投资者将是非常幸运的。如今，这些企业均已发展成为各自领域的龙头，未来还会有更大的成长空间，只是增速会有所放缓，但这并不影响它们的投资者获得稳健的收益。

投资者对企业的发展阶段进行研究，不仅可以获得超额收益，还能够避免企业估值下降导致的"投机损失"。例如，美国的强生、微软、沃尔玛等都是"护城河"（能长期维持的差异化）非常宽阔的企业，但它们近几年的股价表现并不突出，投资者如果长期持有这些企业的股票，反而可能会略有亏损。

当然，拥有两次或者多次生命的企业也不少。例如，经营陷入困境的苹果公司在史蒂夫·乔布斯（Steve Jobs）的领导下进入第二次成长期，股价迅速上涨；比亚迪从电池行业的龙头企业发展为汽车行业的佼佼者，又布局新能源领域，也相当于获得了第二次生命。

在企业的不同发展阶段，投资者扮演着不同的角色。因此，投资者应该给自己一个清晰、准确的定位，明确自己和企业的关系、应该在企业的哪个阶段为其投资、预期的年复合收益率是多少等问题。投资者的资金来源和投资成本不同，对收益的预期也不同。但可以肯定的是，拥有比较明确的收益预期，是投资者做出精准投资决策的前提。

有些人认为，一级市场有进入壁垒，对投资者的经济实力、风控经验等有比较高的要求。因此，与二级市场中的投资者相比，一级市场中的投资者更有可能获得丰厚的超额收益。这种观点有一定的道理。但如果企业在上市后仍然处于成长期，那么投资者就不能通过投资这样的企业获得超额收益吗？答案当然是否定的。

因此，投资者不能只关注一级市场，享受高成长企业带来的高回报，而应该适当进入二级市场，扮演好股东的角色。与此同时，投资者要了解企业目前处于什么阶段、在市场上的地位和竞争力如何，这样才能为投资奠定坚实的基础。

1.1.2　价值的底色：投资究竟能带来什么

投资是对社会资源进行管理与配置的一种方式。社会能否进步、企业能否向前发展、人们的生活质量能否得到改善，在一定程度上取决于资源能否被合理、高效地管理与配置，也就是取决于资源是否得到了最大化利用。

一个无法否认的事实是：投资者看重回报，往往倾向于投资有自我造血能力的企业和创业者。但高回报通常来源于足够好的产品和服务，就像大家在日常生活中使用的产品和服务有很大一部分是投资的产物一样。无论是互联网、新能源汽车，还是基础设施建设，都可能受惠于资本。甚至曾经一度陷入停滞状态的宇宙探索进程，都在资本的支持下焕发出新的生机。

2002年，一个年轻人把自己的企业以15亿美元的价格出售给eBay。他利用这笔钱，联合其他投资者，创办了一家私人的航空航天公司，希望开拓航空航天领域的版图。这个年轻人在经历多次失败后，终于成功实现了火箭回收技术的突破，推动了人类航空事业的发展。这个年轻人，就是大家熟知的马斯克。

如今，以马斯克创办的SpaceX为代表的一批市场化航空航天企业，包括理查德·布兰森（Richard Branson）的维珍银河、杰夫·贝索斯（Jeff Bezos）的蓝色起源等，都在用自己的方式推动着人类驶向星辰大海的进程。而这与资本的本质是分不开的。

资本往往以结果为导向，它的介入，会督促企业制定出可持续又切实可行的发展策略，从而避免陷入因为缺少系统规划而持续投入却效果平平的尴尬局面。

历史的车轮滚滚向前，技术应用的边界不断延伸。从半导体到互联网，从汽车到手机，从感冒药到疫苗，生活的方方面面都在被技术应用推着向前发展。这些成就的背后都有资本的加持，这难道不是投资展现出来的价值吗？

相关数据显示，在1974—2021年上市的1400多家企业中，有大约43%的企业获得了风险资本的投资。此外，2020年，即有9000多家企业获得注资，平均每天有近25家企业，它们获得了总计3.87亿美元的投资。这意味着投资者用自己的方式和逻辑，将更多资源配置给高质量的企业。

投资者肯定希望尽自己所能赚取更高回报。但投资的价值绝不止于此，在逐利的表象下，投资的价值是让优秀企业为社会做出更大的贡献。大家不妨将投资理解为以投入资本的方式支持优秀企业，企业在推动社会进步的同时获得收入和市值的攀升，而投资者在成功助力企业发展、回馈社会的同时获得高额回报。

聪明的投资者可以正确认识投资的价值，以推动学术理论与先进技术的落地应用为目的进行投资。当然，有些投资者只是为了逐利才投资，这无可厚非。但这种没有根基和实际价值的做法终究是空中楼阁，结果往往是泡沫破碎、满地狼藉。

1.1.3 思考：我为什么要投资

很多朋友，包括抖音上的观众朋友，都曾经问过我当初为何决定进军投资领域。很多人进行投资只是为了赚钱，但对于我而言，原因没有这么简单。其实我曾经有很多创业经历，只是在机缘巧合下，遇到了一个很好的契机，才进入投资行业。

在那个契机来临时，我深刻地认识到自己对投资行业是感兴趣的。既然有这样一个自己喜欢的行业摆在面前，那我索性坚定、勇敢地走下去，用另一种方式投身创业的浪潮中。

直到今天,我依然记得我和几位合伙人聚在一起时的情景。那是2012年的一个周末,我们在Google图片搜索的发明人朱会灿博士的家中聚餐。

参与聚餐的除了我以外,还有对Google中国、日本和韩国搜索引擎做出主要贡献的吴军博士,以及时任Facebook经理的魏小亮博士等。我们这一群在硅谷工作和生活多年、拥有丰富经验的华人好友畅所欲言,突然谈到了在美华人创业的事情。

我们都认为,在美的华人群体当中应该有一个可以促进彼此交流和沟通、支持有志者创业的平台。魏小亮博士也提出,或许可以考虑成立一只基金,有针对性地支持在美华人创业。在场的其他人也觉得这是一件有意义并且有价值的事情,同时也是另一种形式的创业。于是,大家一拍即合。我们基金的创始团队的组建也是从这里开始的,没过多久便正式搭建了起来。

从这个角度来看,我进入投资行业的初心是希望自己能够为在美华人的创业文化培养以及优秀项目的发展提供一定的支持,帮助他们积累经验,携手孵化未来。这也是我们基金的名称——丰元资本(Amino Capital)的由来。"元"代表开始,意味着丰元资本是早期投资机构,关注的是初成立、还只是一颗"种子"的企业;"丰"则代表丰茂,意味着丰元资本的目标是与"种子"型企业一起发展,帮助它们更好地成长为"参天大树"。

我们基金的英文名称也来自于很多有趣想法的碰撞。例如,我希望以A开头,这样在以首字母对基金进行排序时,我们基金的位置会靠前,这就像贝索斯以亚马逊(Amazon)为企业命名一样;朱会灿博士希望英文名称是一个原生词,这样便于记忆;而吴军博士更看重词义是否契合我们的使命。最终,我们的合伙人徐霄羽博士提议以"Amino"一词作为基金名称。一方面,"Amino"的本意是"氨基",氨基是构成氨基酸的必要物质,而氨基酸是构成生命必需的蛋白质的基本单位;另一方面,我们也希望基金的投资服务能够赋予优质的企业和技术生命力。

多年来,我们团队一直坚持以数据驱动为主线,投资领域涉及人工智能、数据安全、软件服务、医疗健康、IoT(Internet of Things,物联网)等。因为我们相信，数据已经是当下及未来最重要的资源，是新时代的"石油"。无论是数据采集与应用，还是数据安全维护，都能够催生出很多商机，因此数据行业是投资者应该抓住的投资主线。

我之所以要讲述自己进入投资行业的契机，是想鼓励正在读这本书的读者去思考自身行为背后的真正动机。无论是谁，如果想全身心地做好一件事，那就必须有一个强大的驱动力，并明白自己做这件事的目的是什么。如果只是想赚快钱，那就是纯粹的投机，这与投资有着本质上的不同。很多人在刚进入投资行业时就经历失败，可能就是因为缺少驱动力。

但如果投资有改变成长轨迹的作用，同时还会影响人们的日常生活方式，甚至会推动社会发展，那么人们应该投资吗？关于这个问题，我的建议是应该。当然，这件事也许说起来简单，但做起来难。不过，最好的开始时间就是现在，所以，请勇敢一些，积极响应投资时代的号召。

1.2 用理念"武装"自己，投资有筹码

投资不可怕，也没有那么困难。但是，任何与投资理念相违背的行为，都有可能让投资者变成一个赌徒。这些投资者大多缺乏投资知识和投资经验，不知道应该如何武装自己。因此，投资者要树立正确的投资理念，让自己有更多筹码在投资市场中获胜。

1.2.1 赚钱不易，投资要有实业眼光

所有投资者都应该思考一个问题：如何才能成为一名合格的投资者？这个问题其实不难解决，大家只需要记住一个重点：用实业眼光做投资。

首先，思考自己投资的是不是一门好生意。

好生意通常有两个衡量标准：一是它拥有其他生意没有的价值；二是它的模式可以复制，可以反复做。前者代表门槛，决定利润率的高低和未来的发展趋势；后者代表可复制性，决定销售增速。但是在现实中，一门生意往往无法兼顾二者，因此投资者可以优先选择有门槛的、低增速（可以持续发展）的生意。因为门槛是现成的，比较容易把握，而可复制性则很难预测。

其次，分析行业的竞争格局及企业的优势。

投资就是选择企业，选择企业时，投资者要看企业所处的行业及其优势。行业巨头的"护城河"往往非常宽阔，所带来的利润也会更大概率地超出投资者的预期。投资不是一件随便的事情，投资者只有坚持以实业眼光评估企业的价值，不被市场波动所影响，才有可能获得更高的投资收益。

最后，考虑价格和价值的关系。

评估企业的价值，需要对企业未来能获得的收益和可能遭遇的风险进行综合评估。在任何投资中，只有价格低于价值，投资者才可以获得正向回报。而要想判断企业的价值，尤其是未来价值，则需要有实业眼光和对行业发展脉络的理解与把控。

丰元资本汇聚了很多经验丰富、踏实肯干的合伙人，包括朱会灿博士、吴军博士、徐霄羽博士和 Hotmail（被微软以 4 亿美元收购，后更名为 outlook 邮箱）的创始人杰克·史密斯（Jack Smith）等。

这些合伙人都有很多耀眼的工作经历和投资经历，同时也具备深厚的行业经验和企业运营经验。这使得丰元资本能够充分发挥人才优势，以敏锐的实业眼光做投资。例如，硅谷的创新企业都希望在占领美国本土市场的同时进军中国市场，它们需要有华人背景又深谙硅谷规则的投资者，从而使自己更好地对接中国市场。我和团队伙伴们看到了其中的商机，于是选择有发展前景的创新企业进行投资，帮助它们开拓蓝海市场，进一步提升它们的竞争力。

要想以实业眼光做好投资，投资者就要研究不以人的意志为转移的规律，而不能总是纠结于市场如何变化。不以人的意志为转移的规律包括经济发展规律、行业特质、商业模式等，它们在短期内是不会有太大变化的。投资者要将这些规律研究透彻，从而为企业打造持续的竞争优势提供依据。

1.2.2　逆向投资：千万别做羊群里的"羊"

在投资中，逆向思维很重要。无论是巴菲特、索罗斯，还是邓普顿、卡尔·伊坎，这些投资领域的专业人士都具有非常强的逆向思维能力。

关于逆向思维，Facebook 的首个外部投资者彼得·蒂尔（Peter Thiel）说过："逆向思维，并不是为了和别人持不同意见而持不同意见。如果这样，就不再是逆向思维，仅是加了个负号的延续性思维——先看看主流舆论是什么，然后在前面加个负号。"

真正的逆向思维是独立思考，不随波逐流、人云亦云。当然，逆向思维不是要求投资者与其他人唱反调，而是让投资者挖掘自己感兴趣但其他人还没发现其优势的领域。

此外，彼得还强调逆向思维与一个人提出好问题的能力息息相关。如果投资者提出的问题不太简单也不太难，那么他就能够回答这个问题，并回答得很有趣。也就是说，如果投资者可以从提出好问题入手，那么就能够得到很多有趣的结果。

有些投资者虽然努力，但没有真正提出过好问题，而是提出一些大家都在思考和研究的问题。此类投资者难以脱颖而出。从这个角度来看，逆向思维并不仅仅指的是必须给出与众不同的答案，提出与众不同的问题也是一个非常不错的着眼点。

彼得认为逆向思维有以下两个要点：一是找到其他人不太感兴趣但自己很想探索的领域；二是提出好问题。

我非常认同彼得对逆向思维的看法。在投资时，我也确实经常受到逆向思维的启发和影响。我之前投资的回报比较高的项目，都不是靠抢获得的，而是在其他投资者都不看好项目、创业者找不到外部资本的情况下，我决定投资，才得到的。

大家都在追逐的项目，其价格往往已经被压榨到了极致，这是一个基础的经济学道理。如果一个项目的价格已经完全体现在了估值里，那么它就很难有盈利空间。因此，只有先人一步获取关键信息并做出准确判断，找到没有被挖掘的市场，才能更好地抓住机会，进而盈利。

我们团队之前投资了一家在2013年创立于旧金山的金融科技企业。该企业名为Chime Bank，主要通过手机为客户提供免手续费的借记卡办理、自动取款机访问等多种银行服务。其目标群体是年收入在3万～7.5万美元的美国人，盈利主要依靠这些人使用借记卡的次数来实现。

我们团队与Chime Bank的缘分始于知名投资者、Facebook首位华人工程师赵海平的引荐。Chime Bank首席技术官瑞恩·金（Ryan King）是赵海平曾经的上司。我们相识前，这家企业已经努力了3年，但只收获了4万个客户。由于当时美国的借记卡体系不完善，再加上Chime Bank的客户情况不理想，因此其创始团队屡屡碰壁，被众多投资者拒之门外。

然而，我们认为，结合市场情况判断，美国在借记卡方面的需求会有进一步的提升，而且发展空间很大，与之相关的企业的未来可期。在经过仔细分析和多次沟通后，我们最终决定帮助很多投资机构都不看好的Chime Bank，在早期向其投资了一笔钱。

现在，Chime Bank已经是我们投资的明星项目之一。对很多企业造成巨大冲击的新冠肺炎疫情，反而给Chime Bank带来了快速发展的新机遇。仅在2020年，Chime Bank的交易量和收入就比2019年增长了3倍以上，我们也因此获得了比较高的回报。

2020年9月，Chime Bank宣布在F轮融资中筹集到4.85亿美元。其估值增长到145亿美元，超过股票交易软件Robinhood，成为当时美国金融科技领域估值最高的"独角兽"。2021年8月，Chime Bank完成G轮融资，筹集到7.5亿美元，估值上涨至250亿美元。现在，这家没有任何线下实体办公网点的新式银行Neobank，已经成为整个行业的新标杆。

我们之所以投资Chime Bank，除了缘于我们自己对行业的理解与判断以外，也因为其创始人拥有对市场情况的深刻洞见和丰富经验。Chime Bank 的联合创始人兼首席执行官克里斯·布里特（Chris Britt）拥有 10 年以上的银行工作经验，其首席技术官瑞恩·金更是精通软件业务，这一点我们已经从赵海平那里得到了验证。我和他们二人的合照如图 1-1 所示。

图 1-1　李强（左）与 Chime Bank 创始人克里斯·布里特（中）和瑞恩·金（右）

赵海平对他们的认可有很高的参考价值。我们也觉得这个年轻、有极强管理能力的团队很值得期待。在兜兜转转后，我们决定用实际行动支持他们的事业，因此成为他们最早期的投资者之一。

我一直强调投资不能跟风，投资者必须有自己的判断，用我们的合伙人吴军的话讲，就是"布局在浪潮来临之前"。在投资时，投资者要判断 5 年、7 年、10 年后的市场情况。正所谓"机会是留给有准备的人的"，当投资机会来临时，成功的企业往往在几年前就开始布局，那些随波逐流的企业则要进行更激烈的竞争，而竞争之下自然会产生失败者。

1.2.3　胜而后求战，成本论不无道理

投资者在投资时往往会遇到四类企业：便宜的好企业、贵的好企业、便宜的坏企业、贵的坏企业。投资者很难判断和把握企业的好坏，但可以控制投资的成本。

如果用比较低的成本投资一家企业，那么即使这家企业的发展情况不够理想，它也只是从"便宜的好企业"变成了"便宜的坏企业"，而投资者遭受的损失也是有限的。但如果投资者没有控制成本，那么一旦企业发展得不顺利，"贵的好企业"就会变成"贵的坏企业"，此时投资者所遭受的损失将会很大。

因此，只要投资的成本是够低，投资者就相当于进行了有效的风险控制。而且，当成本足够低时，投资者赚钱的概率也会更大。正如沃尔玛的创始人山姆·沃尔顿（Sam Walton）所说："只有买得便宜，才能卖得便宜。"在此理念的指导下，沃尔玛取得了巨大成功。这个理念也非常适用于投资领域。

我们团队曾经投资了一家致力于研究基于神经网络的图像识别技术的企业Orbeus。由于当时投资成本不高，再加上我一向偏爱科技企业，因此我们便果断参与了 Orbeus 的种子轮融资。而事实也证明，这次投资是明智的。

在我们投资 Orbeus 一年多后，它就被亚马逊收购。其实当时除了亚马逊以外，苹果公司也对 Orbeus 非常感兴趣。但出于要保密的缘故，Orbeus 在和苹果公司进行价格谈判时不得不含糊地说："还有其他企业对我们感兴趣，想收购我们。"

但当时苹果公司的负责人并未当真，还觉得 Orbeus 之所以这样说，无非想要让收购的价格高一些。结果当亚马逊顺利收购 Orbeus 的消息宣布后，苹果公司的负责人非常生气，也十分后悔。如今，Orbeus 已经成为亚马逊图像识别软件（Amazon Rekognition）的前身，Orbeus 的一位联合创始人也已经成为亚马逊云计算服务（Amazon Web Services，AWS）的首席应用科学家。

当一家企业同时具备"便宜"和"好企业"这两个特征时，投资者的投资很可能会成功。如果一家企业同时具备"贵"和"好企业"这两个特征，那么投资者的投资比较平庸。投资一家便宜的好企业，就相当于和德才兼备的人交朋友，无论是从短期来看，还是从长期来看，投资者都有很大概率会收获惊喜。

1.3 愿望清单：想成为哪种投资者

"投资需谨慎"通常是投资者进入投资领域获得的第一条忠告。然而，在经过一段时间的摸爬滚打后，有的投资者赚到了钱，有的投资者却陷入被套牢的困局。这是因为市场上有怀着各种目的的投资者，如只想短期逐利的、试图控制企业的、想成为企业战略合作伙伴的，他们在市场中"八仙过海，各显神通"。投资目的不同，其产生的结果自然也不同。因此，在投资前，投资者要给自己定位，明确自己的投资目的。

1.3.1 逐利为先，短视心态在作怪

一部分投资者以盈利为目的做投资，希望通过投资获得经济上的回报，并在恰当的时机套现。这种投资者通常更关注投资回报率，而对企业在未来有没有上市的可能性则不太看重。换言之，在他们的投资思维中，逐利和短视心态是占据主导地位的。

但投资看重的是长远发展之后的最终结果，而对最终结果产生影响的最大因素就是时间。从经济和金融的角度来看，时间是有价值的。从资本的角度来看，时间是最大的投资成本。分别用 3 年和 10 年的时间去赚取 1 倍的回报，其投资价值自然完全不同。

投资者作为促进资本流动的有力推手，应该有清晰、合理的是非标准，致力于投资有正能量的团队和希望用技术造福人类的企业，而不能一味地看重短期收益。

微信支付在崛起前并不被看好，因为它面对的是支付宝这个实力强大的先行者。但在 2014 年春节，微信支付找到了破局点，一举改变了电子支付领域的格局。按照传统，腾讯经理要在春节后的开工日给员工发红包。但员工太多，很多经理都觉得麻烦，于是就有人提出有没有让发红包更便捷的方式。这给腾

讯带来了启发，而抢红包、发红包等功能也不需要太复杂的技术支持，因此，仅仅3周后，微信红包1.0版本就横空出世。

2014年的春节，在央视主持人念出"大家拿起手机，摇一摇拿红包"之后的5分钟内，3600万个红包被一抢而空。到了第二天下午，有超过500万用户通过微信支付使用了红包。这意味着，阿里巴巴花费10年的时间在电子支付领域打造的市场壁垒，被腾讯在不到24小时的时间里撼动了。

实际上，从当时微信提供的年度财报来看，其增长已经开始趋于平缓，但微信红包的出现不仅使其成功进入电子支付领域，还为其带来了更强大、更新的增长动力。从城市到乡村，从年少者到年长者，很多用户都愿意为了抢红包而使用微信支付。

如果当时投资者为了快速获利而只关注短期收益，选择投资看起来更有发展前景的支付宝，那么就很有可能错过微信支付这个"潜力股"。

可见，做逐利型投资者还是有风险的。投资者不应该过多地被短视心态影响，否则很可能落得个"偷鸡不成蚀把米"的结果。

1.3.2 撬动企业根基，做控制者

自从轰动一时的万科股权之争发生以来，投资者和企业创始人就都意识到了企业控制权的重要性，也了解了企业控制权配置不合理所引发的风险。九合创投的一位管理合伙人说过："创始人的思想、愿景、领导力代表着企业的'灵魂'，如果创始人丧失了对企业的控制权，那就意味着这家企业丧失了'灵魂'。"事实果真如此吗？投资者和创始人到底谁应该做企业的控制者？

一般来说，企业创始人掌握着企业的控制权。如果企业控制权旁落，那么在关键性决策上，投资者和创始人的意见很可能不一致。一旦意见不一致，就会导致决策延误，甚至会出现决策失误的情况。在市场瞬息万变的情况下，绝大多数企业都受不了这样的打击。那么，这是不是意味着投资者不能为企业做决策呢？答案是否定的。

其实在我看来，谁有足够的能力和经验，谁的决策更科学合理，谁就应该是企业的控制者。有些人在国外花 1～2 年的时间学习金融或者管理知识，为自己镀金，回国后就立刻成为投资者。他们与在行业内摸爬滚打了多年的企业创始人相比，并不适合做企业的控制者。

决胜网创始人戴政在自己 25 岁时打造了联合购买网，坚持发展在线卖卡业务，但投资者并不认可这种做法。由于当时戴政缺少决策权，因此只能听取投资者的意见。最终，CMG 集团以 40 万美元的价格收购了联合购买网。同一时期，云卡公司与联合购买网做着相似的业务。结果在 2008 年左右，云卡公司被 Google 以 4 亿美元的价格收购。

40 万美元与 4 亿美元，二者之间的差距显而易见。此次事件让戴政吸取了教训。后来，在成立决胜网时，如果面对的是缺少经验、没有决策能力的投资者，那么戴政会通过董事会设计、股权分配等方式把企业控制权牢牢把握在自己手里，不敢使其旁落。

如果与投资者相比，创始人的能力和经验占下风，那么创始人就应该在适当的时机放弃企业控制权，而不是一直坚持。例如，一些企业家会在企业发展到一定程度时将控制权交给综合实力更强的全球 500 强企业之一。

无论是创始人自己控制企业，还是投资者控制企业，本质上都是人治。现在各行各业都需要集体决策机制，以便同时听取创始人和投资者的意见。但在这个方面，很多企业的布局都不太完善。所以，企业不妨从这个方面入手，一旦集体做出了决策，那么之后的工作和相关措施就都围绕着决策展开，从而更好地维护和稳定企业秩序。

1.3.3　战略协同，不让投资变"独角戏"

有的投资者希望通过投资来弥补自己在某个领域的短板，使被投企业与自己的主营业务产生战略协同。这种投资者通常具备技术、管理、人才等方面的优势，可以促进产业结构升级，帮助企业提升核心竞争力与创新能力，也能对创业者产生深远的战略影响。

战略投资者与被投企业通常处于同一行业的不同环节或者邻近行业，这样可以实现协同，进而加强企业管理，使企业获得更大的发展机会。例如，腾讯、Google、字节跳动可以是互联网企业的战略投资者；携程可以是旅游企业的战略投资者。

对于企业来说，获得战略投资者的投资是其发展战略的一部分，也是出于对成本、市场等方面的综合考虑。战略投资者的持股年限一般为 5～7 年，他们更追求长期利益，这也是其区别于以逐利为先的投资者的重要特征之一。

为了参与企业的运营和管理，战略投资者可以提出派驻高管或者替换高管的条件，但这会对创业者的权力产生一定的限制作用。所以，战略投资者要帮助创业者顺利度过这个艰难的适应过程，促使企业改变传统的管理方式，与国际企业的运行规则接轨。

战略投资者也会用自己的资源帮助企业迅速扩大规模，使企业更快地成长，这样企业在上市时更容易获得投资银行的支持和其他投资者的青睐。同时，战略投资者，尤其是国际型战略投资者所提供的产业运作经验，可以在比较短的时间内改善企业的财务结构，提高企业的核心竞争力，从而使企业业绩和股东价值进一步提升。

但是，战略投资也存在一些弊端。其中最主要的问题是，战略投资的出发点大多是为了满足所投资企业在行业布局和业务发展等方面的需求，而不是实现资产升值。如果不加以把握和规划，战略投资可能会限制或改变企业的发展路径，使企业的发展过于依赖战略投资。

其实很多时候，引入战略投资也是一些创业企业资本折戟后的一个不得已的选择。因此，在硅谷，比较有经验的投资者一般对战略投资持中立的看法。创业者也需要多加注意，认真判断战略投资对自己和企业价值的影响。

第 2 章

投资流程与规范：用逻辑思维做事

从表面上来看，投资似乎是一种高深莫测又没有规律的行为，但其实投资者只要掌握其流程与规范，就可以使其变得安全、可靠。

2.1 漫漫投资路，要按步骤走

笼统地讲，投资可以分为五步：第一步，创业者与投资者初步沟通融资意向，并介绍企业的基本情况；第二步，投资者认可项目，创业者提供完整的商业计划书；第三步，投资者做详细的尽职调查；第四步，双方谈判，商议相关事项；第五步，双方确认并签署投资协议。

2.1.1 与创业者首次PK，做好创业情况的接洽

投资者与创业者的首次PK（对决）发生在创业申请阶段。在企业发展早期，创业者需要寻找一个支点来撬动资源，即用自己的技术、商业逻辑、市场理解、团队等特长，来撬动企业发展所需要的资金和其他资源，获得这些资源的支持。

早期投资者常说的"3F"，就是指在创业最早期，企业一无所有时的资金来源，即family、friends、fools（家人、朋友和傻瓜）。"3F"的概念没有任何贬义，更多的是用来指代那些彻底且无条件的支持，这与普通的市场化投资是有区别的。

"3F"的资金帮助企业从0到1；早期投资帮助企业从1到10。到了企业发展的中期和后期，投资的主要作用是帮助企业加速发展。而在首次公开募股（Initial Public Offering，IPO）阶段，资金对于企业的主要意义在于美化和完善品牌故事，让企业的价值体现得更完整、上市之路更平坦。

在一轮又一轮的融资过程中，创业团队需要接触形形色色的投资者，表明自己的融资意向并介绍企业的基本情况，投资者则会对企业的价值进行初

步分析和判断。创业团队和投资者沟通的信息通常囊括创业种类、资金规划、财务预估等内容。投资者需要审核这些内容，判断企业有无投资价值。

我第一次和癌症早筛公司 Grail 的管理者沟通时，就对他们提供的创业信息有着非常深刻的印象。2017 年夏天，Grail 的 CEO 杰夫·胡贝尔（Jeff Huber）找到了我的合伙人吴军博士。他是吴军在 Google 时的老同事，那时正在筹办一家新企业。

因心爱的妻子患癌而受到触动，胡贝尔决定成立一家致力于癌症早筛的企业，并命名为 Grail。他表示，虽然自己会投入 500 万美元作为启动资金，但是远远不够，希望我们团队也能够加入，给他提供资金支持。在第一次沟通过程中，他强调自己将坚持把产品力放在第一位，同时表示自己之后会推出液体活检产品 Galleri（一种 LDT 检测产品，用于 50 岁以上无症状人群的癌症筛查）及其扩展版本的检测计划。

除了对企业的定位与发展路径有明确规划，胡贝尔还对融资款项的用途有着明确的规划。他明确表示，Grail 会将融资所得款项用于临床研究、推进新产品研发、扩大实验室、为销售团队招揽更多人才等方面。

在成立之初，Grail 就获得了超过 1 亿美元的 A 轮融资。经过多年发展，Grail 筹集了近 20 亿美元的资金，可谓是医疗健康领域的"资本收割机"。这与其在创业申请中展现出来的实力和发展潜力有着非常密切的关系。

值得一提的是，创业者和投资者的第一次接触是双向的。创业者为了企业发展自然会主动联络投资者，投资者也会在这个"寻宝游戏"中，主动去探索、接洽他们认为有发展潜力的创始人和创业项目。

2.1.2　请创业者提供商业计划书，要求完整有细节

如果投资者初步认可创业申请，那么就可以要求创业者提供完整的商业计划书。商业计划书比较正式的说法是 business plan，但有经验的投资者一般

将其称为 deck。商业计划书作为创业者与投资者沟通所依据的重要文件，其内容对于双方来说都非常关键。

大多数人认为，商业计划书是给投资者看的。这个观点没错，但我认为，商业计划书的第一读者其实是创业者自己。仔细想一想，一份 PPT 形式的商业计划书通常不会超过 20 页，再除去图片和排版所占用的空间，文字叙述其实少之又少。在如此短的篇幅内，创业者要用精练的文字和简洁的图片，帮助投资者在几分钟内系统而准确地了解一个复杂的项目，这是极具挑战性的。

如果创业者自己对项目及其所处行业没有深刻的洞见与透彻的思考，那么要想撰写出一份优秀的商业计划书几乎是不可能的。很多创业者在即将与投资者见面时还没有做好充分准备。大多数创业者在做商业计划书时，都是直接把企业现状和项目情况填充到商业计划书模板中。这样的商业计划书看似内容完整，但其实内容缺乏逻辑性，难以自洽，禁不起投资者细细品味。

而创业者对企业、项目所处行业，自己选择的商业模式等内容了解透彻后，自然就能撰写出一份优秀的商业计划书。这也是我在审核商业计划书时非常看重的地方。让投资者有投资欲望的商业计划书一定不单调，也不会只描述一个部分或者一个环节，而更多地像是在用严谨的逻辑来讲述一个完整、有说服力的、精彩的商业故事。

在整体评估商业计划书的同时，我还会细致地看一些核心内容，包括但不限于以下几点。

（1）"2W1H"问题，即 Why now（为什么是现在）、Why us（为什么选择我们）、How to（对方要怎么做或者会做什么）。

（2）是否提供能够支撑自身价值的事实和细节作为依据，而不是纸上谈兵。

（3）团队构成、产品介绍、市场分析、目标客户判断、联系方式等内容没有遗漏。

（4）关于使命和愿景的表达是否清晰、准确，以及创始人的格局如何。这能体现创始人的想法、远见及其对企业未来发展的规划是否明确。

（5）团队的背景和经历是否翔实，是否可以证明团队的能力。

撰写商业计划书不仅是一门艺术，更是一门技术，商业计划书甚至可以决定一个项目的成败。它是投资者在投资之前判断项目可行性以及作出投资决策的重要依据。在投资过程中，创业者和投资者双方怎么重视商业计划书都不为过。

2.1.3 与企业合作，做好尽职调查

投资者在审核过商业计划书且认为项目有比较大的发展潜力后，将与创业者以合同的形式明确投资细节，并进行相关的尽职调查工作。尽职调查其实就像投资者的一个"安全阀"，对双方都有利。一旦有了公正、严谨的尽职调查报告，投资者就能够以此为依据做出决策。

尽职调查通常分为三个维度：业务尽职调查、财务尽职调查和法务尽职调查。在尽职调查期间，为了维护双方的利益，创业者不得与其他投资者讨论投资事宜。此外，投资者应该派专人到创业者的公司进行调查，创业者则应给予必要的协助。

如果尽职调查的结果不理想，那么投资者除了浪费了时间和精力以外，通常不会受到其他影响，但创业者却会受到重创：一方面，团队士气会受到影响，员工的热情和积极性会大打折扣；另一方面，企业名声也会受到影响，不利于其继续开展融资工作。

尽职调查对于投资至关重要。投资者对企业价值的评估和未来发展前景的判断，都需要基于尽职调查的结果进行，这样才能得出更为准确的结论。此外，尽职调查还有一项非常重要的内容，就是对创业者的能力和特质进行了解和评估。

在丰元资本与华人生鲜电商企业"Weee！"沟通的过程中，我对其创始人刘源瀚（Larry Liu）的背景和经历进行了深入了解。刘源瀚曾经是英特尔的硬件工程师，他借助软件把从亚马逊上购买再转手至eBay上销售的业务自动化，每年大约可以盈利30万美元。

尽管有的人对此可能嗤之以鼻，认为不过是赚差价的小把戏，但丰元资本却从尽职调查中看到了刘源瀚的超强执行能力、独到的商业眼光和对细节的把控能力。Hotmail 的创始人杰克·史密斯这样评价刘源瀚："如果这个业务是可做的，那么 Larry 就一定是那个对的人。"

事实证明，我们的尽职调查是成功的，对这个项目及其创始人的判断也是正确的。现在"Weee！"已经成为生鲜电商领域的独角兽，在 2022 年 3 月初完成的最新一轮融资中，其估值高达 41 亿美元。

2.1.4　审核并确认重要条款，签署投资协议

有些投资者只要遇到发展潜力大、收益丰厚的项目，就会想要当场签署投资协议。对于创业者来说，这固然是一件求之不得的好事，因为这样可以节省路演与寻找其他投资者所消耗的时间和精力。如果双方对价格和条款都没有异议，那就更是万事大吉。

其实在遇到这种情况时，我希望投资者不要因为遇到好项目而沾沾自喜。当投资进行到签署投资协议这个环节时，创业者与投资者的博弈已逐渐接近尾声。但越是这样，投资者越要睁大眼睛，仔细辨别协议中可能存在的问题，避免自己一不小心落入陷阱。

投资者要仔细审核重要条款，如经济因素条款、控制因素条款等，同时还要与创业者确认资金到账的时间，并商议投资决策的周期。双方提前把一些关键节点"摆到桌面上"说明白，将其体现在投资协议中，才是真正地遵守契约精神，而这种精神在商界至关重要。

2.2 签署合同，体面和纠纷在一线之间

在投资者与创业者签署合同时，稍有不慎，便可能发生纠纷，导致收场不体面。避免发生这种情况的关键就在于仔细审核条款，包括审核经济因素条款和控制因素条款。经济因素条款主要解决"花多少钱，买多少股，分多少钱"等核心的商业问题。控制因素条款则主要规定投资者如何对企业和创业者进行控制，并规定其应该拥有的权利与义务。

2.2.1 审核经济因素条款，重点关注估值与优先清算权

在详细介绍经济因素条款和控制因素条款前，我们不妨先来了解一些在早期投资中常用的投资工具，如表2-1所示。

表 2-1 常用的各类投资工具

	SAFE 未来股权协议	KISS 保持简单证券	Convertible Note 可转换债券	Priced Round 定价融资轮次 （优先股形式）
是否有明确的融资价格/企业估值	否	否	否	是
债权性质	否	有债权性质的KISS，也有股权性质的KISS	是	否
在下轮融资时转股	是	是	是	否

续表

	SAFE 未来股权协议	KISS 保持简单证券	Convertible Note 可转换债券	Priced Round 定价融资轮次 （优先股形式）
下轮融资转股时的优惠政策	1. 约定下轮融资时转股的企业估值上限 2. 约定下轮融资时转股的转股价格折扣 3. 约定最惠国待遇，无估值上限、无折扣	约定下轮融资时转股的企业估值上限，或约定下轮融资时转股的转股价格折扣，并以下轮融资转股时哪一种对KISS持有人更优惠为准	1. 约定下轮融资时转股的企业估值上限 2. 约定下轮融资时转股的转股价格折扣 3. 同时适用以上两点，以下轮融资转股时哪一种对可转换债券持有人更优惠为准	否
是否有到期日	否	债权性质的KISS，有到期日	是	否
是否有利息	否	债权性质的KISS，有利息	是	否
是否享有股东优先权利	否	否	否	是
复杂性和融资便捷程度	简单，便捷	简单，便捷	较简单，较便捷	较复杂，较繁琐

经济因素条款涉及两个重点，即估值条款和优先清算权条款。

1. 估值条款

估值条款通常包括企业的投前估值金额、本轮具体投资额、投资完成后投资者所占股权比例等内容。估值条款是一项非常核心的条款，可以解决投资者"花多少钱、买多少股、分多少钱"等问题。该条款看似简单，但其中有很多细节需要投资者注意。

例如，投资者通常会要求自己完成投资后获得的股权比例应该是"完全稀释"的。"完全稀释"指的是企业可能已经向员工或者其他投资者发行了期权、认股权证、可转债等。如果这些权利人以后要行使自己的权利，那么投资者的股权比例会相应地被稀释。

因此，投资者在确定投资完成后的股权比例时，要考虑已经发行的期权、认股权证、可转债等。如果投资者没有留意这一点，只是大而化之地在合同中约定"投资壹仟万元，占企业百分之十的股权"，那么以后万一其他权利人要行使权利，投资者的股权就会被稀释。

2. 优先清算权条款

绝大多数投资者通常不会与企业"白头偕老"，而倾向于在一个天时、地利、人和的时机退出。从某种意义上来说，投资者退出是投资过程中非常重要的环节。投资者除了可以通过在企业上市后售卖、转让股权等方式退出外，还可以在企业被收购或者解散清算时退出。在企业被清算时，投资者要确保自己优先于创业者和其他股东退出企业并获得相应的投资回报。

在合同中加入优先清算权条款可以维护投资者的利益。这里有两个重点：优先清算的具体数额、行使优先清算权的方式。以行使优先清算权的方式为例，其主要有三种：不参与分配的优先清算权、完全参与分配的优先清算权、附上限参与分配的优先清算权。

行使优先清算权的方式不同，投资者所获得的投资回报也不同。例如，拥有完全参与分配的优先清算权的投资者不仅可以获得优先权约定额，还可以根据自己的持股情况与其他股东按照股权比例分配剩余变现款。也就是说，投资者除了能够获得一定倍数的回报以外，还有权利按照股权比例分配剩余变现款。

2.2.2 看清控制因素条款，巩固投资者权利

控制因素条款规定了投资者可以对企业和创业者进行的控制，也阐明了投资者享有的权利与应该履行的义务。该条款主要涉及以下几项内容。

1. 创始人权利限制

投资者限制创始人权利的方式有两种：一是股权成熟限制，即约定创始人的股权兑现与其在企业的工作时间挂钩，只有达到一定的时间条件，其股权成熟才不再受限；二是全职工作及竞业禁止，目的是确保创始人将足够多的精力和时间用于企业经营和管理。

此外，出于保护知识产权与商业机密等方面的考虑，投资者可以限制创始人在任职期间及离职后投靠竞争对手的行为。例如，李开复就曾经因为从微软离职加入Google，而被微软一纸诉状告至美国高等法院，并被临时禁令宣布其"禁止在Google从事与微软冲突的产品、服务或项目工作（包括网络和桌面搜索技术）"。

在美国，由于各州立法规定不同，因此竞业禁止条款的法律效力也是具有地域性的。例如，竞业禁止条款在加利福尼亚州就不受法律保护。

三名清华大学毕业生谢青、邓锋和柯严在硅谷创办了一家网络安全公司NetScreen。后来，这家公司被行业巨头Juniper Networks以41亿美元的价格收购。而在2000年，从NetScreen离开的谢青并没有受到竞业禁止条款的限制，转而又创立了一家同类企业Fortinet。该企业已经于2009年底上市，目前市值高达500多亿美元。

2. 优先认购权条款

如果投资者享有优先认购权，那么就可以在其他投资者进入而自己的股权即将被稀释时，选择行使此权利，从而进一步增资或者防止股权被过度稀释。

3. 保护性条款

有些投资者在为企业投资后会成为企业的小股东，但往往不参与企业的日常经营与管理，也无法影响股东或者董事会的决策。因此，为了保护自己作为小股东的权益，投资者可以要求对涉及自身利益的重大事项拥有一票否决权。

在签署合同的过程中,创业者的第一反应很可能是否决事项越少越好。而对于投资者来说,甄别哪些是核心否决事项、哪些是可选否决事项则非常重要。对可选否决事项,投资者可以适当让步,这样更容易促使投资成功。

4. 回购权条款

回购权是指在符合一定的前提条件或者触发某种约定的回购事项时,由他人(如被投企业、创始人、股东等)回购投资者所持股权。如果双方签署了对赌条款,那么回购与业绩补偿将一并约定在其中,这是投资者实现退出的一种方式。

在与俏江南合作时,鼎晖以与2亿元人民币等值的美元获得了俏江南10.53%的股权,并签署了回购权条款。该条款规定,如果不是鼎晖方面的原因导致俏江南无法在约定的时间内上市,那么鼎晖有权以回购的方式退出。

之后,俏江南遇到了经营危机,上市进程受阻。但俏江南的创始人张兰没有足够的资金回购鼎晖所持股权。在这种情况下,作为投资者的鼎晖是不是就无计可施了呢?当然不是,它早有后招,使用了自己手里的其他工具——领售权条款。

5. 领售权条款

如果约定的条件达成,那么一个或者多个享有领售权的股东,在将所持股权出售给第三方时,有权要求其他股东以相同的价格、同等的条件出售其股权。

由于鼎晖在合同中加入了领售权条款,因此,如果它执意出售俏江南,那么张兰也无可奈何,她必须执行该条款。

当时鼎晖找到欧洲一家非常知名的私募股权基金CVC资本。虽然鼎晖只有俏江南10.53%的股权,但在领售权的保护下,只要其同意将俏江南出售给CVC资本,那么张兰就得跟随出售其持有的俏江南72.17%的股权。由此可见,领售权条款确实威力巨大。

另外,随着领售权条款的触发,张兰出售的股权比例远远超过了50%,已经算是发生了控制权变更,这就又触发了优先清算权条款。也就是说,通过出售俏江南获得的收益不能完全归属于张兰,而是需要优先保证鼎晖有一定比例的收益,其余收益才可以分配给张兰。

任何合同条款的触发都有可能"牵一发而动全身",所以投资者在签署合同时必须慎之又慎。

2.2.3 针对企业特别情况,补充其他重要条款

除了上面提到的条款外,投资者还应该根据自己在尽职调查中发现的企业存在的特别情况,有针对性地补充其他条款。例如,假设创始人与配偶的婚姻关系不稳定,存在婚姻破裂风险,会对企业上市产生影响,那么投资者就可以要求在合同中增加"土豆条款"[①]。

对于企业的组织架构和双方应该承担的责任,投资者也可以要求在合同中加入相关条款,如下所示。

投 资 合 同

第××条

甲(企业)、乙(投资者)双方或甲方成立项目,企业设董事会,董事会是企业的最高权力机构,决定企业一切重大问题。董事长由甲方法定代表人担任。

第××条

董事会及其组织机构以《中华人民共和国公司法》及《〈中华人民共和国公司法〉实施细则》为依据,并参考甲、乙双方的共同意愿来完成。

---

① 创始人承诺婚姻可持续,有时该条款会要求创始人的配偶签订承诺函,保证创始人的配偶不就股权提出任何主张。

第××条

乙方享有企业的股权，但不参与企业管理，不承担日常经营过程中所发生的一切经济及法律风险。企业由甲方负责管理与经营，乙方委托开户银行或者委派财务总监对投资款流向进行日常监督，甲方必须做到资金专款专用，并定期向乙方汇报资金使用情况。

2.3 妄图触碰法律红线，后果自负

在经营公司的过程中，创业者可能会遇到一些诱惑。如果创业者妄图触碰法律红线，那么投资者必须严厉制止，否则很可能需要自负后果。例如，某企业在其财务报告中作假，虚增收入，给投资者呈现虚假繁荣景象，最终财务暴雷，投资者血本无归。

2.3.1 审核企业主体，避免法律隐患

审核企业主体是避免法律隐患的重点，主要包括以下三项工作。

1. 审核成立程序

审核企业主体的第一项工作是审核企业的成立程序，内容包括审核企业成立时间、注册资本、是否合法成立、是否经历过股权变更、企业章程及修正次数等。这项工作主要是为了确保企业成立程序合理、合法、没有什么问题，否则很可能"埋雷"。

2. 审核经营范围

审核企业主体的第二项工作是审核经营范围。一家企业的经营范围与其

未来的发展息息相关，是投资者必须重点审核的内容。如果企业的产品已经研发出来，但市场影响力不够大，那么投资者就更要注重对其经营范围的审核。有时投资者应该根据实际情况要求企业缩小经营范围，即要求创业者放弃一部分业务。

3. 审核相关证照

审核企业主体的第三项工作是审核企业的相关证照。以运营网站的企业为例，按照相关法律的规定，网站运营者需要向工信部和公安局报备相关情况，并进行 ICP（因特网内容提供商）备案。对身处酒店、饭店、房屋租赁、金融等特殊行业的企业，投资者审核其相关证照的意义在于确定企业是否具备行业资质。企业如果在不具备行业资质的情况下获利，那么可能涉嫌非法经营。

另外需要补充的一点是，注册地点的选择也会对企业的业务定位和发展规划产生重要影响。不同地区对企业征收的各项税的税率都不同。因此，对于企业来说，在合适的地点注册，可以节省一笔税款，缓解资金压力。

特斯拉在 2021 年底将总部迁往得克萨斯州的奥斯汀，这可以为马斯克节省数十亿美元的税费；硅谷互联网大厂苹果公司在爱尔兰和荷兰设立子公司，再将大部分营收在三家海外子公司之间转移，从而使集团所缴纳的税费的总税率控制在 22% 左右，远低于在美国适用的 35% 税率。

当然，其他科技巨头如 Facebook、Google 等都有类似的操作。

2.3.2　做资产权利审核，拒绝投资瑕疵

任何投资者都希望自己投资的企业的资产权利（如商标权、域名、App 名称等）完整，没有瑕疵。然而，很多企业在这个方面出现了问题。以商标为例，一些创业者花费大量时间与资金设计的商标无法成功注册，因为提交的商标与注册要求不符；还有一些创业者不仅没有成功注册商标，还被他人控诉其侵犯

了商标权,被要求赔偿一大笔侵权费。

一旦发生这些情况,创业者就不得不更换商标,最终影响融资进程。如果投资者在投资前对目标企业的资产权利有充分的了解,那么就可以在一定程度上避免遇到这种问题。例如,投资者可以咨询专业的商标代理机构,了解企业的商标是否存在问题。

需要注意的是,如果企业从事的是跨境业务,那么投资者不仅要在中国境内做商标审核,还要在主要的境外目的地做商标审核;如果投资者投资的是互联网企业,那么还要审核域名注册情况(域名注册得越早越好,而且最好可以和企业名称、品牌名称相同或者尽可能保持一致)。

苹果公司的"苹果"文字与图形商标曾经存在争议。苹果公司早期的图形商标为一个右上侧有一个被咬掉的缺口的苹果,而负责打理知名的"甲壳虫"乐队的苹果有限公司,其图形商标为一个闪闪发亮的绿色苹果。因为有着相似的商标图形和名称,两家公司的商标之争持续了近30年。

1978年,苹果有限公司就商标问题提起诉讼,苹果公司于1981年同意和解,向其支付了8万美元,并承诺不涉足音乐领域。1981年,苹果有限公司又提起诉讼,其认为苹果公司开发的MIDI音乐软件违反了和解协议。苹果公司于1991年同意和解,向其支付了2650万美元,并获得了在电脑硬件和软件上使用"苹果"商标的权利。

2003年,双方的矛盾再度升级。当时苹果公司推出的iPod电子音乐播放器大获成功,后又推出了iTunes在线音乐商店。为销售产品,苹果公司与各大唱片公司合作。但苹果有限公司却认为,苹果公司违反了1991年的和解协议,于是再次将其告上法庭。在经过长达3年的诉讼后,双方最终在2007年达成和解,商标之争落下帷幕。

总而言之,投资者在投资之初就应该对企业的资产权利进行审核。对于企业来说,即便不是为了获得投资,也应该确保资产权利的完整性、合法性,因为这会让企业获得更持久、安全的发展。

2.3.3 投资即入股，消除股权隐患

正所谓"投资即入股"，投资者在投资时要分析企业的股权架构，明确自己分配到的股权是否合理。股权架构在一定程度上决定了企业的治理结构，也会间接影响企业的行为和绩效。因此，合理的股权架构非常重要，而要想股权架构合理，企业则需要做好股权分配。对于投资者来说，股权分配至关重要。股权分配得好，创业团队的向心力与竞争力就更强，从而使所有股东的利益最大化。

最理想的情况是，投资者与创始人的愿景一致，并且双方互为助力，但在现实中，这一现象很难出现。由于短视、急于获利、投资风格等的影响，有的投资者会希望通过其他方式，如资产重组，让企业快速升值，进而套现获利。这自然与创始人希望企业长远发展、稳步成长的初衷相违背。

股权设计会影响企业未来发展与投资者的投资回报。一些创始人小富即安，没有雄心（硅谷投资圈的一个常用名词"Ambition"），或者直接将创业做成了生意，只要企业能够赚钱，自己生活得很好就满足了。这显然损害了投资者的利益，因此，投资者也需要行使自己的权利，以消除和规避类似的隐患。

但是，部分初创企业没有非常成熟的商业模式，核心团队也没有正式建立。此时股权分配应该以资金、技术、管理等因素为依据，只要保证公平、公正即可。

Facebook 刚成立时，其股权是这样分配的：扎克伯格 65%、爱德华多·萨维林（Eduardo Saverin）30%、达斯汀·莫斯科维茨（Dustin Moskovitz）5%。

这个分配依据的是几位合伙人各自的优势：扎克伯格是 Facebook 的创始人，也是一个意志坚定的领导者，所以占有最大份额；萨维林懂得如何通过产品盈利；而莫斯科维茨则懂得如何吸引更多用户。对于初创企业来说，这样分配股权是没有问题的，但后来出现了一个小意外，导致股权分配情况发生了变化。

由于萨维林不愿意放弃学业将全部精力投入 Facebook，而他又持有 30%

的股权，因此当越来越多的投资者加入时，就只能稀释他的股权。当股权稀释到 10% 时，他一气之下将 Facebook 的账号冻结，与昔日的合作伙伴反目。

后来，扎克伯格通过朋友介绍认识了天使投资者彼得·蒂尔，获得了 50 万美元的天使投资。而蒂尔则获得了 Facebook 10% 的股权。之后，Facebook 又在 A 轮融资中获得了阿克塞尔公司投资的 1270 万美元，估值达到 1 亿美元，并最终于 2012 年在纳斯达克上市。

上述案例的股权分配策略是比较合理的。在融资过程中，企业的核心团队里始终有一个成员是占据最多股权的领头人。这样即使未来需要为其他投资者分配股权，领头人也依然可以控制企业，确保企业稳定发展。如果股权分配出现问题，那么投资者和创业者可能需要付出很大代价。有时这种问题导致的后果甚至是无法挽回的。因此，投资者审核企业的股权分配情况很有必要。

2.3.4 重视信息披露，审核信息的真实性、准确性、完整性

信息披露是把企业的信息和相关情况通过报告或者说明书的形式传达给投资者，以便投资者了解企业。它可能成为投资者做出投资决策的重要依据，让投资者的利益受到保护。但投资者要审核信息的真实性、准确性、完整性，如图 2-1 所示。

图 2-1 信息的真实性、准确性、完整性

1. 真实性:警惕虚假记载及陈述

真实性是指企业向投资者披露的信息必须以客观事实或者具有事实基础的判断与意见为依据,能如实反映客观情况,不得有虚假记载或者不实陈述。投资者应充分行使审核权利,对各类信息的真伪进行辨别,以保证其真实性。

2. 准确性:不得夸大和误导

准确性是指企业向投资者披露的信息应当使用明确、贴切的语言,以及简洁、通俗易懂的文字。例如,财务报告、盈利预测报告等专业性比较强的文件要经过具有相关业务资格的会计师事务所审核,其中引用的数据也应该客观、公正,而且不得含有任何夸大、误导等性质的词句。投资者在审核信息,尤其是在审核涉及企业未来经营和财务状况的信息时必须谨慎。

其中,有几个名词需要投资者特别注意。如果投资者对其缺乏正确的认识,则有可能产生严重误判。

(1)商品交易总额(Gross Merchandise Volume,GMV)和收入(revenue):商品交易总额是电商企业喜欢用的说法。它是订单产生的金额,包含付款和未付款两部分。而收入就是指实际流水。一般来说,电商企业喜欢在公开的数据中给出商品交易总额,其金额比较大,而实际付款金额要略低一些,因为有一部分订单可能没有付款。

(2)年收入(annual revenue)和年化收入(annualized revenue):有的创始人用最新一个月的盈利增长乘以12来作为年化收入。事实上,这和真正的年营收是完全不同的。由于最新一个月的盈利增长速度很可能存在偶然性或者人为操纵的情况,因此投资者要注意区分,并判断盈利增长是否具有时效性和可持续性。

3. 完整性:文件齐备,格式符合规定

完整性是指企业向投资者披露的信息应该内容完整、文件齐全、格式符合规定,不得有遗漏、忽略和隐瞒。例如,投资者在审核信息时要分析信息是否能够正确反映经济活动的现实情况或者发展趋势,同时还要看资料是否齐全。

为了更好地消除法律隐患，投资者要重点审核企业的业绩快报、定期报告、业绩预告、有深刻影响的重大事件披露等内容。

2.4 重视财务问题，警惕财务陷阱

法律问题的重要性不可小觑，财务问题也同样。在投资前，投资者要审核企业的财务情况，确保其经济体系是完善、合理的。例如，投资者应该提前检查企业的银行对账单和流水账单，并对其财务报表和财务审计报告进行分析，以免自己掉入财务陷阱。

2.4.1 检查银行对账单和流水账单

企业的流水有银行对账单与流水账单两种形式。银行对账单是银行和企业核对账务的联系单，它可以帮助投资者核实企业的业务往来记录。在投资过程中，银行对账单可以作为企业资金流动的依据，帮助投资者确定企业在某个时段的资金规模。流水账单俗称银行卡存取款交易对账单，也称账户交易对账单，指的是企业在某个时段与银行发生的存取款业务交易清单。

从获取程序来看，银行对账单与流水账单有所不同。由于前者由银行直接提供给企业，再由企业提供给投资者，因此有可能被企业改动。而后者一般由审计人员与财务人员一起到银行打印，可信度比较高。

在检查银行对账单时，投资者应该将企业的流水账单、销售收入明细账、成本费用明细账及与上下游企业订立的合同结合在一起进行综合审查。拿到银行对账单后，投资者要识别其真假，分析企业是否有节假日期间对公业务结算情况，明确贷方发生额，审核大额资金往来，判断资金流出及流入与企业业务的一致性。例如，企业的交易金额大多在几百万元左右，但如果银行对账单上

的金额在几十万元或者几千万元左右,那么投资者就需要提高警惕了。

投资者要检查银行对账单其实很简单,可以随意找一笔交易,打电话到银行,根据银行对账单上的明细输入要查询的日期。如果明细与银行所报内容吻合,那对账单就没有问题;反之,则对账单是伪造的。一般来说,银行对账单与流水账单的内容是一致的。如果内容不一致,则银行对账单有作假嫌疑。

现在很多企业都会使用一部分个人卡。对企业使用的个人卡,投资者需要进行识别与审核,不能出现企业随便拿来几张卡,就将其流水划转到企业账户上的情况。投资者应该判断户主及流水金额是否与企业业务相符。因为很多不规范的企业为了逃税,就将大部分收入通过个人卡进行交易,所以,投资者在审核时必须了解清楚企业的真实情况。

2.4.2 审计财务报表

财务报表包括资产负债表、现金流量表、损益表。其中,资产负债表可以展示企业的资产分布、负债、所有者权益构成等情况。通过对这些情况进行审核,投资者可以了解企业的财务结构是否合理,以及企业是否具备承担风险的能力。

现金流量表可以反映企业在一定时期内的经营活动、投资活动、筹资活动对现金及现金等价物产生的影响。在市场经济条件下,现金流的多少直接影响着企业的生存与发展。投资者审核现金流量表可以了解企业的支付能力、偿债能力、盈利能力,而且能够通过审核各项现金流的多少和比例的变化来发现企业在经济活动中存在的问题,从而帮助企业及时采取相应对策。

现金流对企业的正常运转至关重要,我也经常将其比喻为企业的"血液"。

一家我比较了解的初创企业,本来发展得不错,账户上也还有足够支持6个月开销的现金流。结果有一天,该企业突然收到来自美国税务局的邮件,邮件里说该企业由于财务记账错误,给员工少缴纳了税款,因此需要补缴几十万美元的税款。因为此次事件,该企业的现金流瞬间断裂,很多投资者也遭受了致命打击。这虽然是管理人员的失职造成的,但也证明了现金流的重要性。

损益表是体现企业的收入、成本、费用和税收情况的财务报表，它可以反映利润的构成和实现过程。投资者通常会根据损益表了解企业的经营业绩，预测企业的未来利润。另外，损益表也为企业分配利润和提升管理水平提供了重要依据。

很多初创企业的财务流程尚不规范，而且错误比较多。因此，除了分析上述三个财务报表以外，投资者还要聚焦以下几个要点。

（1）持续经营性。对于初创企业来说，可以稳定、持续地经营下去是重中之重。稳定的现金流和较高的速动比率是保证企业有足够资金和较强变现能力的重要基础。

（2）收入增长速度。初创企业一般处在发展期，其主要任务是验证商业模式是否正确和产品的市场接受度是否足够高。收入增长速度是对二者的绝佳证明，而收入的暴发式增长更是体现企业自身价值的关键。

（3）内部控制情况。初创企业往往不重视内部控制，但其实内部控制是规范企业的一种方式，是企业快速发展的保障。如果企业内部控制薄弱，那么其在未来的转型和升级过程中需要花费大量的精力和财力，以规避内部舞弊和低效所带来的风险。严格的内部控制也是财务报表可以真实、准确地反映经营活动的重要保证。

（4）收入可持续性。在新冠肺炎疫情比较严重、防护物品短缺时，有些创业者选择让企业脱离主营业务或者干脆成立一家新企业，以从事食品安全检测、口罩和防护服等防疫物资生产业务。尽管在短期内，这种做法能够给企业带来不错的收益及可观的现金流，但却难以持久。因此，投资者在考虑企业未来的真正价值时，需要对此特别注意。

（5）收入结构。收入结构对企业的发展规划有着很重要的作用，其稳固与否甚至可能决定企业的生死。例如，硅谷曾经有一家企业，在抖音出现前就开发出了一个短视频内容平台，每年和 Google 合作就可以获得 200 万美元的可持续收入。但企业的收入完全来自于 Google，收入来源太过单一，收入结构不够稳固。Google 终止与其的合作后，该企业最终面临倒闭的局面。

2.4.3 分析财务审计报告

财务审计报告是审计人员对企业财务进行审计和调查后撰写的审计文书，旨在反映企业经营现状、揭露问题、提出建议。财务审计报告没有固定的格式，不同的审计人员可以根据自身实际情况自由选择。尽管格式不同，但分析财务审计报告的思路是相似的。

第一，由于财务审计报告内容的撰写顺序通常是按照重要性排列的，因此投资者要重点关注前面的内容，不要本末倒置。

第二，财务审计报告通常会涉及很多图表，投资者必须谨慎审核其中的数据。需要注意的是，由于制表方式及数据不同，因此财务审计报告可能在视觉上存在误差。例如，有的报告显示的是累计收入，此类数据体现在图表上往往视觉效果很好，却不一定能够反映企业真正的盈利水平和发展情况。

第三，投资者要了解抽查的项目是什么、发现的问题数据有哪些、汇总的误差金额是多少等情况。投资者了解的情况越多，做出的投资决策就越准确。

第四，财务审计报告除了总结问题外，还会提出解决问题的措施。例如，报告中常见的建议是"加强相关法律法规的学习，提高自觉遵守国家法律法规的意识""进一步完善企业管理制度，加强内部控制"等。投资者要了解这些建议，并观察企业是否按此执行。

财务审计报告是与企业会计工作有关的基础报告，内容包括记账、核算、财务档案等工作是否符合规范，以及企业制度是否健全，等等。总之，该报告是对财务收支、经营成果等进行全面审查后得出的一种客观评价，所以，投资者要对其进行仔细审核。

此外，投资者还应对出具财务审计报告的会计师事务所进行审核。在商业领域有一项不成文的规定，那就是审计机构的名声很重要，它决定了审计报告在投资者眼中的质量与可信度。而审计行业的头部效应和品牌效应很明显，大家所熟知的四大会计师事务所，其品牌和资历本身就是对审计质量的一种保证。因此，如果企业找了一家比较有行业声望的审计机构来完成财务审计，那么说明其具有较强的经济实力。保险起见，投资者甚至可以把该审计机构往年为该企业出具的账务报告重新审核一遍。

曾经有一篇财务分析文章将某药业公司推上风口浪尖。这篇文章的作者是两位财务分析师。该文章指出，在该药业公司的财报中，2015年到2017年，账上分别有158亿元、273亿元、341亿元现金，但这家药业公司仍在大量贷款，而且利息支出超过利息收入。

这篇文章发表后，该药业公司的股票连续3天跌停。于是，证监会紧急成立核查小组，进入该药业公司调取相关的财务凭证，对该药业公司的财务展开调查。2020年，中国证监会下达了《行政处罚决定书》，其中提到该药业公司在2016年到2018年，通过伪造和变造增值税发票、伪造银行回款凭证、伪造定期存单，虚增收入291.28亿元，虚增利润约40亿元。

该药业公司的财务造假案是迄今为止原告人数最多、赔偿金额最高的上市公司虚假陈述引起的民事赔偿案件。虽然该案已办结，但对于广大投资者来说，这仍是一个很好的参考案例。

第3章

投资可行性预测：别成为理想主义者

　　投资非常忌讳盲目，否则资金就像流出去的水一样，任凭投资者如何努力，也很难收回来。所以，在投资前，投资者要从现金流、盈利能力、偿债能力、成长能力等方面入手，分析企业是否值得投资，估算自己是否可以获得超值回报。

3.1 投资时代的现金流游戏

投资者需要分析企业的现金流,关注现金流的稳定性。通常来说,只要企业有持续的现金流,就可以正常经营。投资者必须想方设法了解企业的短期和长期现金流,做好充分的预算准备。同时,投资者还要谨慎识别企业的"伪装",时刻掌握企业的现金流变化。

3.1.1 思考:如何玩转现金流游戏

现金流是指企业在一定时期内,按照现金收付实现制,通过经济活动,如经营活动、投资活动、筹资活动、非经常性项目等,产生的现金流入、现金流出及其总量的总称。简单地说,现金流就是企业在一定时期内的现金和现金等价物的流入与流出情况。

亏本的企业不一定会破产,赚钱的企业也有可能倒闭,其背后的影响因素就是企业的现金流是否出现了问题。例如,虽然亚马逊连续亏损20年,但却不影响它的股价一路上涨,它仍是华尔街投资者们一致看好的投资标的。

曾经发表在《美国医学会杂志》(*The Journal of the American Medical Association*,JAMA)上的一项研究显示,美国生物制药公司将每款新药推向市场的成本约为10亿美元。也就是说,在药品成功上市前,这家药企需要花费大量的资金。

可是众多企业都如美国制药公司一样,在研发新品上不遗余力,因为短期亏损换来的,可能是未来的持续高盈利。但如果管理不好现金流,那么企业恐怕无法长久地发展下去。

完善的现金流管理体系是企业维持自身生存与发展、提升竞争力的关键。因此，投资者应分析企业的现金流，从而更好地规避风险。投资者可以从以下几个方面入手分析企业的现金流。

1. 现金流与短期筹资能力

如果在某个时期，企业的现金流有所增加，那么表明企业在这个时期的筹资能力增强，财务情况得到进一步改善；反之，则表明企业的财务情况不太乐观。

当然，这并不意味着现金流越多越好。相反，如果企业的现金流过多，那么就在一定程度上表示该企业未能充分利用这部分资金，这属于资源浪费，对于投资者来说不是非常有利。这就像一个人把所有现金都放在家里一样，虽然能够保障资金安全，但也失去了"钱生钱"的机会。而且受到通货膨胀的影响，放在家里的钱会贬值，这等同于丢钱。

2. 现金流结构与企业的长期稳定性

现金流来源于三类活动：经营活动、投资活动、筹资活动。经营活动代表企业的主营业务，该活动产生的现金流可以用于投资，帮助企业催生出更多的现金流。来自主营业务的现金流越多，企业发展得越稳定。投资活动的目标是为闲置资金寻找合适的用途，筹资活动的目标则是为经营活动筹集足够多的资金。这两种活动产生的现金流是辅助性的，主要服务于经营活动。如果这部分现金流过多，则表明企业发展缺乏稳定性。

3. 投资活动及筹资活动产生的现金流与企业的未来发展

投资者在分析企业的现金流时一定要分清对内投资与对外投资。如果对内投资的现金流出量增加，那就意味着固定资产、无形资产增加，表示企业正在扩张，具备较好的成长性；如果对内投资的现金流入量增加，那就意味着企业的经营活动没有充分吸纳现有资金，资金利用效率需要提高。如果对外投资的现金流入量大幅增加，那就意味着企业的现有资金不能满足其经营需求，企业不得不从外部引入更多资金；如果对外投资的现金流出量增加，那就意味着企业正在通过非主营业务获取利润，财务情况整体趋好。

现金流是企业赖以生存的基础，企业只有拥有健康、稳定的现金流，才能顺利发展。因此，现金流是否健康，在一定程度上决定着企业的生死。投资者需要了解企业的现金流及与之相关的要素，从而得到关键信息，如筹资情况、经营情况、财务情况、未来发展情况等。

某企业在 2021 年的总现金净流量为 6474 万元、经营现金净流量为 -3446 万元、投资现金净流量为 2778 万元、筹资现金净流量为 7142 万元。从中可以看出，该企业主要依靠筹资（主要方式为银行贷款）维持生产经营，财务情况有恶化的趋势，投资者应该警惕。

现金流是评估投资是否可行的一项重要指标。如果企业的现金流是正向发展的，那么则表示该企业有能力避免过度负债。拥有充足现金流的企业是"摇钱树"，具有很高的可投资性，投资者可重点关注此类企业。

3.1.2 借现金流看透发展的真相

在几十年前的美国，投资者在投资时会更关注现金流，而不是企业的市值。而且，据说卡内基没有提过自己的净资产，却提过自己每年会产生的现金流。在他看来，现金流是衡量自己是否成功的重要标准之一。我本人也认为，没有现金流支撑的利润都是"假"利润。

但需要注意的是，现金流是可以造假的。投资者如果被精心粉饰过的现金流欺骗，那么其投资决策就会被误导，其利益也会受到很大损害。

企业在现金流上造假的方式主要有以下两种，投资者要谨慎识别。

第一种，"无中生有"。

为了吸引投资，个别不良企业通过伪造会计记录和做假账的方式来虚增现金流。部分企业甚至还会伪造文件,通过虚构经营业务的方式来实现经营性现金流的虚增。因为虚构经营业务会导致一项或多项资产的联动虚增,如应收账款、存货、固定资产、无形资产等的虚增,所以投资者在分析企业的现金流时要注意审核这些资产的数据,防止企业在上面"做手脚"。

第二种,"移花接木"。

有些企业会通过会计上的手段,改变现金流性质,从而达到"打扮"现金流的目的。这类造假有比较高的技术含量,大多数投资者往往很难将其识别出来。例如,虚报销售产品、提供劳务获得的现金,虚报主营业务收入,虚报收到的其他与经营活动有关的现金,虚报购买产品、接受劳务支付的现金,等等,都属于"移花接木"的手段。

美国一家企业为了获得投资,同时虚报了主营业务收入与销售产品获得的现金。该企业的主营业务是自动化设备研发与制造,但该企业将通过炒股获得的超过10亿美元的收入纳入主营业务收入,而且还将其计为销售产品获得的现金。

该企业向投资者披露的主营业务收入高达13.5亿美元,销售产品获得的现金则高达11.9亿美元。后来,该企业被迫进行重大会计差错更正,下调每股收益和每股经营活动产生的现金流净额。而该企业的投资者也因此遭受了巨大损失。

在中国,随着政府对市场的监管力度不断加强,以及相关法律法规的进一步完善,财务造假的机会因素越来越少。这要求企业进一步增强自身的守法意识,合法、合理地管理现金流,避免财务造假。但这并不意味着财务造假就完全消失了,因此,投资者仍需谨慎核实企业的现金流情况。

3.1.3 扼住企业"命脉",掌握现金流变化

现金流是企业的"血液",而血液是流动的,所以,通过分析企业的现金流变化,投资者可以了解企业的运营过程。运营情况不同,则企业的现金流表

现会有很大差别，而前文提到的经营活动、投资活动和筹资活动的现金流表现也会不同。因此，投资者可以根据现金流表现来判断企业和运营情况，如表 3-1 所示。

表 3-1　企业的现金流表现与运营情况判断

情形	经营活动	投资活动	筹资活动	运营情况判断
1	现金流为正	现金流为正	现金流为正	企业处于发展期，主营业务稳定且占主要地位，没有可供投资的项目
2	现金流为正	现金流为正	现金流为负	企业处于产品成熟期，没有可供投资的项目，抗风险能力比较弱
3	现金流为正	现金流为负	现金流为正	企业处于高速发展期，仅靠经营活动产生的现金流无法满足自身的资金需求，需要筹集外部资金进行补充
4	现金流为正	现金流为负	现金流为负	企业经营状况良好，一方面偿还以前的债务，另一方面打造全新的盈利模式
5	现金流为负	现金流为正	现金流为正	企业处于衰退期，经营活动出现困难，需要依靠借款来维持生产经营
6	现金流为负	现金流为正	现金流为负	企业处于加速衰退期，市场萎缩，为应付债务不得不收回投资，已处于破产边缘，投资者应该对此高度警惕
7	现金流为负	现金流为负	现金流为正	初创企业投入大量资金开拓市场，或长期稳定的企业的财务情况具有不确定性
8	现金流为负	现金流为负	现金流为负	企业陷入严重的财务危机，极有可能破产

下面就表 3-1 中涉及的 8 种情形，分别分析企业可能存在的财务问题。

情形 1：经营活动现金流为正，说明企业的经营情况不错，可以盈利；投资活动现金流为正，说明企业在回收投资或者投资产生了收益；筹资活动现金流为正，说明企业在对外筹集资金，此时，投资者要重点关注企业进行这项活动的目的。

企业处于发展期，如果计划进一步扩张，但经营活动与投资活动产生的现金流不足以支撑其扩张，导致其不得不对外筹集资金，那么企业的筹资活动就是合理的。如果企业没有扩张计划，那么其进行筹资活动的目的就非常值得怀疑，对此，投资者要提高警惕。

情形2：经营活动可以盈利，投资活动有回报，企业可以用这两项活动产生的现金流偿还以前的债务，这是其财务情况健康、成熟的表现。对处于这个阶段的企业，投资者需要考虑的是，该企业是否有发展潜力，自己是否还有更好的投资机会。

情形3：经营活动可以盈利，企业不断对外投资，这是该企业经营状况良好、具有发展潜力的表现。但投资者要考虑自己的投资决策是否稳健、项目是否有前景等问题。

情形4：经营状况良好，企业可以用盈利偿还以前的债务，同时还可以获得投资收益。处于这种情形下的企业非常值得投资。通常只有高盈利、高发展的企业才会呈现此种发展情形。

情形5：经营活动表现欠佳，为了解决资金短缺问题，企业除了收缩投资外，也在筹资。这类企业的债务风险一般比较高。如果企业处于初创期，筹资的目的是维持生产经营，那么投资者尚可理解；如果企业处于衰退期，则只能说明其要借助收回投资和举债维持生存。

情形6：经营活动表现差，企业一边收回投资，一边偿还之前的债务。

情形7：经营活动表现差，企业需要负债生存，但仍然花费资金开拓市场。如果是初创企业处于这种情形，那么可以理解；如果是发展已经相对成熟的企业，那么投资者要提防其随时可能发生债务风险。

情形8：经营活动表现差，但企业有一定的资金存量，这部分资金可以用于投资和偿还债务。这类企业如果无法获得投资收益，那么就很容易陷入财务危机。

现金流对于初创企业的生存非常重要，是推动企业良好运行的基础。

有两个20岁的青年，一个叫亨利克·杜布格拉斯（Henrique Dubugras），另一个叫佩德罗·弗朗西斯奇（Pedro Franceschi）。他们看到了初创企业对现金流的需求，于是创办了信用卡公司Brex，专门为初创企业提供门槛更低的信用卡服务。

为了尽可能控制风险，Brex使用了一个创造性的解决方案，即让初创企业的信用额度可以实时浮动,并且额度调整的频率快到了按天计算。2018 年 6 月,其产品公开推出。同年,Brex 就完成了 C 轮 1.25 亿美元的融资,估值达到 11 亿美元。Brex 用了不到两年的时间就完成了从零起步到成为"独角兽"的过程,这也让亨利克和佩德罗成为史上最年轻的"独角兽"企业创始人。

企业可以创造正的现金流无疑是有益于投资者的好事,但在面对现金流过于丰富的企业时,投资者也要提高警惕。在很多国家,企业的所有权与经营权是分离的。例如,经营企业的管理层不是股东,却可以为企业做决策。这样做出的决策不一定完全符合所有股东的利益。

现金流丰富的企业也许是缺乏投资机会的企业,在这种情况下,其最好的决策应该是把部分现金流分配给投资者,由投资者选择收益更有保障、更丰厚的投资渠道。但是,这意味着企业管理层可以控制的资源大幅减少,他们当然不愿意看到这种结果。

企业管理层通常希望把资源都掌握在自己手里。如果企业的现金流丰富,而且没有值得投资的项目,那么其管理层可能会把现金流分配给一些负净值的业务。这种做法:一方面可以帮助企业发展一些有潜力的业务,并进一步推动企业成长;另一方面,也可能在一定程度上损害股东的利益。投资者要充分了解现金流变化情况,并结合具体情况进行具体分析,规避现金流变化可能给自己带来的风险。

3.2 "骨感"的现实:分析企业盈利能力

俗话说:"理想很丰满,现实很骨感。"有时即使投资者觉得项目很不错,但在分析企业的盈利能力时,也可能会被现实给予"当头一棒"。盈利能力代表企业的赚钱能力,一家连赚钱都很困难的企业,值得投资吗?答案显而易见。

3.2.1 先观察企业的净资产收益率

在分析企业的盈利能力时，投资者首先应该看哪项指标呢？我认为应该是净资产收益率。巴菲特曾经说过，要评估一家企业的盈利表现，一个非常重要的标准是使权益资本实现高收益，即没有过高的财务杠杆、不使用过多的会计花招等，而不是只关注每股收益的持续增长。

巴菲特有一套选择企业的标准，主要包括以下几个方面。

（1）大企业，税后利润至少在5000万美元左右。

（2）具备可以持续盈利的能力，不要试图让投资者"扭转"局面。

（3）在少量负债或者不负债的情况下，企业的净资产收益情况良好。

（4）管理体系完善，管理得当。

（5）业务简单、易懂，不要让投资者摸不着头脑。

（6）有明确的融资额，不要浪费双方的时间。

巴菲特把盈利能力排在靠前的位置，足见他对这个指标的重视程度。其实除了巴菲特外，知名评级机构晨星的高管帕特·多尔西（Pat Dorsey）也非常注重企业的盈利能力。他会通过各类数据分析企业是否有可观的净资产收益率。那么，为什么净资产收益率这么重要呢？

一个最重要的原因是净资产收益率可以体现投资者对企业的要求，即要求企业用好他们对企业投入的每一分钱，尽最大努力让这些钱产生更大的收益。至于企业如何满足投资者的这个要求，是采取优质优价的方式，还是薄利多销的方式，就显得不是非常重要了。

净资产收益率是一项综合性指标，它代表净利润与平均所有者权益的百分比。投资者在对这项指标进行分析时，需要从以下几个方面入手。

（1）净资产收益率可以反映投资的获利能力，该数值越大，投资产生的收益越高。

（2）净资产收益率是从所有者的角度分析企业的盈利能力，总资产收益率则从所有者与债权人的角度共同分析企业的盈利能力。在总资产收益率相同的情况下，企业的资本结构不同，所有者权益收益率就会不同，投资者获得的回报自然也不同。

（3）净资产收益率是判断盈利能力的核心指标之一。

通过分析净资产收益率，投资者可以知道为什么有些企业能带给他们比较高的回报，而有些企业却只是在浪费他们投入的资金。为了确保净资产收益率维持在合理的水平上，投资者至少应该要求企业做到下面四项中的一项。

（1）周转率，即销售额与总资产的比率足够高。

（2）财务杠杆更高。

（3）所得税更低。

（4）销售利润率更高。

投资不同的行业，投资者对财务指标的关注度也要做出调整。如果投资者投资零售行业，那么资产周转率就比销售利润率更重要。此外，企业采取的发展战略不同，也会使财务指标的重要程度出现差异。但综合地看，无论企业处于什么行业，采取哪种发展战略，只要净资产收益率足够高，最终能给投资者带来丰厚的回报，那么它就是一家值得投资的企业。

3.2.2 做投资，就要选择盈利能力强的企业

一个不争的事实是：企业的盈利能力越强、价值越大，投资者可以获得的回报就越丰厚。投资者在分析企业的盈利能力时，除了要考虑净资产收益率外，还要考虑相对值指标。反映企业盈利能力的相对值指标有很多，最重要的有以下几个。

1. 销售毛利率

销售毛利率体现了企业的初始盈利能力，它是净利润的起点。如果没有足够高的销售毛利率，那么企业便很难形成较大盈利。将销售毛利率与销售毛利额结合在一起分析，有助于投资者了解企业对管理费用、销售费用和财务费

用的承受能力。

但是,处于同一个行业的企业,其销售毛利率一般相差不大。通过将企业的销售毛利率与行业平均销售毛利率进行比较,投资者可以了解企业在定价政策、生产成本控制等方面是否存在问题。这也是非常有效且常用的评估企业盈利能力的方法之一。

苹果公司的毛利率一直在手机行业内处于领先水平。根据iFixit机构的分析,iPhone13 Pro的成本为570美元(换算成人民币大约是3674元),而iPhone13 Pro在中国的售价为7999元,扣去927元的税,实际售价为7072元。iPhone13 Pro的毛利率为[(7072-3674)/7072]×100%,大约是48%。而这个毛利率在整个手机行业内排名第一。

2. 销售净利率

销售净利润率可以体现企业的最终盈利能力。该数值越大,说明企业的盈利能力越强。但是,不同行业的情况不同。例如,高科技行业的销售净利率通常比较高,而工业和传统制造业的销售净利率则比较低。因此,投资者在分析该指标时应该结合行业的具体情况。销售净利率并非只受到销售收入的影响,还会受到业务利润、投资收益、营业外收支等因素的影响。

3. 总资产报酬率

总资产报酬率体现企业利用全部经济资源获得盈利的能力,可以反映企业的资产利用情况。该数值越大,说明企业在增收节支、节约资金等方面的工作做得越好。投资者获得的回报是否丰厚,与企业资产的多少、资产结构是否合理、经营管理水平高低有着非常密切的关系。

与前文提到的净资产收益率相同,总资产报酬率也是一项综合性指标。为了更精准地判断企业的经济效益,挖掘其提高利润水平的潜力,投资者可以将总资产报酬率与行业平均水平进行对比，分析企业与行业龙头企业之间的差异及形成差异的原因。

总资产报酬率与总资产周转速度和净利润有关。如果企业的净利润率高，总资产周转速度快，那么总资产报酬率就比较高。投资者可以从两个方面入手了解企业的总资产报酬率：资产管理是否到位，资产利用率是否足够高；销售管理是否到位，利润水平有无提高的可能。

4. 资本保值增值率

资本保值增值率可以体现所有者权益的保值与增值情况。投资者在分析资本保值增值率时，应该重点考虑以下两个方面。

（1）引入其他投资者所产生的所有者权益增加部分。当其他投资者为企业投入资金时，所有者权益会增加，资本保值增值率也会随之提高，但当期投资者可能并没有获得增值利润。这是投资者需要重点关注的问题。

（2）通货膨胀。在通货膨胀的影响下，即使资本保值增值率大于1，投资者仍然可能会亏损。因此，投资者要保持谨慎态度，切勿盲目乐观。

在企业发展过程中，经常会有闲置资金没有合适的用途的情况发生。为了实现资金保值和收益最大化，有些企业会选择将闲置资金用于投资理财。这种做法很常见，如果处置得当，那么企业可以获得更多收益。但创始人和投资者都应注意的是，这种处置方法会降低资金流动性。如果资产无法及时变现，流动资金无法满足企业发展的需求，那将会给企业的稳定经营带来很大隐患。对此，投资者要多注意。

收益最大化是投资者投资企业的根本动力，也是企业获得发展的关键。盈利能力是企业的"生命线"，具备盈利能力的企业才有可能进一步提升竞争力，并给投资者带来更丰厚的回报。因此，投资者要从多项指标入手，结合行业实际情况分析企业的盈利能力，从而更好地配置自己的资金。

3.2.3 实例讲解：A 企业的盈利能力分析

1. A 企业盈利能力指标（见表 3-2）

表 3-2　2018—2020 年 A 企业盈利能力指标一览表　　　　　　（%）

序号	指标	2020 年	2019 年	2018 年
1	销售净利率	15.82	17.01	16.55
2	销售利润率	18.54	20.01	19.46
3	销售毛利率	26.77	26.78	25.24
4	营业利润率	18.55	20.06	19.53
5	资产净利率	18.66	24.16	27.89
6	资产利润率	21.86	28.42	32.80
7	资产报酬率	44.69	50.90	55.80
8	资本收益率	207.14	227.70	297.38

2. 同行业竞争对手盈利能力指标（见表 3-3）

表 3-3　2019—2020 年同行业竞争对手盈利能力指标一览表　　　（%）

序号	指标	B 企业 2020 年	B 企业 2019 年	C 企业 2020 年	C 企业 2019 年	D 企业 2020 年	D 企业 2019 年	E 企业 2020 年	E 企业 2019 年
1	销售净利率	5.29	4.59	7.42	6.32	4.17	4.52	6.91	7.34
2	销售利润率	6.20	5.49	7.92	8.51	0.42	0.45	7.70	7.99
3	销售毛利率	18.38	14.70	15.76	15.98	12.56	15.54	21.77	17.53
4	营业利润率	5.46	5.39	7.71	8.18	4.11	4.32	7.43	6.93
5	资产净利率	5.61	未披露	15.48	未披露	6.21	未披露	10.36	未披露
6	资产利润率	6.57	未披露	16.52	未披露	0.62	未披露	11.54	未披露
7	资产报酬率	14.27	未披露	45.07	未披露	13.40	未披露	31.15	未披露
8	资本收益率	27.89	40.53	46.34	71.68	32.85	72.53	94.66	94.26

3. 分析 A 企业的盈利能力

2020 年，A 企业的销售净利率为 15.82%，远高于同行业竞争对手的平均水平，说明该企业每销售 100 元的产品就可以比竞争对手多获得一部分净利润，其盈利能力要比竞争对手更强（详情参见表3-4）。但同时，投资者也应注意到，A企业2020年的销售净利率低于2019年和2018年，说明其盈利能力有一定程度的下降（详见表3-5）。

表3-4　2020年A企业盈利能力指标行业对比情况一览表　　　　（%）

序号	指标	比同行业竞争对手的平均水平增减
1	销售净利率	9.88
2	销售利润率	12.98
3	销售毛利率	9.65
4	营业利润率	12.53
5	资产净利率	9.25
6	资产利润率	13.05
7	资产报酬率	18.72
8	资本收益率	156.86

表3-5　2018—2020年A企业盈利能力指标变化趋势一览表　　　　（%）

序号	指标	2020年比2019年增减	2020年比2018年增减
1	销售净利率	-1.19	-0.73
2	销售利润率	-1.47	-0.92
3	销售毛利率	-0.01	1.53
4	营业利润率	-1.51	-0.98
5	资产净利率	-5.50	-9.23
6	资产利润率	-6.56	-10.94
7	资产报酬率	-6.21	-11.11
8	资本收益率	-20.56	-90.24

A企业2020年的销售利润率虽然分别比2019年和2018年下降了1.47%、0.92%，但比同行业竞争对手的平均水平高12.98%，这说明其盈利能力还是有优势的。

在销售毛利率方面，2020年，A企业的销售毛利率基本与2019年持平，甚至比2018年还有所提高。这说明该企业在竞争越来越激烈的情况下，积极扩大生产，进一步提高规模效益，严格控制了单件产品的销售成本。

通过表3-6可以看出，2020年，A企业营业成本占主营业务收入的比例与 2019 年相比没有太大变化，与 2018 年相比则有所降低。但是，其销售费用与管理费用却比 2018 年和 2019 年更高，财务费用则基本维持原有水平。

表 3-6 2018—2020 年 A 企业盈利能力纵向分析一览表

项　目	2020 年 数值（单位：元）	2020 年 占比（%）	2019 年 数值（单位：元）	2019 年 占比（%）	2018 年 数值（单位：元）	2018 年 占比（%）
主营业务收入	1058765.47	100	676437.32	100	427398.09	100
营业成本	775340.95	73.23	495265.44	73.22	319524.82	74.76
销售费用	35794.68	3.38	15996.24	2.36	4021.98	0.94
管理费用	32840.31	3.10	15251.35	2.25	12266.72	2.87
财务费用	18637.5	1.76	12120.94	1.79	6595.08	1.54
进货费用	0	0	0	0	0	0
营业税金及附加费用	3251.24	0.31	3204.99	0.47	2129.93	0.50
主营业务利润	192900.79	18.22	134598.36	19.90	82859.56	19.39

由此可知，A 企业主营业务利润占销售收入的比例之所以下降，主要原因是该企业的销售费用、管理费用增加。这两项费用增加的主要原因是该企业为了应对激烈竞争，提升自己的影响力，而增加了广告费用，并采取了一些营销策略来提高市场占有率。

2020 年，A 企业的其他业务利润率比 2018 年、2019 年有所增长。但是，由于该企业主营业务利润率下降，因此整体营业利润率也有所下降，如表 3-7 所示。

表 3-7 2018—2020 年 A 企业营业利润率分析比较一览表　　（%）

指　标	2020 年比值	2019 年比值	2018 年比值	2020 年比 2019 年增减	2020 年比 2018 年增减
主营业务利润率	18.22	19.90	19.39	-1.68	-1.17
其他业务利润率	0.33	0.16	0.14	0.17	0.19
合计：营业利润率	18.55	20.06	19.53	-1.51	-0.98

通过上述分析内容，可以得出以下结论。

（1）综合地看，2020 年，A 企业的盈利情况非常不错，明显优于竞争对手，这一点可以通过表 3-4 得到印证。

（2）与 2019 年相比，2020 年 A 企业的盈利能力有所下降。这一点，在表 3-5 中有所体现。

该案例涉及的与盈利能力相关的指标比较全面，但缺少资本保值增值率。面对不同的企业，投资者在分析其盈利能力的指标时也要根据实际情况做出相应的调整。

3.3 偿债与成长，投资困境亟待破局

企业在发展过程中需要负债，从而让自己有更充裕的资金来优化业务或者升级产品。但如果企业只有负债，而没有偿债能力，那么投资者就要提高警惕，避免让自己陷入困境。此外，为了提高投资的成功率，投资者要对企业的成长能力进行分析，从而筛选出那些有巨大潜力的企业。

3.3.1 没有偿债能力的企业，请谨慎投资

正所谓"欠债还钱"，偿债能力代表企业偿还到期债务的能力，它可以反映财务状况的好坏。投资者通过对企业的偿债能力进行分析，可以了解企业是否能持续经营，并预估企业未来的收益情况。那么，投资者应该如何对企业的偿债能力进行分析呢？关键就在于掌握以下几个指标。

1. 资产负债率

资产负债率是一个简单、直观的指标，其数值通常越小越好。资产负债率计算公式如下：

$$资产负债率 = 总负债 \div 总资产 \times 100\%$$

如果一家企业的资产负债率大于或者等于50%，那么说明这家企业的财务状况不佳，投资者要谨慎投资。但是，房地产、金融等行业的企业的资产负债率普遍比较高，因此，投资者还是要结合企业所处行业的属性来综合分析企业的资产负债率。

2. 流动比率

流动比率可以反映企业的短期偿债能力。如果企业的资产流动性高，就表示这家企业的偿债能力比较强。流动比率的计算公式如下：

$$流动比率 = 流动资产 \div 流动负债$$

流动资产通常由存货、应收账款等资产构成，如果其数值过大，那么企业就可能积攒了大量存货，无法将其销售出去。流动比率过高，显然不利于企业发展，但也不能过低，其数值一般维持在2∶1左右比较好。

3. 速动比率

速动比率反映企业资产可以立即变现用于偿还负债的能力。既然是立即变现，那么投资者在分析企业的速动比率时就要剔除不易变现的资产。速动比率计算公式如下：

$$速动比率 = 速动资产 \div 流动负债$$

一般来说，速动比率维持在1∶1是比较正常的。当然，也有一些企业的偿债能力强，速动比率可以达到3∶1左右。例如，被誉为"药中茅台"的片仔癀2020年的速动比率为（74.96-22.31）÷15.61，约为3.4∶1。也就是说，该企业的每1元流动负债就有3.4元可以立即变现的资产来偿还，其偿债能力非常有保障。

投资者在分析企业的偿债能力时，还要看其5年甚至10年内资产负债率的均值。例如，虽然某企业的资产负债率偏高，但整体状态非常稳定，近5年都维持在35%左右。而同行业中的很多其他企业，都只有在行情好的情况下资产负债率才比较低。从这个角度看，似乎该企业比其他企业更值得投资。因此，拥有长期的、稳定的偿债能力也是衡量企业投资价值的一个重要因素。

既然偿债能力的影响如此深刻，为什么大多数企业，尤其是有很多盈利的企业，还要贷款呢？这是因为债务是另一种形式的融资，它可以帮助企业实现通过资源撬动杠杆，推动企业发展提升企业盈利水平。可见，债务对于企业来说是一把"双刃剑"。用得好，它可以帮助企业加速前进；一旦失控，它也可以让企业陷入泥潭。所以，投资者需要根据实际情况，判断企业的债务是否维持在合理水平。

不同行业的企业，其偿债能力大有不同。即使处于同一行业，企业的评级及相对应的偿债能力也是不同的。银行更愿意向偿债能力强的企业提供贷款，因此，优质的企业更容易获得贷款，从而拥有更大的发展潜力。

在竞争激烈的商业世界中，资本更倾向于与强者联手，实现强者恒强，弱者则可能因为得不到资本扶持而"兵败如山倒"。例如，在Facebook发展得如日中天时，扎克伯格从银行进行个人贷款的利息是负数，因为他持有的股票增值速度要比贷款利息额高得多。银行给他提供贷款，他可以获得更多现金来撬动杠杆，而银行也稳赚不赔，还可以对外宣传自己拥有扎克伯格这样的高净值标杆客户，以吸引更多客户。双方各取所需，皆大欢喜。

资产负债率、流动比率和速动比率是三项最基础、最常用的衡量企业盈利能力的指标。但其中任何一项指标都不能完全代表企业的实际情况。投资者要想找到一家所有指标都非常不错的企业，其难度堪比大海捞针。因此，投资者在衡量企业的盈利能力时，不能只关注某一项指标，而应该由点到线再到面对其进行综合分析。

3.3.2 分析成长能力，瞄准企业的未来

投资者为企业投资，看重的是企业的未来。判断一家企业有没有未来，非常关键的一点就是看这家企业有没有足够强大的成长能力。企业的成长能力越强，未来可能给予投资者的投资回报越高。

我认为投资者对企业成长能力进行判断的重点，是去衡量企业的成长潜力和未来可能的价值。企业未来的价值越高，盈利的概率就越大，投资者获得高

回报的概率也越大。但是，对统计学有了解的人应该知道，投资者通常只可以大概率地衡量企业的成长能力，而不能十分确定地获知企业的未来发展情况。

不过，投资的吸引力正是来自其不确定性。从逻辑上来讲，一个行业里经验越多、经历越多的人，对行业越了解，创业失败的概率也越低但其眼光也有可能被经历所桎梏。很多时候，新人、年轻人由于经历少，思维没有被禁锢，因此有机会提出具有颠覆性的解决方案，从而给投资者带来巨额回报。

华裔少年亚历山大·王（alexander wang）在19岁时从麻省理工辍学，创办了数据标注公司Scale AI，开启了数据标注行业的新时代。该企业的估值是预测的2025年中国标注市场规模的4.67倍。投资者需要做的是，分析该企业有多大概率可以朝更好的方向发展，并根据历史数据预测其未来趋势。

那么，分析企业的成长能力，投资者要看哪几点呢？具体如下。

1. 要看企业的营业收入

营业收入越多，说明企业的发展前景越好，成长能力越强。如果投资者了解营业收入的增长情况，那么就可以预估企业的生命周期，分析企业当下处于哪个发展阶段。

通常情况下，营业收入增长率高于10%，说明企业处于成长期，未来有很大概率可以保持较好的增长势头；营业收入增长率为5%～10%，说明企业已经进入稳定期，即将迎来衰退期，需要研发和生产新产品；营业收入增长率低于5%，说明企业已进入衰退期，如果没有研发出新产品，则很可能会继续走下坡路。

稳定的营业收入、持续的营业收入增长是企业具备较强成长能力的最佳表现。

2. 要看经营活动现金流

成长能力强的企业，其经营活动产生的现金流和利润是正相关的，而且二者会同步增长。当然，有些时候，经营活动产生的现金流会大于净利润。如果一家企业的净利润有所增加，但经营活动产生的现金流在减少，那么这家企业很可能是在利用净利润营造一种发展良好的假象。在这种情况下，投资者要重点考虑企业的应收账款和存货是否大规模增加。

3. 要看自由现金流

自由现金流是企业获得的"真金白银"的实际收入。自由现金流增加，说明企业的成长能力增强。

4. 要看提价权

如果企业具备提价权，那么就可以在不增加成本的情况下获得更多收入，而且这部分收入基本都是利润。这对投资者非常有利。但是，具备提价权的企业在投资者心中往往无法被取代，投资者很难找到其替代品。此类企业非常少，投资者需要具备非常强的综合实力才可以与其达成合作。

成长能力对于企业来说很重要，也是投资者非常看重的一项能力，但评估这项能力却非常难。而且，如果投资者过于看重企业的成长能力，那就很容易走偏。毕竟"成长"这两个字太有吸引力了，甚至会促使很多投资者盲目地追逐那些"假大空"（看似很有爆发力，其实是"绣花枕头"）的企业。

我自己在做投资时也非常重视企业的成长能力，但我更关注企业的综合实力和文化愿景。我认为投资要有长远眼光，即除了分析企业的成长能力外，还要在心里描绘企业未来的前景。至于企业以后可以赚多少钱，投资者只需要有一个大概的想法，而不必执着于计算出一个精准数值。

企业可以获得更好的成长，靠的是"脱胎换骨"。例如，通用电气（GE）从生产电灯泡起家，发展到如今，已成为一家由航空航天、清洁能源、医疗健康"三驾马车"驱动的跨国集团；Facebook 从校园网做到如今，已成为一个覆盖全球的社交媒体平台；Google 从搜索引擎做起，如今已是尖端科技研发的推动者。这些都是企业"脱胎换骨"的结果，也是我所谈的"成长"的真正含义。

我有一个有趣的判断，那就是未来的苹果公司可能会是一家顶尖的、从事生命健康产品研发的公司。从 iPhone 到 iWatch，从智能电脑到智慧家居，苹果公司的所有产品都在积累用户的各种数据。例如，苹果公司通过上百万次的数据统计，准确识别什么程度的撞击可能来自车祸，并自动拨打电话呼叫救护车。

未来，如果苹果公司对从佩戴设备上收集来的健康体征指标加以应用，那么其很有可能以降维打击的形式涉足生命健康赛道。因为相比于行业内的其他企业，苹果公司的产品在普及度、覆盖度和数据收集能力等方面都具有优势。而对于投资者来说，这些都表明苹果公司拥有巨大价值。

第4章

市场分析：机会和收益的变焦镜

市场有良好的导向作用，它可以为投资者进行投资提供客观依据。因此，投资者应该在投资前了解企业在市场中的真实情况，从行业分析、市场数据解读、竞争分析等方面入手，选择市场更广阔的项目进行投资，以确保自己可以获得更丰厚的回报。

4.1 带着"使命"了解整个行业

对于所有投资者来说,了解整个行业是推动投资顺利落地的必要条件,也是发现商机和做出正确投资决策的基本前提。如果投资者不了解行业,那么就很难理解行业中的用户行为、企业行为,更无法从中找到投资关键点。

4.1.1 古今兼顾:了解行业历史及趋势

由于在某些情况下项目所涉及的行业未必是投资者了解的,所以,投资者要想做出更精准的投资决策,就需要提前了解行业,对行业历史及趋势进行分析,明确投资是否可行。那么,投资者应该如何做好这件事呢?下面以互联网行业为例对此进行说明。

互联网行业经历了发展迅速、势头强劲的阶段,如今已经成为新兴行业的基础。甚至可以毫不夸张地说,当今社会任何事物都离不开互联网。互联网行业的发展变化跨越了几十年,经历了三个阶段,如图4-1所示。

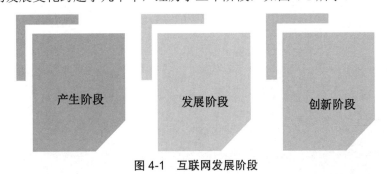

图4-1 互联网发展阶段

1. 产生阶段

（1）电脑进入大多数家庭。比尔·盖茨发明的 Windows 系统让电脑操作和上网更简单，人们开始享受互联网带来的便利。

（2）门户网站形成。互联网行业的发展使媒体行业发生了巨大变化，人们获取信息的方式也从关注报纸、期刊转变为浏览门户网站。由此产生了以雅虎为代表的新一代门户网站。

（3）多家互联网公司崛起。随着技术发展，门户网站已经不再是"霸主"，很多新技术与新产品开始运用互联网为人们服务。例如，亚马逊开启了购物新模式；Google 做到了数字广告自动化；Facebook 革新了社交方式，便于人们相互联系。国内则有"BAT"（"B"代表百度、"A"代表阿里巴巴、"T"代表腾讯），QQ、淘宝等产品也早已融入人们的生活。

2. 发展阶段

（1）移动互联网普及。随着安卓系统与 iOS 系统问世，移动互联网开始普及。手机的使用频率超过了电脑，手机 App 层出不穷，如 Instagram、微博等，各类手游也占据了很大市场份额。此外，生活服务类 App，如大众点评，也非常受欢迎。

（2）云计算和大数据兴起。虽然互联网企业强势入局，但由于核心技术都掌握在某些行业巨头手里，因此大多数互联网企业仍然面临着来自行业内部的激烈竞争。网易、华为、阿里巴巴、腾讯旗下虽然都有大数据平台，但真正掌握和运用好大数据技术的企业才有话语权。今日头条就是成功者，它运用大数据分析将内容精准地推荐给用户，抢占了大部分移动端流量。它旗下的抖音的流行更是巩固了其流量巨头的地位。

（3）互联网娱乐产业与互联网金融服务迎来风口。随着各类影视、综艺、游戏深入人心，各大企业争相竞逐，最终形成了腾讯视频、爱奇艺、优酷三大视频平台三足鼎立的局面。一些直播网站的兴起，为一些民间艺人带来了机遇，"网红"应运而生。

互联网金融服务是新时代的产物,代表者有支付宝、微信支付、京东白条等。越来越多的互联网企业看到了互联网金融的商业价值,也开始提供相关服务,如网易、美团、滴滴等。

3. 创新阶段

2016年,阿尔法狗(AlphaGo)战胜李世石,这标志着人工智能时代的到来。人工智能建立在云计算和大数据的基础之上,相比这两种技术,其成本与运作难度更高。因此,很多跟风的概念型企业很快出局,但还是有一部分企业先驱能够真正实现技术落地,交出一份令人满意的"答卷"。

2021年底上市的商汤科技,作为中国人工智能第一股,凭借扎实的技术和应用,一步步走到今天。从2014年成立以来,商汤科技的团队累计发表600多篇顶级学术论文,拥有8000多项人工智能发明专利,在全球三大计算机视觉会议上发表的论文总数排名全球第一,是国内名副其实的科技行业领军者。

互联网在创新阶段的事物不仅有人工智能,新出现的热门概念元宇宙在一定程度上也是互联网升级的产物。"Z世代"(1995—2009年出生的人)出生和成长于互联网迅猛发展的时期,他们对数字化内容和虚拟世界的接受度较高。现在的技术可以把虚拟世界与现实世界连接在一起,让他们获得沉浸式体验,找到那个理想的乌托邦。

技术在持续升级,时代在不断进步,每天都有不同的事情发生,未来的每一天都有可能开启新的互联网时代。在了解行业历史和趋势的基础上,投资者如果发现某家企业跟上了时代的步伐,进入了互联网行业,关注与互联网相关的人工智能、元宇宙等概念,研发各类软件,以丰富人们的生活,并为人们的生活与工作提供便利,那么就应该关注这家企业。

过去,中国企业更多的是跟随外国企业的发展脚步,并会在一定程度上借鉴其商业思维和商业模式。而如今,随着拼多多、字节跳动等一批新型企业的崛起,中国的商业模式正在被全世界其他企业学习、模仿。

对于中国企业来说，这是一个了不起的进步。它意味着，中国未来会有更多的创业和投资机会。但应该承认的是，无论是哪个国家的企业，都不能盲目追求在所有领域"弯道超车"，而要立足长远，脚踏实地谋发展。作为投资者，则应从历史的维度探索机会、调整战略，从而更好地了解行业发展方向，保持判断的理性和准确性。

投资者孜孜不倦寻找的，是那些未来可以引领行业、定义行业、颠覆行业的项目。那些项目往往把自身品牌塑造成了行业替代词。例如，搜索被叫作"Google 一下"、打车被称为"打滴滴"、订外卖被称为"饿了么"和"美团"等。这些企业无一例外都成了行业名片和符号，它们是一级市场的投资者（尤其是早期投资者）都在寻找的绝佳标的。

4.1.2 竞争壁垒是强大的"保护伞"

我一直认为，对于任何行业而言，竞争壁垒都是一把非常好的"保护伞"。根据本人的投资经验，我认为，与技术、学术等硬性竞争壁垒相比，柔性竞争壁垒似乎更重要。虽然后者往往没有一个通用的判断标准，但在我看来却是决定企业乃至行业成败的重中之重。在我心中，企业的柔性竞争壁垒有以下三个。

1. 业务方向

业务方向正确与否，在一定程度上决定了创业者是否愿意躬身入局，脚踏实地做别人不愿意做的事。有投资价值的企业通常会基于自己的业务方向有意或无意地关注行业空白，挖掘尚未被开发的业务。这些业务由于种种原因被其他企业遗忘在角落里，但实际上它们背后蕴含着非常大的价值。

2007 年，旧金山有两位设计师，他们是布莱恩·切斯基（Brian Chesky）和乔·格比亚（Joe Gebbia），因为付不起房租而发愁。情急之下，他们打算将阁楼租出去，让其他租客为自己分担一部分房租。在美国，按照传统做法，他们需要把租房信息发布在租房网站上,但他们为了标新立异,便自己创建了一个网站,刊登了一张地板上摆有三张空气床垫的照片。这张照片吸引了三位租客,每位租客向他们支付了 80 美元。他们也成功收获了"第一桶金"。

后来他们尝试把这种模式推广到纽约等城市。起初他们为了让出租房间的户主把房间按时、妥善地准备好,会亲自上门提供清扫服务。现在 10 多年的时间过去了,曾经做着脏活、累活的他们已经打造出了一家市值高达 1000 亿美元的企业,这家企业就是爱彼迎(Airbnb)。它始于阁楼,靠着空气床垫与早餐(Airbed&Breakfast)的生意,发展成为享誉全球的民宿短租公寓预订平台。

2. 持续积累数据的能力

以 Facebook 为例,如果它没有建立用户必须注册才能浏览平台内信息的保护机制,那么将很难积累大量数据,甚至恐怕早就已经倒闭了。还有苹果公司,庞大的用户体量使其能够凭借丰富的数据搭建一套完整的内容生态,让硬件和软件之间形成一个闭环。这是后来者几乎难以撼动的绝佳"护城河"。

3. 策略和执行力

很多领域存在"赢家通吃"的现象,一部分企业便因此而对该领域望而却步。正确的策略不仅能够使企业站在"巨人"的肩膀上,吸收其他企业的成功经验,还可以使企业不断积累优势。

在 2000 年左右,Google 打算重建数据中心,但考虑到不希望竞争对手了解到数据疯狂增长的情况,便注册了一家新企业,专门用于在美国境内寻找成本低、资源丰富的数据中心。这种低调发展的模式一直持续到 2004 年 Google 上市之际。为了顺利上市,Google 需要披露相关材料,此时其他企业才意识到,原来搜索带来的价值如此巨大,但为时已晚。

除了策略外,创业者和核心团队的执行力也非常重要。

可能很多人都不知道,特斯拉并不是马斯克创立的,他起初只是该企业的投资者。但不得不承认，直到他成为特斯拉的 CEO，该企业的传奇商业故事才正式开始。

在初期阶段，特斯拉的发展情况不是很好，面临着缺少资金的困局。当时马斯克为了解救特斯拉，从美国能源部门拿到了 4.65 亿美元的低息贷款。如果没有这笔钱，那么特斯拉恐怕生死难料，更遑论推动新能源汽车行业向前发展一大步了。

还有来自南京的华裔企业家徐迅（Tony Xu）牵头创办的外卖企业 DoorDash，它用不到 10 年的时间后来居上，超越美国老牌外卖企业 Grubhub，成功在美国上市并成为当地规模最大的外卖企业。

投资者要选择的是领军行业，这样的行业可以将自己打造成为中心节点，连接更多人参与其中，从而形成自己的专属竞争壁垒，并致力于为消费者解决问题。这样的行业可能会充斥着模式各异、质量参差不齐的企业，对此，投资者要做的就是从中筛选出有发展潜力的企业进行投资。

4.1.3 分析行业发展前景不是主要工作

我一直有这样的想法：在投资领域，好像所有投资者都在追求对行业发展前景的准确预测。当然，我不否认这项工作有一定的作用，但我在实践过程中可能更愿意以一种开放的心态，用更大的格局，站在更高的维度去思考它。现在有一个不争的事实——几乎所有类型的预测都是基于过往的经验，这就很容易导致大家被现有经验束缚。也正因为如此，所以很多投资者可能难以看清行业未来的机会与趋势。这种情况在行业发展初期尤为明显。

以比尔·盖茨创立微软为例，他曾经说了这样一句话："640KB ought to be enough for anybody."，大意为"640KB（千字节）对于任何人来说都应该足够了"。而成立于 1957 年的美国数字设备公司（Digital Equipment Corporation，DEC，1998 年被康柏收购）创始人肯·奥尔森（Ken Olsen）也曾表示，一个人没有任何理由在家里放置一台电脑。甚至科技巨头 IBM 也有过类似判断。

但是，事实证明，无论是盖茨、奥尔森，还是 IBM，都很好地抓住了机会。这就意味着，对于投资者来说，真正重要的也许不是将行业发展前景预测得多么准确，而是拥抱行业变化，及时调整投资策略。

与 Google、微软等行业巨头相比，亚马逊在云计算服务方面的布局开始得很早。而起初贝索斯也没有意识到云计算的价值会如此巨大，现在 AWS 已经是亚马逊利润的核心贡献者。

综合地看，实干比准确预测行业发展前景重要得多。能够脚踏实地、保持头脑和策略的灵活、不断探索、不断向更高台阶迈进的实干者，才是一个项目最强有力的保障。投资者应该率先与这样的实干者合作，以充分保护自己的利益。

4.2 解读市场数据，用事实说话

投资者在分析市场时，要重视市场数据的收集和分析。市场的好坏和发展趋势在很大程度上是通过市场数据来体现的。因此，对于投资者来说，了解渗透率、发展空间、市场规模等市场数据，并掌握通过这些数据分析市场的方法，是做好投资的基础。

4.2.1 从渗透率到市场占有率

渗透率指的是市场上当前需求和潜在需求的比较。它可以体现市场处于何种阶段，并给投资者提供指引。

在整个生命周期中，随着渗透率的不断变化，市场会经历引入、成长、成熟、衰退四个阶段。通常情况下，渗透率低于10%，意味着市场刚刚引入产品，面临着很强的不确定性，而且产品的性能可能也不够完善，企业可以蜂拥而进；渗透率超过10%，意味着产品有比较高的性价比，市场前景开始展现；渗透率为70%～80%，意味着市场逐渐成熟，用户对产品的需求趋于理性。

大多数投资者都偏爱渗透率快速上涨的发展阶段，因为他们可以同时获得来自业绩增长和估值提升的收益。当然，我的喜好从某种意义上来说和他们是一样的。中国几乎所有的市场都经历过渗透率快速上涨的阶段。而在以美国为代表的海外市场中，大型企业往往会享受一定的估值溢价，中小型企业则在估值上有折价，这与中国市场有很大不同。

在中国，中小型企业有更广阔的成长空间，而且可以利用资金优势或并购、收购等方式进入一个新市场。因此，在之前相当长的一段时间内，有些投资者非常愿意给中国的中小型企业一个高估值。这其实是建立在期待渗透率不断上涨的基础之上的。

随着经济的持续发展，中国的一些市场已经进入了成熟阶段。在这个过程中，各企业之间的竞争也从渗透率竞争逐渐转化为市场占有率竞争。例如，2009年，智能手机开始在中国普及，很多智能手机企业与苹果公司、三星公司一样，充分享受到了市场快速增长的红利。

但是，随着市场逐渐成熟，渗透率趋于饱和，不知名的智能手机企业已经销声匿迹，最终结果还是行业巨头几乎瓜分了所有的市场份额。由此可见，当企业进入市场占有率竞争阶段时，行业巨头将具备更大的竞争优势，这些优势体现在品牌、规模效应、技术投入等方面。

大多数行业都会经历从渗透率竞争到市场占有率竞争的转化过程，在这个过程中，行业巨头会在市场中分得更大的"蛋糕"。这也是当市场越来越成熟后，行业巨头会享受估值溢价的关键原因。因此，投资者在投资时要分析市场的发展阶段，问一问自己：应该为行业巨头投资，还是为中小型企业投资？而这个问题的答案就在上面的内容中。

4.2.2 了解企业所处市场的发展空间

任何市场都具有流动性,市场不同,其发展空间也不同。我建议投资者从以下3个方面入手分析企业所处市场的发展空间,如图4-2所示。

图4-2 了解企业所处市场的发展空间

1. 国家政策

投资者首先要看国家的政策方向,这是整个市场所处的大环境。一些国家政策会对经济发展产生影响,投资者要选择在政策方面有优势的行业。例如,我国重视战略性新兴行业、绿色能源行业的发展,因而此类行业会受到政策方面的照顾,发展前景良好。

其实很多行业都需要政策的支持,才能发展得更好。所以,投资者在分析企业所处市场的发展空间时不要脱离政策,可以通过人民网、国家发改委官网、国家产业政策官网和各类财经网站获取相关信息。

2. 行业规模

投资者对企业所处市场的发展空间进行分析,需要考虑行业规模。行业规模越大,说明其扩展范围越广,对其投资获得成功的机会就越大。如果行业规模较小,局限于某些地区,那么对其投资获得成功的机会就很小。

投资者可以通过与行业对应的客户群体看出其规模。若是服务于大众的行业,则其规模往往较大;若是服务于某一类客户群体的行业,则其规模一般较小。投资者还可以通过考虑行业的产品销售情况是否受地域影响、领先企业的产值如何等问题判断市场的发展空间。

对行业规模进行准确判断的困难在于，投资者很难看到一个行业未来的全貌。每个行业都是动态变化和持续发展的，所以投资者更应该在趋势和方向上进行判断，而不是试图做出一个准确的静态预测。

例如，手机市场如今的规模已经是计算机的十倍。未来，下一代物联网产生的市场可能又是手机市场的十倍甚至百倍以上，其对芯片和数据处理的需求自然不用多说。这就是一种清晰的趋势判断。但这个市场最终会有多大，现在谁也不能妄下定论。

3. 经济指标

经济指标反映市场现在和未来是否景气。现在很多行业之间的发展是相互影响的。例如，根据房地产行业的相关数据，可以推测家居装饰行业未来的发展情况；根据美元的走势，可以推测有色金属的价格波动情况。投资者可以从国家统计局官网或者股票软件上查询相关数据，美国也有更系统、完整的数据对公众发布，投资者要对这些信息保持关注。

但需要注意的是，公布出来的数据可能是被调整过的。这很可能会对投资决策和企业的生产策略造成影响。所以，企业家和投资者自身对行业的判断与直觉，是非常重要的。他们必须拨开迷雾，有自己独立的思考和判断。

投资者在了解企业所处市场的发展空间时，可以从上述三个方面入手。通常来说，市场所处大环境越好、行业规模越大、经济指标越正向、发展前景越好，企业的潜力也就越大，投资者会更容易获得超值回报。

4.2.3　思考：市场规模到底可靠吗

市场规模的大小一般是以用户和收入情况来衡量的，即用户数量越多、收入越丰厚，市场规模就越大。市场规模越大，企业和项目的发展就比较好，对投资者也越有利。那么，投资者应该怎样分辨创业者提供的市场规模是真实、可靠的呢？这时数据的功能就体现出来了，投资者可以要求创业者把市场规模用数据的形式展示出来。

与市场规模相关的指标有用户人数和行业整体利润，这两个指标必须以具体的数据表现出来。例如，某投资者在了解游戏行业的市场规模时进行了如下分析。

近几年，游戏行业欣欣向荣，成就了市值曾突破5万亿港元的腾讯，也催生了游戏新势力米哈游、莉莉丝、鹰角、叠纸等。2020年，中国游戏用户数量达到5.18亿人，游戏行业的整体利润也随着企业不断创新变现模式而增长至2786.9亿元。

与此同时，在很多国家不再只将游戏作为娱乐项目的情况下，电竞游戏市场规模也呈现出迅猛增长的态势。2020年，中国电竞游戏用户数量达到4.88亿人，比2019年增长了49.3%；电竞游戏市场收入达到1365.6亿元，比2019年增长了44.2%。

上述案例对数据的处理就比较好。投资者在进行市场规模分析时将与之相关的用户数量、利润、收入等重要信息以数据的形式展现了出来，这样就可以根据数据直观地感受项目所面对的市场情况，由此来进行科学、合理的市场评估。

其实提到市场规模分析，我还想到前文介绍的Scale AI的案例。

2016年，亚历山大·王选择从美国麻省理工学院退学，与当时刚刚22岁的露西·郭（Lucy Guo）联合创办了Scale AI。从为自动驾驶类客户提供服务开始，这家企业就只做一件事：数据标注。数据标注是一项又苦、又累、又耗费精力的事，而且市场规模也不是很大。当时很多机构都会选择将此业务外包，从而将重心放在核心业务上。

Scale AI看到了数据标注市场的红利，于是选择为广大机构提供这样的服务。在亚历山大·王的带领下，该企业完成了海量数据的标注工作，并用这些标注好的数据搭建自己的智能数据平台，同时训练自己的机器进行学习。5年后，Scale AI取得了非常好的成绩。

Scale AI 拿下了来自美国国防部的价值 9100 万美元的大订单,完成共计 3.25 亿美元的 E 轮融资,估值达到 73 亿美元,成为全球估值最高的智能数据标注企业。Sacle AI 的这些成绩十分亮眼,以其估值为例,73 亿美元是 2025 年预测国内标注市场规模的 4.67 倍。

我之所以讲 Scale AI 的案例,其实是想告诉广大投资者一个道理:市场规模确实是影响投资策略的关键指标,但项目是否有潜力、企业是否挖掘出市场空白等因素同样非常重要。以更全面、更多维度的视角对市场和项目进行分析,可以提高投资的科学性,降低投资决策的失误率,帮助投资者把握经济发展的规律及未来行业的动态变化。

4.3 分析市场情况,找到真正的"大蛋糕"

投资者很难在一开始就迅速看清市场情况,这通常是因为其固有经历和已有认知的限制。但其实很多企业的成功,是其创始人自己都没有预料到的。例如,扎克伯格当时一定想象不到一个校内网站会在 10 多年后化身为市值近万亿美元的社交巨头 Facebook。

虽然要做好市场情况分析不是那么简单,但投资者也不能忽视这项工作。投资者要从目标市场分析开始,充分识别市场机会,了解产品在市场上的供求情况。当然,如果遇到具备强大开拓能力的创业者,那么投资者也必须牢牢把握住。

4.3.1 市场之战,从目标市场分析开始

一般来说,投资者在投资前都希望自己可以充分了解目标市场,因为这样有助于自己对目标市场形成认知,也对自己寻找更有价值的商机有帮助。投

资者对目标市场进行分析不仅可以判断企业的营销活动是否有针对性，还可以指导企业为新产品找到更合适的销路。

那么，投资者应该如何做好目标市场分析呢？以葡萄酒市场为例，葡萄酒是仅次于啤酒的第二大受国民欢迎的酒类。随着这个行业的不断扩张，葡萄酒的价格越来越亲民，各种档次的产品应有尽有。某投资者从4个方面对葡萄酒的目标市场进行了分析，如图4-3所示。

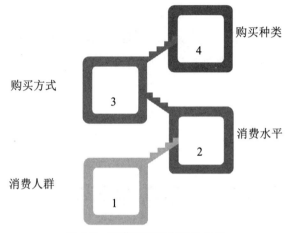

图4-3 葡萄酒目标市场的分析

1. 消费人群

经过调查与分析，该投资者发现葡萄酒的消费人群在不断扩大，其中以25～45岁的青年人和中年人为主。从职业特征方面来看，这部分人是企业白领、服务业从业者、企业管理人员等。还有一部分新富人群，即高学历、高收入、高消费人群，他们中的一些人曾留学海外，具有丰富的葡萄酒知识与饮用经验。他们普遍偏爱进口葡萄酒，在一定程度上引领了高端消费群体的葡萄酒消费方向。

2. 消费水平

通过对葡萄酒专区的销售数据进行统计，该投资者发现，目前某商场引进的葡萄酒有300多种，其中百元左右的占据一半，销量甚好。虽然高端葡萄酒受到部分高收入人士追逐，但销售量有限，此情况非常值得关注。

3. 购买方式

外国的葡萄酒消费者通常会在超市里面自行选购葡萄酒。而在中国，葡萄酒的购买率其实并不高，而且只有一小部分人选择在超市里购买，更多的消费者会选择团购的方式在线上购买。一些高端酒庄则会吸引高端消费者光顾。

4. 购买种类

消费者在购买葡萄酒时，首先看重的是品牌，一般首选法国葡萄酒是消费者的首选；其次才会考虑价格，当然，价格越亲民越欢迎。在中国，消费者可购买的葡萄酒种类较多，既有进口的，也有国产的。目前，国内比较有名且有比较坚实的消费者基础的葡萄酒品牌有长城、王朝、张裕等。

上述投资者对目标市场的分析清晰、透彻，有理有据地表现出了消费群体特征、市场消费水平的总体特征和消费者购买葡萄酒的方式及种类等，这有利于其迅速了解目标市场的具体情况。相信很多投资者可以从这个案例中学习到一些有关目标市场分析的技巧和方法，希望大家可以将其灵活地运用到实践中。

决策者对市场的理解和分析对于企业的发展至关重要。在大多数情况下，同样的产品和相似的经营策略，在不同的国家或地区的表现形式和带来的结果完全不同。例如，麦当劳在美国的定位是低端消费快餐，但是在大多数发展中国家，它却成了品质快餐的代表。又如，豪生国际酒店和假日酒店在美国是再普通不过的平民酒店，但它们在我国重塑了新的、更为高端的品牌形象，于是顺利发展为高端酒店。

4.3.2 识别市场机会，看"蛋糕"是否足够大

在我看来，市场机会通常体现在三个方面：出现新型消费群体、出现消费者尚未被满足的需求、出现满足消费者需求的新方法或新工艺。虽然市场机

会往往会受到消费者的消费观念和消费行为的影响，但也与企业的营销活动息息相关。

营销活动会使消费者的消费观念和消费行为发生变化，而与之相对应，在营销学中，存在消费者需求的无限性假设。这个假设的核心是认为消费者的需求是无限的，从这个意义上讲，市场机会也应该是无限的。但假设毕竟是假设，投资者还是要对市场机会进行识别。在我看来，投资者识别市场机会可以从以下两个方面入手。

1. 对企业的业务范围进行界定

对企业的业务范围进行界定，就是了解企业服务的消费者类型、分析业务满足这些消费者的哪些需求及企业通过哪些方法满足这些需求等。此外，投资者在发现企业需要进行战略调整时，要判断其业务范围的变化是否保持了一定的连贯性。

例如，波司登无论在何时、用何种方式进行战略调整，总是围绕"民族品牌"这一战略展开，始终遵循"以民为本，服务大众"的宗旨，坚持以工薪阶层为目标群体。羽绒服是其主营产品，其对业务范围的界定是明确、清晰的。

2. 进行产品与市场分析

投资者在了解了企业的业务范围后，可以缩小识别市场机会的范围，将范围控制在与其业务范围相关的领域。而开展这一工作比较不错的方法是进行产品与市场分析。也就是说，投资者应该把产品的核心属性与消费者的需求特征罗列出来，并对市场进行细分，比较企业现有的产品或服务是否满足了消费者需求，还有没有尚未被满足的需求。这样可以帮助投资者找到市场缝隙，确定企业是否还面临比较大的市场机会，从而更好地做出投资决策。

完成了市场机会识别，投资者可能会发现企业面临的市场机会。但需要注意的是，不是所有的市场机会都适合企业，投资者还应该对市场机会与企业的匹配度进行分析。

首先，投资者要检验市场机会与营销渠道、营销方式、企业定位、品牌定位、产品风格、主营业务等要素是否一致。如果市场机会与这些要素不完全匹配，那么投资者也可以考虑将企业的发展战略和经营战略融入其中进行分析。

其次，投资者要对企业进行 SWOT 分析（"S"是 strength，指企业自身优势；"W"是 weakness，指企业自身劣势；"O"是 opportunity，指市场机会的外部有利要素；"T"是 threat，指市场机会的外部威胁），客观地评估其面临的市场机会。

如果企业的自身劣势与外部威胁是不可克服的，甚至是致命的，那么这样的市场机会基本没有意义，投资者也就没有必要对其进行投资。

M 企业是一家为 IT 从业者提供 H5 前端开发培训的初创公司，其研发了一个网站。在这个网站上，IT 从业者能学到实用技能，从而在企业胜任前端开发工作。目前市场上同类课程较少，而且很少提供实操训练。通过 SWOT 分析法，投资者可以将这家企业的优势和劣势列出来。

1. 优势

（1）初创企业，团队精简，战略调整快；

（2）课程质量高，平均每节课 15 分钟，全是干货，没有废话；

（3）内容垂直，1 对 1 解答，服务好，学员目的性明确。

2. 劣势

（1）创业企业风险高，缺少资金；

（2）课程质量高，更新速度相对慢。

3. 机会

（1）互联网发展趋势好，传统企业纷纷转型，IT 技术人才缺口大；

（2）市场上类似课程少，现有课程乏味且不实用。

4. 威胁

（1）盗版现象严重，课程容易被抄袭复制；

（2）大型机构更得消费者信任，它们可能推出同类课程抢夺市场份额。

在对企业进行 SWOT 分析后,投资者就可以将各种要素组合起来加以分析,得出企业发展的切入点。企业要找到一个独特、有效的切入点,成功后再逐渐扩张。

再次,投资者要分析市场容量。没有市场容量的企业肯定没有市场机会。投资者在分析市场容量时要考虑两个变量:愿意消费且有购买能力的潜在消费者数量、在会计期间内潜在消费者的购买频率。如果市场容量大,企业可以盈利,那么其中就可以挖掘出市场机会。

另外很重要的一点是,企业应该能够创造出更多的需求。例如,苹果公司每年都推出新产品,一方面吸引新用户,另一方面让已有用户成为新的消费力量。而作为科技行业的佼佼者,苹果公司每次推出新产品都会掀起一波时尚风潮,这是其非常有优势的一个竞争点。

最后,投资者要检验市场机会与企业的能力是否匹配。这是识别市场机会最关键的一步。企业只有具备与市场机会相符的产品研发能力、技术能力、生产与制造能力、营销能力等,才可以将市场机会转化为盈利机会,这样的企业也更具投资价值。

4.3.3 掌握产品在市场上的供求情况

产品在市场上的供求情况有两种可能:在未来一段时间内,如果产品供不应求,则目标用户的选择余地变小,企业可以扩大生产,并采用无差别营销策略;反之,供大于求,用户的选择增多,企业需要控制生产,营销策略要有所差别。

投资者对产品在市场上的供求情况进行分析,有利于了解企业投入市场的产品将面临何种情况:是销量持续走高,还是后劲不足、销量难以为继。某位投资者想涉足彩妆行业,便对彩妆产品在市场上的供求情况及发展趋势做了如下分析,如图 4-4 所示。

第 4 章 ○ 市场分析：机会和收益的变焦镜

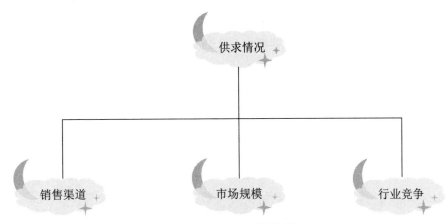

图 4-4 彩妆产品在市场上的供求情况分析

首先，了解销售渠道。彩妆产品自进入市场以来，最直接的销售平台和打造品牌形象的重要方式，就是百货专柜，高端彩妆产品尤其如此。因为百货专柜的高端装饰、时尚风格，往往能彰显彩妆品牌的理念，并能吸引广大年轻群体。不仅如此，百货专柜还会为消费者提供咨询、免费体验、定制服务等，消费者可以获得全方位的购买体验。

随着移动互联网的普及和电商行业的发展，线上购买、直播带货等方式越来越受到消费者的欢迎。在这样的趋势下，拥有百货专柜和电商渠道的彩妆品牌更能获得消费者的认可，其产品销量也更有保障，产品供不应求。例如，3CE、美宝莲、卡姿兰等彩妆品牌。

其次，了解市场规模。随着国内人均收入水平的提高，消费者在彩妆方面的支出明显增长，但与日本、韩国、美国等相对成熟的彩妆市场相比，中国的彩妆市场还有较大的提升空间。未来，随着人们的彩妆消费观念不断升级，中国的彩妆市场将迎来快速发展期。

在产品类型方面，面部彩妆产品销售速度较快，而且随着生活节奏的加快，消费者更喜欢多效合一的彩妆产品。在其他彩妆产品中，唇部彩妆产品的销量有保障，呈现稳定上涨的态势，这源于新时代消费者对唇部美的认知与追崇。

可见，在中国，彩妆市场规模在不断扩大，各类彩妆产品也在不断创新。

最后，了解行业竞争情况。中国的彩妆市场一直被一些国际品牌占据，这些国际品牌往往具有口碑好、产品质量稳定、销售渠道成熟等优势，因而赢得了大量消费者，并给本土品牌带来了比较大的竞争压力。但是，国际品牌一直致力于全球产品的协调与统一，而且其决策流程严谨，在针对区域市场时存在不灵活的问题，这就给了本土品牌发展的机会。

此外，本土品牌能够针对当地的消费结构与消费者的皮肤情况进行产品研发与品牌定位，会越来越受消费者喜爱与追捧，发展前景良好。

由以上三点分析，我们可以看出，中国的彩妆市场处于不断发展的阶段，企业积极研发和创新彩妆产品，消费者的彩妆观念也在发生变化。未来，消费者对本土彩妆品牌的需求会逐渐增强，市场上的国产彩妆产品可能会供不应求。所以，该投资者考虑投资彩妆行业的想法是可行的。

4.4 知己知彼，做市场竞争分析

投资界有这样一句话："最终击败投资者的，很可能是根本看不见的竞争对手。"市场瞬息万变，企业的增长动力在一定程度上来自竞争对手。正所谓"知己知彼，百战不殆"，投资者要重视市场竞争分析，了解企业现有或潜在的竞争对手。

只有了解企业的竞争对手，投资者才能做到"后发制人"，稳操胜券。著名投资者段永平当年成功打造步步高品牌，依靠的就是"后发制人"。在市场定位上，他甘心做跟随者，只进入成熟市场，利用先行者的经验，遵循其已经实践过的商业模式，从而降低风险。例如，步步高在VCD领域竞争最激烈时进入市场，虽然当时很多人说这已经是夕阳行业，但他认为"企业多的地方最安全"。事实证明，他虽然失去了先机，但对目标市场足够了解，因而也能避免大的损失。

4.4.1 核心竞争力才是王道

核心竞争力一般是指企业拥有的核心优势,也就是企业有什么与众不同的地方。投资者之所以愿意为一家企业投资,根本原因在于该企业拥有某种吸引他们的特质。某些企业的投资价值可能不在于它有多么伟大,而在于它是否可以比其他企业做得更好、更有发展前途。

在进行早期投资时,我非常在意企业是否具备技术积累与不断迭代的能力。试想,如果企业从来没有生产过飞机,却突然要生产一架飞机,它能做好吗?答案显而易见。技术是一个需要经过循序渐进的打磨、建立在经验积累基础上的产物,是企业的核心竞争力之一。

几年前,我参加过一个商务会,认识了一个海归青年。他的志向是要造出纯国产汽车。我当时认为,已经有那么多企业都在造车,他再做同样的事有什么意义呢?可他却有不同的想法,他认为:中国的绝大部分汽车企业的生产模式都是以复制为主,它们可能不理解为什么每个零部件要那样设计。如果这些企业一直不知道从何处来,那就难以知道未来去往何处。对于这些企业来说,要追赶和超越行业内的其他企业,更是无从谈起,因为技术迭代是一个非常重要的过程。

虽然后来我没有再见过他,也不知道他的近况如何,但他这样的人是我欣赏、尊敬的一类创业者,我对他们有强烈的信心,希望他们在未来的某一天可以实现梦想。

丰元资本之所以会投资北美顶级生鲜电商"Weee!",就是因为其具有核心竞争力。

"Weee!"起初的商业形式只是社区团购,即通过微信集中采购货物,然后用户去中间人那里自行取货,"Weee!"不提供任何配送服务。由于微信覆盖的只有华人群体,因此这个项目的市场空间非常小。后来"Weee!"发现自己的货运速度难以保证,便开始买车并招聘司机为用户提供更好的服务。

随着不断发展,"Weee!"售卖的产品品类越来越多,远远超过硅谷的某些连锁超市。在不断优化用户的消费体验后,使用"Weee!"的人已经很少去美国当地的连锁超市了。

如今,"Weee!"已经是一家知名的食品供应商,服务的城市从硅谷延伸到洛杉矶、纽约等。"Weee!"从华人多的地方起步,逐渐拓展到其他用户群所在地区,进而发展到生鲜食品邮寄服务可以覆盖整个美国,其产品直接从农场运送到用户家里,比大部分线下实体超市的更新鲜。谁也无法想象,一家最初专注于社区团购、产品稀少的电商服务平台竟然可以获得如此迅猛的发展。

其实无论是做团购的"Weee!",还是做图书销售的、如今已经是业界标杆的亚马逊,又或是做搜索的Google,它们都是从一个精细的业务点切入,不断深耕并发展,最终形成了自己的核心竞争力。

4.4.2 渠道优势是企业的宝贵财富

在投资界,有渠道优势的企业似乎已经成为"抢手货"。为了使投资更有保障,投资者要对企业的渠道优势进行更深入、更细致的分析,如图4-5所示。

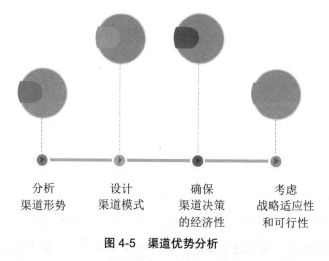

图4-5 渠道优势分析

1. 分析渠道形势

分析渠道形势的目的是了解企业及其竞争对手在成本变动、市场覆盖情况等方面的差别。很多投资者对产品的价格、存货、收益、周转等方面的情况了如指掌，但对其竞争对手的情况了解得少之又少。因此，投资者在进行渠道形势分析时不仅要明确企业的优势，还要了解其竞争对手使用的渠道和各类渠道所占的市场份额。投资者应该将竞争对手的数据与企业的数据对比，了解企业从各类渠道获取利润的能力，掌握各类渠道的增长速度与市场覆盖情况。

2. 设计渠道模式

渠道模式设计是建立在市场调查的基础上的。在这方面，投资者要关注渠道为项目提供的价值，这种价值是从消费者的角度考虑的，即了解消费者的需求。投资者应该在项目中进行权衡，了解各类渠道在项目中的成本差别。

此外，不同的消费者对产品的认识程度不同，这取决于他们的需求和购买能力。如果产品品类丰富，每种产品对应的消费者差异性较大，那么企业最好根据实际情况对消费者进行细分，并为不同的消费者设计不同的渠道。站在投资者的角度来看，可以为不同的消费者开辟不同渠道的企业更值得投资。

3. 确保渠道决策的经济性

在对渠道进行研究时，投资者需要从成本、收入等方面入手。在成本方面，如果各类渠道之间存在竞争关系，那么其成本优势就会体现出来。在这种情况下，投资者最好选择布局了多元化渠道战略的企业。在收入方面，投资者主要考虑两个因素：一是产品与目标群体的接触程度；二是产品与目标群体接触后的转化效果。

4. 考虑战略适应性和可行性

投资者必须考虑渠道的战略适应性和可行性。优秀的渠道战略需要对总体战略有推进作用，使企业的业绩达到预期目标。如果企业为了达到预期目标，而采用复合型竞争渠道,那么这些渠道很可能会提供劣质服务,影响企业的发展。对此,投资者需要重视。

以苹果店为例,苹果店的抽成比例高,为什么供应商还喜欢与其合作?因为供应商更看重其品牌和服务,所以愿意牺牲这部分利润。而零售连锁商Costco以物美价廉著称,但供应商赚不到什么钱,因为Costco要求在本就不高的批发价中抽取30%的收入。这对于消费者来说是好事,但对于供应商来说,Costco未必是一个好渠道。

由此可见,企业应该想方设法开发自己的新渠道,这是投资者很看重的一点。如果企业在旧有渠道里话语权太小,那么很可能会被榨取一部分盈利。所以,现在很多企业都非常重视私域流量建设,希望通过这种方式把消费者留存下来,增强其黏性,从而拥有自己的新渠道。

综上所述,投资者在投资前需要结合以上几个方面进行渠道优势分析,对目标企业目前使用的渠道进行调查与研究,判断其是否有完善的渠道计划,并将目标企业与其他企业进行比较,确保其渠道战略安全、可靠,能够长久地执行。

4.4.3 独特而不奇葩:产品差异化分析

差异化一般是指产品差异化,这是企业在竞争过程中经常使用的一种重要策略,例如,使产品的质量、性能标新立异,让用户耳目一新。与同类产品相比,有独特性的产品更容易受到用户的追捧,但这里的独特性并不等同于奇葩。如果企业过于追求差异化,研发很多用户无法接受的奇葩产品,那么选择这家企业的投资者很可能面临较高的风险。

通常来说,产品的差异化程度越高,涨价的可能性越高,价格与边际成本的差额也越大,企业就越具有竞争力。在分析产品差异化时,投资者可以考察企业的资源分配策略、产品促销策略、服务策略等。

某投资者想投资一家手机企业，便对这家企业的产品差异化进行了分析，以判断其与竞争对手相比是否有优势。

首先，该企业设计的手机机型很独特，符合消费者的审美。虽然手机在性能方面还有一定的改进空间，但无论从其价格、质量，还是从款式上来说，都符合中国消费者的购买偏好，其未来销量应该不错，可以给企业和投资者带来比较丰厚的利润。

其次，手机形状很独特。该企业投入大量资源，研制出更先进、符合科技潮流的折叠手机，并不断扩大其内存，提升其性能。这种手机很容易获得消费者的喜爱。

最后，该企业的销售渠道很奇特，只接受线上下单，而且未必有现货。这样就可以开展预售活动，进行"饥饿"营销，促使更多消费者购买产品。

投资者可以结合以上几个方面进行产品差异化分析，以了解产品是否存在能够让自己眼前一亮的特质。企业具有差异化优势，就说明它存在巨大商机，这是投资者要重点关注的。

第5章

商业模式梳理：企业顶层设计之道

关于商业模式是什么这个问题，各学派往往有不同的定义和解读。例如，我的好友北京大学汇丰商学院副院长魏炜曾经说过："商业模式是利益相关者的交易结构。"在我看来，优秀、值得投资的商业模式可以创造新增量，让每一个利益相关者都获得更丰厚的回报。

此外，好的商业模式还要与企业自身的业务和发展需求相契合。在企业的成长过程中，创业者无论是创造全新的商业模式，还是学习其他企业的经典商业模式，都要与企业的发展需求相匹配。

5.1 商业模式背后的企业价值论

优秀的企业一定拥有一套合理、科学的商业模式。因为好的商业模式可以让企业实现可持续发展，并持续提升企业的盈利能力。如果企业在与用户建立良性连接后，始终没有良好的商业模式作为支撑，那么这家企业很难真正发展壮大，投资者也就没有对其进行投资的必要。

5.1.1 做投资，要认准值钱的企业

"我的项目不需要砸很多钱，不到两年就能实现盈利。""我们企业有发明专利，过几年就可以上市。"经常有创业者以这样的口吻向投资者"兜售"他们对项目的想法和预期。但这些创业者其实不明白，在投资者眼里，赚钱的企业和值钱的企业是不一样的。有经验的投资者能在对企业进行分类的过程中很快地判断出企业是否值得投资。

任何企业都需要赚钱，这无可厚非，但我认为，正在赚钱的企业反而可能不值钱。例如，拥有优秀主厨的 A 餐厅不到半年就实现盈利，花费上百万元研究服务流程和产品标准的 B 餐厅，经营一年多了还没有赚钱。这两个餐厅哪个更值得投资呢？很明显是第二个。

A 餐厅代表很快能赚钱的企业，B 餐厅则代表值钱的企业。因为后者在未来能以更快的速度扩张，而且成本更低，能让投资者获得更多回报。

投资者孜孜以求的，就是创业公司的潜力和未来发展。因此，投资者往往会倾向于选择未来更有价值的企业，而不会将当下或短期是否盈利作为是否

投资的主要依据。赚钱的企业可能不是很值钱,这是为什么呢?

首先,赚钱的企业可能业务范围有限。

例如,在餐饮行业,食客的口味往往具有比较强的地域特征,如江南地区的人爱吃甜、川蜀地区的人爱吃辣等。A 餐厅迎合当地食客的口味,能够快速实现盈利,但不一定能扩张到其他地区。其他行业也是如此,有时企业会主打某地区市场,如某省第一品牌。创业者会被这个目标限制住,在舒适区止步不前。这样的企业缺点很明显,即业务范围有限,无法广泛推广,所以难以获得资本的青睐。

其次,赚钱的企业可能业务模式单一。

很多企业的业务模式可能比较单一,销售体系无法复制,而且人力成本很高。A 餐厅能快速实现盈利,是因为它找到了一个技艺精湛的大厨。这也意味着,A 餐厅的业务需要始终围绕该大厨展开。一旦该大厨离职,A 餐厅将不再具有竞争优势,从而陷入一种被动局面。

与值钱的企业相比,赚钱的企业存在的最大的缺点,就是缺少可持续的盈利能力和增长空间。而值钱的企业往往有一个光明的未来,创造的盈利会非常丰厚。当然,对于投资者来说,衡量一家企业值钱与否并不能只依靠盈利等指标,还要综合考量其商业模式、盈利模式、市场规模、市场定位等因素。

值钱的企业可能暂时处于亏损状态,但只要它成功地抢夺了用户、占据了市场份额,最终一定能够扭亏为盈。综合地看,值钱的企业往往有以下特点。

1. 产品的扩展性强

和 A 餐厅相比,B 餐厅没有急于开业,也没有将目光局限于本市,而是从整个餐饮行业出发,制定了全新的服务流程和产品标准,同时将经营范围扩大至全国。可见,在企业建立初期,创业者可以将小范围的用户作为目标用户,但一定要立足于更长远的发展。

2. 业务具有可复制性

一家值钱的企业，其业务应该是可复制的。B 餐厅制定了全新的服务流程和产品标准，在经营过程中只需要根据实际情况对其进行完善，就可以让每个分店都使用这个流程和标准，而不需要花费成本重新进行分析与研发。其他类型的企业也一样，在经营过程中，随着业务范围的进一步扩大，业务的可复制性能降低企业的边际成本。同时，企业可以在经营过程中不断试错，进一步完善业务标准，从而更充分地满足自身扩张的需求。

在尚未盈利的阶段，企业把钱花在了哪里、是否要花很多钱就非常重要。如果企业花很多钱是在为以后的发展奠定基础，那就是值得的和合理的。对此类企业的行为，我比较喜欢用"跑马圈地"这个词来形容。

"跑马圈地"本来是圈定土地归属权的一种方式，但现在已经演变成互联网、新零售等行业内的企业的一种典型做法。这些企业通过前期不惜亏损的烧钱策略来获取更多用户流量、占据市场份额，之后再将巨大的流量变现，实现盈利，采用这种做法的代表性企业有滴滴、盒马鲜生等。

当下的企业比拼的可能不仅是资金实力和盈利能力，更多的是社会资源和创业想象力。如果企业没有足够多的社会资源和足够强大的创业想象力，那么即使赚钱，也无法吸纳大量投资者。

5.1.2 免费型商业模式真的"免费"吗

免费型商业模式是指通过免费的产品或服务吸引用户，然后再通过提供增值服务等方式获取利益的商业模式。其主要形式有两种：一种是产品免费、广告收费；另一种是产品免费、增值服务收费。如今，使用免费型商业模式的企业大多是资讯企业，如新浪、网易、今日头条等。此类企业每天都会向人们输送大量信息，其盈利来源主要有以下三种。

1. 广告费用

除了电商企业外，资讯企业也可以通过为广告主提供广告投放服务的方式收取一定的费用。以新浪为例，其网站页面上就有各种各样的广告，广告主需要为这些广告向网站支付一定的费用。但是，如果资讯企业为了获得盈利而随意打广告，那么投资者就要对其多加注意。

投资者想投资资讯企业，首先必须考察其形象，确保其广告投放的精准度，严格控制其广告数量，以免引起用户不满。当然，有的企业在这方面也非常自觉。例如，视频会议软件Zoom作为手握大量用户流量资源、新冠肺炎疫情期间用户使用频率大幅提高的软件，能够为广告购买方提供的市场价值非常高。尽管如此，Zoom依然选择有节制地向用户投放广告，以免变现行为影响用户的使用体验。

2. 渠道分成

使用免费型商业模式的企业通常会开通订阅功能，这样在人们选择订阅栏目的过程中，企业就可以通过类似出租的方式帮助某些订阅栏目做宣传，然后向其收取一定金额的分成。

3. 拓展电商业务

一些企业因为信息资源丰富、运营时间长，而拥有大量流量，它们可以基于此积极拓展新的盈利来源。例如，网易在很早之前就已经开始涉足O2O（Online to Offline，线上到线下）领域，在网站上增加了"发现"入口，和美团、京东等电商开展合作。这种做法虽然会影响用户的观感，但不失为一种拓展业务的有效方法，因为它能够给用户提供更多样化的服务。

关于商业模式，在营销界存在一种说法：与价格为1分或其他定价的产品相比，价格为0的产品通常有数倍的生产需求。例如，杨致远与大卫·费罗（David Filo）在1994年创办雅虎时，选择向用户免费开放平台，通过收取广告费用获得盈利，实现变现。从那时开始，免费型商业模式呈现爆炸式发展，这是杨致远与费罗对商界做出的一项伟大的贡献。他们不仅开启了门户网站的新时代，也创造了更有价值的商业模式。

5.1.3 身处新时代，开放型商业模式受欢迎

这是一个追求共享与协作的时代，企业的商业模式也要跟随时代变得更加开放。开放型商业模式适用于能够与外部合作伙伴相互配合，从而让自己的资源及技术发挥更大价值的企业。开放型商业模式与封闭型商业模式有很大不同，如表 5-1 所示。

表 5-1 封闭型商业模式 VS 开放型商业模式

封闭型商业模式	开放型商业模式
让处于本领域的人才为企业工作	企业需要和外部人才一起工作
为了从研发中获益，企业必须自己设计、生产、销售产品	外部的研发成果可以创造价值，企业内部的研发成果需要提升这种价值
如果企业掌握了领域内绝大多数最好的技术或者专利等资源，那就会赢	企业不必从头开始工作，坐享其成即可
如果企业创造了领域内绝大多数最好的创意，那就会赢	如果企业能最充分地利用外部创意，那就会赢
企业需要控制自己的商业模式，避免竞争对手从中获益	企业应该通过让外部组织使用自己的商业模式来获益。无论何时，只要外部组织的资源可以让企业的盈利更丰厚，那么企业就应该将其购买过来

开放型商业模式主要分为由外而内（企业尝试引进外部提供的技术方案）、由内而外（企业向外部输出处于闲置状态的技术或资源等）两种类型。

从乔布斯时代开始，苹果公司就倾向于封闭型商业模式，对软件和硬件都很重视，希望可以掌控所有业务。亚马逊的商业模式和苹果公司的非常相似，亚马逊依靠自身力量，实现对成本的掌控和业务执行的效率与效果的最大化。例如，为了降低成本，亚马逊不会将不重要的业务交给其他企业负责，而会自己开展这些业务。

与亚马逊和苹果公司不同，微软采用开放型商业模式。微软从创立初期就瞄准软件领域，在很多时候都会把硬件相关的业务外包出去。

宝洁公司和微软一样，都选择了开放型商业模式。由于扩张速度过快，宝洁公司的股价曾经持续下跌。时任宝洁公司高管的雷富礼临危受命，成为新任CEO。为了振兴宝洁公司，雷富礼建立了一种新型文化，即通过建立战略伙伴关系促进研发工作。

不到7年的时间，宝洁公司与外部合作伙伴联合研发的产品数量提升至研发总量的50%，研发成本虽然略有增加，但生产率提高了85%。为了更好地实现雷富礼的战略构想，宝洁公司还推出了专门发布企业所遇研发难题的互联网平台，由此将企业内部与外部的技术专家连接在一起。若专家成功解决了这些问题，就可以获得相应的奖励。

在采用开放型商业模式的企业中，葛兰素史克（GSK，以研发为基础的药品和保健品企业）也是一个典型。

葛兰素史克致力于提升贫困国家的药物获取率，为此，该企业将自己研发出的药物专利投入对外开放的专利池中，让每一位研发人员都有机会参与药物研发。另外，该企业主要依靠畅销药物获得盈利，久而久之就导致大量药物专利被闲置。这些未被深入探索的药物专利被悉数投入专利池中，极大地提升了相关药物的研发速度。

采用开放型商业模式的企业往往来自不同的行业和领域，它们彼此之间可能会提供更有价值的创意、技术、专利等资源。这样可以缩短企业研发产品的时间，提高企业的研发效率。而且，企业允许外部组织使用自己的闲置资源，还可以借此增加额外收入，投资者也可以从中获利。

5.1.4 投资者的梦想：抓住那只独角兽

前面提到，我们团队投资了一家融资屡屡碰壁的企业Chime Bank，在本书撰写期间，其估值已经高达350亿美元。其之所以如此成功，主要是因为顺应了美国金融领域的发展趋势。

当前，美国金融领域的发展有两大趋势：一是产品和服务移动化；二是数字化。而 Chime Bank 的做法则顺应了这两大趋势：一方面，它的产品和服务对用户更友好，这主要体现在免除借记卡费用、提供更优质的网上服务等方面；另一方面，它实现了运营数字化，这既提高了 Chime Bank 运营效率，又降低了运营成本。

其实在 2013 年左右，这两大趋势并不明显，也很少有人愿意相信 Chime Bank 这样一家纯线上运营的银行能够存活下来。但事实是，在金融领域不断发展和业务持续增长的过程中，Chime Bank 的估值飞速提升，尤其是在新冠肺炎疫情下，其价值进一步提升。

Chime Bank 对目标群体的选择很巧妙，主要针对的是"千禧一代"（出生于 20 世纪时未成年，在跨入 21 世纪后达到成年年龄的一代人）。这些人普遍刚开始工作，收入比较稳定，对移动服务的接受度高。因此，Chime Bank 的服务给他们带来了很好的使用体验。如果 Chime Bank 把自己看作银行的替代品，只瞄准低收入人群，那么其业务发展和盈利就不会那么稳定。

Chime Bank 的案例体现了创新企业的优势。创新企业可以选择特定的目标群体，而大企业则背着"历史的包袱"向前发展，对战略的调整和优化没有创新企业那么方便和灵活。这也体现了"大船难掉头"的道理。

除了目标群体有优势外，Chime Bank 还有一个"杀手锏"，那就是为用户开源节流，即为用户省钱和赚钱。在为用户省钱方面，它既不收取月费和海外交易手续费，也不设置开户门槛。另外，美国传统银行借记卡的用户平均每年会被收取 250 美元的透支费，而 Chime Bank 则允许用户免费透支 100 美元。

在为用户赚钱方面，Chime Bank 的储蓄账户利率相对较高。而且，它通过一系列功能鼓励用户存钱，帮助用户将每次消费的零头自动存到储蓄账户中。例如，用户买了一罐价格为 1.8 美元的可乐，Chime Bank 便会自动帮助客户存 0.2 美元到他的储蓄账户中。用户还可以选择让 Chime Bank 将自己月收入的 10% 自动转存到储蓄账户中。此外，Chime Bank 也允许用户提前 2 天使用他们的工资，这对于缺少存款的年轻人来说无疑是一项很有价值的功能。

Chime Bank 之所以可以为用户减少开支、增加收益，主要是因为其将大量业务转至线上，不用维持庞大的营业网点，从而减少了一部分运营费用。当然，丰元资本在对其投资时也看中了这一点。我不得不承认，其商业模式确实可圈可点。

在技术高度发达的时代，社会发展的一个重要趋势是简化。Chime Bank 通过技术将传统银行中那些耗时、耗力的环节进一步简化，使用户享受到更快捷、便利的服务以及新金融的红利。

Chime Bank 在种子轮融资只获得了 275 万美元，后来它于 2014 年、2016 年、2017 年、2018 年、2019 年和 2020 年分别进行了 6 轮融资。其中，E 轮融资一次便获得了 7 亿美元，由 DST Global 领投，泛大西洋投资集团（General Atlantic）、门罗风险投资机构（Menlo Venture）等跟投。

近几年，虽然 Chime Bank 风头无两，但其实它在 B 轮融资前都表现得非常低调。它获得真正的爆发式增长是在成立 4 年后。由此可见，除了优秀的商业模式外，创业者的耐心和毅力对于企业发展也至关重要，这些可以引领企业走向成功。

5.2 投资不看商业模式，大错特错

创业就像炒菜，创业者把各种资源和产品进行有效组合和加工，使其能够为企业创造利润。"炒菜"的方法，就是商业模式。事实上，很少有企业能一次就找到最佳的商业模式。即便优秀如 Google，其商业模式也是逐渐调整和完善到如今的程度的。

商业模式与产品研发、生产、销售、推广、宣传等环节息息相关，对项目落地和企业发展起着指导性作用。新时代的商业模式多种多样，投资者要擦亮双眼，在投资前进行谨慎分析与思考。

5.2.1 值得投资的商业模式是什么样子

我曾经无数次地想过，一个值得投资的商业模式究竟是什么样子的？我相信这个问题也同样会出现在其他投资者的脑海中。根据我自己的认知和实践经验，我认为一个值得投资的商业模至少应该具备以下几个特点。

（1）使用门槛低。美国商界有一个名词是 freemium（免费增值），即长时间为用户提供免费服务，但其中一些先进的功能或虚拟货品需要用户付费使用。例如，Zoom 的基础功能可以满足大多数用户的线上沟通需求。但在很多场景下，尤其是当商务会议时长超过 45 分钟时，Zoom 就开始收费。客户关系管理系统 Salesforce 的做法也是一样的。

（2）订阅模式要求用户的黏性非常高，且用户的付费意愿强。例如，以抖音为代表的社交媒体通过搭建内容生态，吸引并留存了大量活跃用户，进而将这些用户转化为变现资源，让企业和商家通过付费甚至竞价的方式实现变现。

（3）强调体验。用户愿意为了体验付费，因为从本质上来讲，无论是工具、服务、内容，还是平台，用户购买的都是一种体验，或者说是一种身份上的满足。

（4）平台型和生态型商业模式比较难做，要求高，企业会面临很多困难。但是，此类商业模式一旦成功发展起来，企业就会获得巨大的收益。苹果公司、Google、亚马逊等都是这方面的经典案例。而且，在平台型和生态型商业模式下，完整、闭环的商业生态将是企业的绝佳"护城河"。

有些企业为了标新立异，试图自己创造一种全新的、更有价值的商业模式。这需要勇气和牺牲精神，更需要远见。

以前面提到的雅虎为例，1994 年，杨致远和大卫·费罗创立了雅虎，杨致远也因此被外界称为"世纪网络第一人"。但和创立雅虎同样重要的是，杨致远还创造了一种基于互联网的商业模式，即网站盈利全部来源于广告，对用户提供的服务全部免费。

通俗地说，雅虎的商业模式就像"羊毛出在猪身上"。这在如今看起来似乎天经地义，但在当时却是一种具有开创性的商业模式的变革。因为在雅虎出现前，用户需要花钱才可以浏览和获取各类信息。所以，雅虎对于广大投资者来说是很有吸引力的。

还有Netflix，它乘着互联网行业生态进一步完善的东风，颠覆了视频租赁市场。而且，它还通过用户的影视清单积累了大量数据，为现在十分火爆的视频流（video streaming）业务奠定了非常坚实的基础。

提到值得投资的商业模式，我还想介绍一个概念——眼球经济。在发展过程中，雅虎主要根据有多少人浏览网站来衡量运营效果，而Google的衡量标准则是点击率。从表面上来看，Google的做法可能比雅虎更好一些，但在眼球经济时代，点击率也有造假的可能。

例如，有些企业为了超越竞争对手，会人为地刷点击率，久而久之，一个新的商机出现了——识别点击率真假。我的合伙人朱会灿博士与吴军博士在Google的工作内容之一，就是通过技术手段分辨人为刷出来的点击率和真实的点击率，保证数据的真实性和有效性。当然，这也是Google凭借点击率来盈利的商业模式的"命门"。

5.2.2 商业模式聚焦，业务化繁为简

很多企业在设计商业模式时都喜欢将简单的事复杂化，似乎商业模式越复杂就意味着越完善，越能形成竞争壁垒。而一旦落到实践中，这些企业就会发现增加新业务非常容易，但要想对纷繁复杂的业务进行删减却十分困难。企业要将资源聚焦到核心业务上，这样才能让自己在激烈的市场竞争中立于不败之地。孟子云："人有不为也，而后可以有为。"说的便是这个道理。

知道自己在某个阶段可以不做什么，企业才能将时间与精力聚焦在更重要的事情上。如果企业能够化繁为简，战略性地放弃不必要的业务，就能实现更高效、有序的运作。

德国超市奥乐齐（ALDI）就是将自身业务化繁为简的杰出代表。奥乐齐的创始人开店的初衷只是为了满足人们最基本的生存需要。奥乐齐与其他大型超市的经营理念有所不同，它放弃了大多数品类，专注于经营食品及日常生活用品，且只经营少量固定的品牌。这种经营模式帮助奥乐齐与很多信誉良好的供应商建立起互信的合作关系，极大地降低了进货成本。

尽管规模在不断扩张，但奥乐齐并没有偏移经营重心，还在人员管理、产品包装、营销推广等方面节省了大量开支。例如，用户在使用购物车时需要缴纳25美分的租金，当用户将购物车退还原位后，租金也会直接退还。因此，奥乐齐不需要设置管理购物车的岗位，节省了一部分人力成本。

这种想尽办法节省成本、为用户提供低价产品的经营理念，与零售高质低价的本质相契合。现在奥乐齐已经从一家小小的食品店发展成为世界驰名的连锁超市，在全球范围内拥有1万余家分店，每年的销售额都超过700亿美元。

近几年的网约车市场争夺战也同样体现了商业模式聚焦的重要性。例如，为了占据更大的市场份额，滴滴出行将一些用户不经常使用甚至从来不使用的功能都舍弃了。这种做法成功地为滴滴出行巩固了行业地位，帮助其实现了快速增长。在获得了绝对优势的情况下，滴滴出行也开始进行产品优化，努力提升用户的出行体验。

投资者在投资时可以看企业的商业模式是否足够聚焦，以及能否将有限的资源集中用于攻克最重要的目标和问题。与此同时，投资者也要综合考虑企业内部的利益矛盾及外部环境的变化趋势，分析现有商业模式是否能带领企业走向更辉煌的未来。

5.2.3 瞄准高利润区的企业是"宝藏"

很多中小型企业都会在运营方面存在这样或那样的问题，如管理流程混乱、内部分工不合理、产品开发效率低下等。究其根本原因，就是企业没有明确自身定位。如果企业能够瞄准行业中的高利润区，并以此为核心设置战略方案及商业模式，那么不仅能有效规避上述问题，还能在付出同等努力的情况下，为投资者带来更高价值的回报。

通常情况下，目标群体的价值越高，企业能获得的利润越多。因为目标群体的收入水平与消费理念往往会对其消费行为产生影响。优秀的企业会将目标群体分层，从高消费群体入手，将其需求和偏好与自己的产品或服务相结合。

一家没有明确定位的设计类企业，可以为客户提供海报设计、网页设计、户外广告设计等服务。从表面上看，这家企业似乎有极强的专业能力，可以同时涉猎很多方面。但实际上，它在海报设计、网页设计等低利润区投入过多，整体业绩并不理想。

目前海报设计、网页设计等市场相对饱和，而且收费水平不高，客户对这两项服务的价值感知不强。设计一张海报通常可以为设计类企业带来大约1000元的收益，设计一个网页可以为其带来大约5000元的收益。设计类企业之所以会面临这样的盈利困境，是因为在大多数客户看来，海报与网页的设计并不复杂，购买这项服务很难让他们感觉物有所值。

但有趣的是，很多客户十分愿意为操作起来更简单的Logo设计投入更多资金。对于这些客户来说，Logo的意义更重大、使用范围更广、使用年限也更久。由此不难发现，Logo设计就是设计行业的高利润区，开展这项业务的设计类企业值得投资者关注。

除了设计行业外，还有一些行业也存在高利润区。例如，打印机的价格普遍不超过100美元，而需要重复添加的墨水才是打印机生产商真正赚钱的业务；咖啡机本身不贵，但胶囊咖啡会给企业带来巨大收益；主打炒菜机器人的企业，其预期的真正盈利点大概率是炒菜料理包。将墨水、胶囊咖啡、炒菜料理包等优质、廉价、使用频率高的硬件产品作为切入点来培养用户，进而通过经常性收入获得盈利的商业模式就很受投资者欢迎。

总的来看，由于各行业的投入产出比相差巨大，因此，选择大于努力的情况比比皆是。即使在同一个行业，各细分领域也有较大的收入差距，究其原因，就在于各细分领域对应的利润等级不同。因此，企业瞄准行业中的高利润区，可以有效帮助自己减轻业务负担，创造更多收益。

5.3 商业模式创新造就成长型企业

企业的商业模式决定了它能达到的高度和水平。时代在进步，企业的商业模式也不能始终一成不变。在新时代，投资者在投资时不能只分析商业模式的优劣，还要看企业对商业模式的创新程度，分析企业是否有更大的发展空间，以及是否能为自己创造更大价值。

5.3.1 链式结构挖掘企业的成长空间

链式结构分为价值链、用户链、行业链，分别与资产闲置率、用户流失率、利润流向率对应，它们代表着投资者看待业务的各类视角。在充分了解了这三根链条后，投资者就可以判断企业的商业模式是否科学、合理。

价值链从企业内部出发，以原料入库为起点，以产品出库为终点，是三根链条中最短的；用户链从用户出发，以用户需求为起点，以用户购买为终点；行业链从整体行业出发，以原料购入为起点，以用户废弃为终点，是三根链条中最长的。

价值链能够帮助投资者发现企业内部的闲置资源。

航空企业的资产以飞机为主，是典型的重资产型企业，因此飞机的使用率将直接决定其盈利水平。中国国航公布的运营数据显示，2021年第一季度，其平均客座率为72.4%，日均飞行时长为9小时。将这两个数据相乘可以得到一架处于满客状态的飞机的有效飞行时间大约为7小时。从价值链角度出发，每架飞机的使用效率不足30%。

当然，也许有人会从各方面论证有效飞行时长较短、客座率较低的合理性，但资源浪费情况总是客观存在的。这是投资者分析价值链的最大意义之一。在了解企业的真实运作情况后，投资者便可以判断企业是否有资源闲置的情况，是否实现了各项资源的价值最大化。

用户链可以帮助投资者分析用户的潜在需求，其难点在于投资者无法忽略熟悉的思考逻辑，从而无法真正站在用户的角度衡量产品及服务的效果。

传统酒店一般通过电话接收用户的订房需求，等到用户抵达后再办理登记入住。这种业务流程本身没有什么问题，但站在用户的角度进行分析，就会发现大部分订房需求都是从旅游、探亲、出差等需求延伸过来的。如果企业能够从用户的订房需求中了解到其存在的其他需求，并为其提供精准服务，那么企业将获得不错的发展。例如，针对那些前来旅游的用户，企业可以从源头出发，与旅游社团、旅游景区进行合作，填补其服务空白。

行业链可以帮助投资者发现整个行业的利润流向。例如，生产工业中间品的行业面临着非常激烈的竞争，因为它们的用户对价格的敏感程度比较高，同时用户交易频率不固定、单次交易的资金流量大。当投资者了解行业链后，就能看到其中被忽略的很多问题或新兴环节，这也方便投资者提前进行战略布局，帮助企业快速抢占市场份额。

某家具企业的主营业务是为酒店提供配套家具。大多数人会认为交付产品就是双方合作的终点，其实不然，这家企业与酒店的合作完全可以持续到酒店倒闭为止。从行业链角度出发，企业可以为酒店的每个经营环节提供相应的配套服务，如以旧换新、定期保养等。

一些奢侈品牌也有完善的行业链。例如，一些奢侈品牌除了出售自己的主营产品外，还会出售附属产品，如表带、包带、挂饰等。当然，它们也会为用户提供完整、优质的售后服务，从而凭借这些服务获得非常大的利润空间，为投资者带来更多回报。

在上述三根链条中，从企业自身出发的价值链最简单易行，投资者需要分析其资源配置情况。判断发展趋势的用户链及行业链都需要投资者进行大量的试行与总结。当然，企业如果可以将三根链条打造成链式结构，形成价值链、用户链和行业链的通路，便能挖掘出更大的价值空间。而对于投资者来说，这样的企业更有投资价值。

5.3.2　让商业生态系统形成闭环

受各种技术接连兴起的影响，很多行业都发生了革新与颠覆，只不过程度不同而已。很多企业致力于打造商业生态系统闭环，那么，商业生态系统闭环究竟是什么？

海尔创始人张瑞敏认为商业生态系统闭环是员工的共同进化，我也比较认同这个观点。在海尔，商业模式的作用不是"造小船"，而是"拆航母"，即内部经营单元向小微化发展，利用分布式管理实现流程化运营。还有贝索斯推崇的"两个比萨"原则，其背后的逻辑也是打造商业生态系统闭环，旨在让企业的所有员工都可以朝着相同的方向努力奋斗。

随着时代不断发展，越来越多的企业将打造商业生态系统闭环作为自己的发展目标。但打造商业生态系统闭环远不止喊出一个口号那么简单，要想获得实绩，企业还要考虑具体情况。

微软根据自身特点，打造了自我驱动型组织架构，建立了商业生态系统闭环。微软将部门划分为三大类：研发部门、全球市场与服务部门、基础研究部门。这三大类部门有各自的职责和工作方式，可以形成一个能大幅提升价值的组织。

目前微软建立的大多是规模小、多元化的团队。即使是大型的项目组，微软也会将其划分为若干个小团队。在微软内部，成员分工协作，共同完成项目开发工作。不同的成员在特定的技术或业务领域有专业技能，在统一的指导思想下对战略目标负责。

所有小团队会参与项目讨论会，吸取前人的实践经验，共同经营项目，制定相关决策。从表面上来看，这样的组织架构好像很松散，但实际上各部门都有自己的职责，可以自我驱动，寻找正确的发展方向。这是共同进化的生态，也是建立商业生态系统闭环的关键点。

像微软这样成功打造商业生态系统闭环的企业，既能够适应时代发展、市场趋势等多方面变化，又能帮助投资者实现边际收益递增。而且，商业生态系统闭环还可以在保持各经营单元具有高度自主性的同时，将其无限细化，并由此促进员工与企业之间的协同，形成动态的非线性平衡，最终使企业和投资者受益。

5.3.3　Netflix：紧跟时代的佼佼者

从本质上来说，商业模式是由经销商、生产研发部门、供应商等各利益相关者组成的系统，它在一定程度上决定了企业的发展方向。我一直认为，在投资时，分析企业的商业模式至关重要。Netflix 的商业模式就值得投资者研究和分析。

Netflix 成立于 1997 年，是一家依靠租赁光碟起家的企业。相关数据显示，截至北京时间 2021 年 11 月，其股价已经超过 650 美元，市值高达大约 2943 亿美元，如图 5-1 所示。

图 5-1　Netflix 的股价数据

媒体巨头迪士尼的市值大约为 2905 美元。这意味着，Netflix 的市值高于迪士尼，成为极具价值的媒体企业。那么，究竟是什么让 Netflix 取得如此亮眼的成绩？

第一，从 1997 年成立到现在的 20 多年里，Netflix 牢牢把握住了三个极为重要的转折点，而这里所说的转折点则是指新的市场态势。当面临新的市场态势时，Netflix 会迅速为自己确定新的商业模式，并在此基础上对业务进行调整。

1997 年，出于对成本和用户体验的考虑，Netflix 提供邮寄包月订阅服务，一步步替代了称霸租赁光碟行业多年的百视达（Blockbuster）。

2006 年，互联网发展方兴未艾，Netflix 颠覆自己原有的商业模式，迅速抢占在线视频播放的蓝海市场。

2011 年，为了摆脱对版权方的依赖，Netflix 决定对上下游企业进行垂直整合，凭借自己的力量创作高质量的视频内容。

2018 年，Netflix 开始追求综合实力的提升，宣布将正式进军新闻行业，给美国诸多媒体企业造成了极大压力。

2021 年，Netflix 进军游戏行业，但游戏会被纳入会员体系，不单独收费，也不包含广告，主要用于扩大 Netflix 为会员用户提供的娱乐服务范围。

从表面上看，Netflix 进军新闻行业和游戏行业好像不符合逻辑，但事实并非如此。因为 Netflix 一直是流媒体，更是流媒体里做得比较好的企业之一。Netflix 的每一项战略都以用户为基础，在这种情况下，既然其具备丰富的资源和强大的实力，那就应该尽力满足用户的需求。

此外，Netflix 作为流媒体还有一个巨大优势，那就是流量增加几乎是没有成本的，而且上调的网络成本也都由运营商和用户分摊了。

例如，之前因为网络中立原则①的存在，Netflix 不需要担心运营商恶意控制网速而导致视频卡顿、影响用户观看体验的问题。后来，网络中立原则被废除，Netflix 面临着视频加载缓慢、视频清晰度低等问题。

---

① 网络中立原则（Net Neutrality）由美国哥伦比亚大学媒体法律学教授吴修铭（Tim Wu）提出，要求互联网服务提供商必须以同等标准对待来自各网站的所有内容。后来该原则被总结为五个要点：禁止运营商封锁网站、禁止减慢加载速度、禁止为网络加速额外付费、增强服务数据透明度、严格监管无宽带的无线网。

为了解决上述问题，Netflix 与 Comcast（一般指康卡斯特，美国知名网络运营商）进行谈判，商定给后者额外支付一笔费用以提高网速。协议达成后，Netflix 的视频加载速度陡增，这笔额外支付的费用被分摊到了用户身上，用户月费从 7.99 美元提高到了 9.99 美元。

第二，Netflix 几乎每个月都要为来自 40 多个国家的上千万名会员推送超过 10 亿小时的电影。而且，在美国所有高峰期下行网络流量中，Netflix 所占据的比例已经超过了 33%。如此一来，Netflix 就可以获得各种各样的数据，进而实现大数据运营。

有了大数据运营的助力，再加上精确的算法模型，Netflix 不仅可以为用户（包括会员和非会员）提供更好的观看体验，还可以进一步提高流媒体质量。另外，大数据也可以在内容交付领域起到一定作用。Netflix 有一个非常出色的内容交付平台——"开放连接"。该平台的主要功能是对与 Netflix 达成合作的 ISP（互联网服务提供商）进行有效管理。ISP 有两种方式可以享受到 Netflix 的服务：一种是通过公共网络交换机直接连接到 Netflix 的服务器；另一种是依靠代理。但无论是哪一种方式，都有利于缩短用户与内容之间的网络距离。

第三，Netflix 没有广告。现在中国各主流视频平台，如优酷、爱奇艺、搜狐视频、腾讯视频等，都采取"会员免广告"的模式。但实际上，为了获得可观的广告费，这些平台还是会使用"会员可在几秒后关闭广告"或者"视频下方嵌入广告"等形式进行广告播放。Netflix 就没有这样做，它既不进行广告播放，也不做任何广告植入，而只致力于改善自己的会员制度，争取为广大会员提供最优质的服务，创造最良好的观看体验。

第四，Netflix 不断创新，时刻关注用户的需求和痛点。从成立那一天开始，Netflix 就没有停下过创新的脚步，包括前面提到的商业模式变革、大数据运营等都是它进行创新的很好的证明。如果没有做到这一点，那么 Netflix 也许早就已经被淘汰或者被取代。

Netflix 从一个名不见经传的小租赁商店，发展成一家规模非常大的媒体企业，这其中肯定有很多值得我们学习的宝贵经验。而且，与其他媒体企业相比，Netflix不仅多了几分勇气，还多了一丝果断。面对着各种各样的严峻挑战，Netflix并没有自暴自弃、自怨自艾，而是敢于冒险、不断前行，最终探索出了一条非常可行的道路。

企业进行商业模式设计是一个寻找并吸引用户的过程，虽然这个过程不是特别复杂，但也不能一成不变。而事实也证明，随着市场和发展趋势不断变化，企业的商业模式也要进行相应的调整。Netflix开创了一种以"会员计费"为核心的商业模式，这种商业模式不仅成为其他主流视频平台争相模仿的对象，还颠覆了整个媒体行业的盈利模式。

第6章

企业团队考察：优秀人才是宝贵资源

团队在一个项目中发挥着至关重要的作用，优秀的团队会为企业带来高效且高质的工作。所以，投资者在投资时要从"骨架"（组织架构）、"灵魂"（创始人）、"血脉"（核心管理者）、"皮肉"（下属团队）入手，对企业的团队情况进行分析与了解。

6.1 "骨架"分析：考察组织架构

组织架构是企业的"骨架"，它会深刻影响企业的发展。组织架构体现着组织中的各相关群体和关键节点是如何连接在一起的，其主要作用是保证团队之间的通信和协作。在考察企业的组织架构时，投资者应该关注职能架构、层级架构、部门划分、职权架构等方面。

6.1.1 了解职能架构，决策更精准

职能架构是指各类工作之间的比例与关系。企业的正常发展，离不开各项工作的配合，这种配合在制度层面的表现就是职能架构。投资者在了解企业的组织架构时，首先要了解职能架构。以丰元资本为例，该企业根据投资、财务、风控、法务、行政、运营等多项职能划分部门，各部门分别负责不同的工作，大家各司其职，共同推动企业运营与发展。

在丰元资本这样的投资机构中，投资部门自然不可或缺，该部门需要完成项目筛选、谈判沟通、尽职调查、投资决策制定等相关事宜；财务与风控部门需要对投资成本和预期收益进行核算，并维持其他各类费用的正常支出，同时也要配合投资部门对拟投资企业的财务情况进行分析；法务部门需要对项目和基金运作中触及的各类法律条款进行核实与调整，以保证公司利益不受损害；行政部门需要负责人力资源管理工作，保障员工充足，并使员工的薪酬得到基本保障；运营部门需要保证日常业务的正常运营，并负责企业对外宣传和合作沟通等工作。

在投资时，投资者需要结合企业的性质对其职能架构进行分析，确保其

合理性、规范性和协调性。在分析职能架构时，投资者需要注意的因素包括职能冗余与弱化、职能割裂与分散、职能交叉与错位、职能分工过细、职能缺失等。

职能冗余会让职能的效用过多，而职能弱化则会让职能的效用过低，这会对各项职能的价值体现造成影响，日积月累可能会让企业面临严重问题；职能割裂与分散会导致出现人心不齐、职能的效用与价值无法体现等情况；职能交叉与错位很可能会让原本正常运行的项目产生冲突，轻则影响工作进度，重则导致项目停滞不前；职能分工过细会浪费企业过多的人力、物力与财力；职能缺失在某些时期会让某些问题无法得到妥善解决。这些由职能架构引发的弊端一旦让企业受到伤害和损失，那么为后果买单的除了创业者外，还有投资者。

通常情况下，发展比较成熟的企业更容易面临以上几个问题，而对于初创企业来说，组建一支优秀的团队才是重中之重。投资者要确保团队内的每个成员都能在企业成长过程中做出独一无二的贡献。在硅谷，这样的团队通常被称为"team of builders"（建筑团队）。

在公司创立之初，所有员工，包括 CEO，都要有自己独特的能力对企业做出贡献。例如，Youtube 的三位创始人都来自 PayPal，这三位创始人分别是：陈士骏，软件工程师；查德·贺利（Chad Hurley），Paypal 的创始设计师；贾德·卡林姆（Jawed Karim），包括实时反诈骗系统在内的 Paypal 众多核心系统的开发者之一。

在进行职能架构分析时，投资者一定要注意结合公司所处阶段进行分析，不要踏入误区，以免造成不良后果。投资者应该有火眼金睛，能够很快分辨出企业的职能架构是否合理。企业的职能架构会影响投资者对企业和创业者的评价，甚至会让投资决策大相径庭。

6.1.2　做层级架构分析，避免不当行为

层级架构是指管理层级的构成和管理者所管理的具体人数。根据企业的需求，管理层级通常可以分为以下三大类，如图 6-1 所示。

第6章 ○ 企业团队考察：优秀人才是宝贵资源

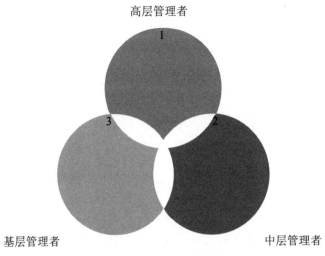

图 6-1　管理层级

高层管理者负责引领企业发展的大方向，协调外事活动，任免并且监督中层管理人员；中层管理者负责监督项目进度，并对项目的发展提出意见与建议，有纠正基层工作的义务；基层管理者负责一线管理，对生产活动、业务执行等进行直接管理，其下属是员工。

一家中型金融企业的高层管理者、中层管理者、基层管理者的人数都有限。高层管理岗设有总经理一位、副总经理一位、部长一位，他们负责制定企业的发展方向和每年的业务总目标，与企业的盈利和亏损有着直接关系。

该企业的中层管理者是六位经理，每位经理根据需求管理好自己的部门。他们听从高层管理者的指示，将工作分派给基层管理者，带领部门完成工作目标，为企业发展贡献力量。基层管理岗仅设有主管一职，主管监督并协调好员工的工作。

投资者要根据企业的实际情况进行管理层级分析。首先，投资者要注意的是企业管理层不能出现过于相似的职位，投资者还要审核管理幅度和职权范围的合理性；其次，要考虑企业对工作和任务的分配情况，考察其做法是否能保障整体的协调性；最后，要重点关注各管理层级对管理工作的参与度，分析其权利与义务的分配情况。

6.1.3　部门划分情况影响团队协作性

部门的产生和构成与企业的性质及需求有很大关系。工作一经细分,就需要按照其类别对员工进行分组,每组就是一个部门,部门之间需要相互协调,共同完成企业的总目标。

某金融企业根据自己的性质与需求将部门划分为记账部、外勤部、市场推广部、客服部、行政人事部、财务部等。

记账部负责具体业务,如记账业务、报税业务等,记账部是为该企业赚钱的部门;外勤部配合记账部的工作,如企业注册等,专门负责各项外出业务的办理;市场推广部主要负责对企业的业务和产品进行宣传,包括线上宣传和线下宣传;客服部负责处理客户的问题,提升客户满意度;行政人事部负责企业的员工招募、薪酬管理、员工关系维护等后勤事宜;财务部负责财务工作,核算项目的成本与利润,管理日常开销。

投资者在分析企业的部门划分情况时需要注意是否有部门缺失的现象,部门划分是否需要调整和优化,企业是否做到了权责分明。此外,投资者还要了解哪些部门和专业人士负责项目运营。如果没有将这些问题了解清楚,那么投资者很可能会吃亏。

6.1.4　职权架构要清晰,责任到人

职权架构是指各管理层级、各部门之间权利与责任的划分及相互关系的确定。企业是由不同的部门组成的,每个部门又根据工作需求划分了管理层级与管理人数。每个管理者根据自己的职位特点拥有不同的权利,并承担相应的责任。

投资者要了解职能与职权的区别。职能是指职位的能力,而职权是各部门或者负责人拥有的权利。

上海某企业根据自身需求制定了如下职权架构，该职权架构比较合理，投资者可以参考。

首先是最高管理层级——创始人和董事长。在分析职权架构时，创始人和董事长的重要性不言而喻。他们的背景、经历、处事风格及思考方式，在很大程度上会决定企业的基因、价值观、定位和运营战略，进而对公司未来的发展与成败产生长远影响。

高层管理者包括总经理、副总经理、部长等，他们对企业进行管理。总经理和副总经理对企业发展和项目开拓进行整体规划，承担盈亏责任；部长负责管理企业的人员分配和项目运作情况，他对内部大小事情有明确的了解，和投资者一样可以得到利润分红。

中层管理者是经理。该企业将整体工作分为六个部分，并交给六个部门具体负责，每个部门配备一位经理管理所有事务，包括员工的工作分配、培训效率的提升、工作业绩的监督、升职加薪人选的筛选等。经理将部门运作得好，会得到相应的奖励，运作不佳也会承担相应的责任。

基层管理者是主管，每个部门根据规模大小设置不同的主管人数。有些部门有四位主管，有些部门只有一位主管。他们都对具体的工作进行管理，主要负责新进人员的业务教导和老员工的监督与检查，确保工作的整体质量与基本效率。

投资者需要对企业的性质有深入了解，分析部门的职权分配情况是否合理，还需要考虑部门之间、管理层级之间的权利与义务是否对等。如果出现权利与义务不对等的情况，那么员工则会感到不公平、不公正，从而导致人心不齐和业务损失。合理、明确、对等的职权划分会提升企业的竞争力和员工的战斗力，也保障了项目的正常运作。

6.1.5　设计组织规模，可参考"两个比萨"原则

组织的规模，即组织容纳员工的数量。如果组织规模设计得不合理，那么效率和执行力就会很低。关于如何设计组织规模这个问题，贝索斯为亚马逊

制定了很好的解决方案。

贝索斯将解决方案称为"两个比萨"原则，即一个组织的员工不能出现"两个比萨"还不够他们"吃"的情况。在管理亚马逊时，他将"比萨"的数量作为衡量组织规模是否合理的标准。如果"两个比萨"不足以让一个组织"吃饱"，那么这个组织就过于庞大了。组织过于庞大的结果往往是人云亦云，某些个体的独特创意和想法很难凸显出来。

那么，"两个比萨"究竟可以让多少员工"吃饱"呢？在美国，一个正常尺寸的比萨一般可以切成 8 块，两个比萨能让 8～12 人吃饱，而 8～12 人正是一个团队比较理想的人数。

有些企业觉得"人多好办事"，于是便盲目扩大组织规模。但是，贝索斯认为，大型团队的规模大，员工之间很难深入交流，最终导致出现推诿扯皮的现象。而如果企业可以找到能让项目成功的关键人物，那么就可以有效避免这种现象出现。

因此，管理者需要具备慧眼识珠的能力，将关键人物整合为一个团队，尽可能地为其提供资源，从而促进项目顺利发展。

在贝索斯的领导下，亚马逊基于"两个比萨"原则建立了"'两个比萨'团队"，这与微软按照产品部门划分组织的做法有一定差异。在亚马逊，"适度职责"是非常重要的，它有利于让员工保持专注，且让员工具备一定的自治权，为部门的损益情况负责。

"'两个比萨'团队"的结构很简单：一个主管、一些工程师、一个或两个产品经理、一个产品设计师。这种模式让亚马逊保持了比较强的敏捷性和创新性。此外，这种模式还有利于亚马逊留住更多人才。因为"'两个比萨'团队"的主管相当于部门经理，其工作可以被一些年轻、有能力的下属承担。对于有野心的年轻人来说，这是一件非常有吸引力的事。

在我看来，如果企业可以像亚马逊这样找到合适的办法，将组织规模控制在合理的范围内，确保各位员工有事可做、有权可分、有责能担，那么企业的发展就有很强的推动力。

6.2 "灵魂"分析：考察创始人

创始人是企业的核心人物，是整个团队的"灵魂"，他通常对企业的各种情况了如指掌。提到创始人，我们第一时间想到的大概就是他创立的企业。例如，提起刘强东，我们可以想到京东；提起雷军，我们可以想到小米公司；提起李彦宏，我们可以想到百度，等等。

创始人在很大程度上决定了企业的文化、团队气氛、工作方式等，因此，投资者需要在投资前对他们进行考察。当然，投资者也没有必要对创始人的所有事都表现出兴趣，而只需要将考察重心放在职业履历、从业经历、梦想与情怀等方面即可。

投资者要明白，创始人也是普通人，几乎不可能十全十美。如果把企业看作一台机器，那么投资者要寻找的就是能够让机器高效运转的操作员，这样的操作员可以用 integrity 来形容。

integrity 是一个很有意思的词汇，有人将其翻译成"正直、诚实"，而我更愿意将其总结为"人品"。投资者应该做的是从商业角度判断创始人能否带领企业创造更多价值。

6.2.1 创始人三要素：心宽、体壮、脑子活

做了这么多年的投资工作，我看过很多成功与失败的案例，也结识过一些天才般的创始人。他们有的壮志豪情、鱼跃龙门，也有的意气风发，最终却遗憾地黯然退场。那么，究竟什么样的创始人更优秀、更值得投资者与其合作呢？

与很多投资者以为或猜想的不同，我觉得，一些看起来平平无奇的特点可能在创始人的创业生涯中起着决定性作用。在斯坦福大学的一次分享活动上，我把这些平平无奇的特点总结为七个字：心宽、体壮、脑子活。

首先,创始人要心胸宽广、待人以诚,更重要的是要有牺牲精神。一家企业从早期蹒跚起步,到最终成熟健壮、健康运作,整个过程非常不容易。此外,这个过程中涉及的利益、工作、责任等各类分配,也会触及各相关方的利益。如果创始人斤斤计较,那么最终很可能导致团队、股东、投资者等闹得不欢而散,分崩离析。

所以,我一直坚信,真正优秀的创始人可以精明,但不能算计。这样的创始人才可以打造出正向、积极的企业文化。创始人作为矛盾的集中点,就像摩天大楼顶部的金属杆,既可以"避雷",也可能"引雷"。优秀的创始人必须做一个矛盾的消弭者,而不是激化者。正所谓"退一步海阔天空",那些真正愿意在矛盾无可避免时退一步甚至默默承受委屈的创始人,才是真正优秀的领导者。

其次,创始人要有一个健康的身体。很多投资者可能会质疑,身体健康也是一个判断标准吗?我认为是。与大家看到的光鲜亮丽、意气风发不同,创业其实是一项漫长而艰苦的工作。因此,创始人的身体一定要健康、强壮,这样才有精力坚持不懈地奋斗在创业之路上。所以,我曾经戏说:"一个优秀的创始人应该有'沾枕头就睡'的睡眠质量。"

良好的睡眠就像计算机的重置程序,能够帮助创始人快速恢复精力。而且,在进入睡眠前,脑海里走马灯似的浮现的一些画面,能帮助创始人厘清投资思路。如果创始人经常失眠或者睡眠质量非常差,那么可能是因为他的承压能力比较差,而创始人的心理状态会对创业之路产生影响。

最后,创始人必须有灵活的大脑。具体地说,创始人的两个能力很重要:一是逻辑思维能力,二是抓住机遇的能力。如果把企业比喻为一台电脑,那么创始人就是这台电脑的CPU,他决定了企业运作的机制和方向。

6.2.2 职业履历与从业经历分析

职业履历是创始人受到的教育和工作的经历,它可以让投资者迅速了解创始人。投资者首先要了解创始人的教育经历和工作经历。当然,如果创始人愿意主动分享一些自己的其他信息，那么投资者也要认真聆听和分析。

通常从创始人的职业履历中，投资者可以了解其毕业院校、在校期间取得的各类成绩、之前的工作经历、共事人对其的评价等，但要注意分析信息的准确性。例如，在与创始人会面时，投资者可以让其详细讲解曾经主导和负责过的工作，询问其对工作的看法。

职业履历可以让投资者对创始人进行基本了解，而了解从业经历就是对其进行更深入的了解，是投资者"吃定心丸"的过程。投资者在投资时通常希望创始人有相关经验，其实这和招聘员工是一个道理。大部分用人单位都希望找一个有相关工作经验的人，因为他们的优势很明显，即可以迅速投入工作，不需要花费大量时间去熟悉业务。

综合地看，与有相关工作经验的创始人合作是一个非常稳妥的选择，但很多时候，没有相关工作经验的创始人思维更为活跃，更具颠覆性。也就是说，那些有能力却不一定有相关工作经验的创始人，很可能具有成为"鲶鱼"的潜质，甚至可能推动整个行业的进步与发展。

埃里克·施密特（Eric Emerson Schmidt）虽然从来没有管理过主营搜索业务的企业，但自从被创始人劳伦斯·爱德华·佩奇（Lawrence Edward Page）和谢尔盖·布林（Sergey Brin）邀请加入 Google 后，在 2001—2011 年担任 CEO 的 10 年时间里，他带领 Google 由一个搜索引擎成长为涉猎广泛的科技巨头。他也被称为"硅谷神话的缔造者"。

埃里克·施密特没有相关工作经验和其他经典案例可供参考，之所以能取得这样了不起的成绩，更多的是因为他凭借自己的能力，为 Google 进行科学、系统的判断与规划，从而进一步推动 Google 的发展与转型升级。由此可见，创始人的能力是投资的关键，这也是"投资在于投人"的表现。

名校和名企出身的确能够在一定程度上证明创始人的能力：一方面，这些要求高、竞争相对激烈的地方，能够帮助创始人获得更好的培训、更丰富的社交资源以及更高层次的行业认知；另一方面，在以斯坦福为代表的优质高校和以 Google 为代表的高科技企业中，诞生了很多优秀的创始人和极具发展潜力的创业项目。

创始人的名校和名企光环不能成为投资者做出投资决策的唯一依据。正如我经常提到的一个概念——上台阶，即相比于有一个比较高的起点，投资者更应该关注创始人的过往经历是否可以体现出他在不断进步。

以 Zoom 创始人袁征为例，他于 1987 年考入山东科技大学，之后成为中国矿业大学硕士。在 20 世纪 90 年代，他在连续八次被拒后终于成功申请签证去了美国，加入知名企业网讯（WebEx），之后凭借代码技术一路晋升至副总裁。在公司被思科收购后，他成为思科工程部门副总裁。

2011 年，袁征创办 Zoom 并担任 CEO，之后企业在纳斯达克上市。上市后不久，虽然面临新冠肺炎疫情的挑战，但 Zoom 依然凭借良好的商业模式获得发展，市值一路飙升。同时，袁征也因为 Zoom 的企业文化和管理风格被评为"最受欢迎的 CEO"之一，成为华裔企业家中的佼佼者。他在创业之路上坚持"打怪升级"的经历，就是"上台阶"这个概念的具体表现。

6.2.3 梦想与情怀是创业"加速器"

硅谷甚至整个美国的投资者经常会把 passion 挂在嘴边，在英汉词典里，这个词大概率会被翻译成"爱好，热恋"。但我认为，如果一定要在汉语词汇体系里找到一个与其对标的定义，恐怕"梦想"或"情怀"才是最合适的。

"梦想"是一个十分常见的词汇，代表一个人对未来的憧憬与希望。有梦想的人会为了实现自己的梦想而努力奋斗。情怀是一种富有感情的心理状态，也是一个人价值倾向的体现。人们常说的"日有所思，夜有所梦"，其实也是梦想与情怀的一种体现。

在商界，有梦想、有情怀的创始人并不在少数，下面我用魅族创始人黄章的例子对此进行说明。魅族是中国最早生产智能手机的厂商之一，其产品的显著特点是小而美。在辉煌时期，其有着"中国苹果手机"的美誉。很多人对魅族创始人黄章可能了解得比较少,其实他是一个非常有理想、有情怀的人。这一点,从魅族的广告语中就可以看出来,如图6-2所示。

图6-2　魅族广告语

黄章在幼年时便对电子产品情有独钟,他经常将家里的电话拆开,观察里面的构造。对电子产品的痴迷使他从小就有一个梦想——研制一款属于自己的手机。

在研制第一款手机魅族M8时,黄章付出了很多努力,几乎倾注了所有心血,最终凭着梦想的力量使魅族手机成功上市。虽然第一款手机并不是那么完美,存在不少漏洞,但依旧是魅族手机的经典款,也成就了黄章。

制造业非常推崇"工匠精神",这种精神在黄章身上体现得淋漓尽致。即使是魅族手机中的低端产品魅蓝,他也要在工艺上做到近乎完美,使产品的质量、性能不输市面上的旗舰手机。

黄章亲自参与魅族MX3的设计,他先是用木头对其进行打磨,接着又进行3D扫描设计。但当他将真机拿在手上时,他总觉得这不是自己想要的手感。在进行细致检查后,他发现有0.07毫米的误差,于是他又花费重金对手机进行了重新设计。追求完美、有工匠精神,加上梦想和情怀的驱使,他最终生产出使用户满意的优质产品,使魅族获得了广大消费者的认可。

黄章的案例充分体现了梦想的力量和情怀的价值。梦想和情怀既是他人生中的宝贵财富,也是投资者对他产生信任的重要原因。在投资者看来,像他这样为产品和企业全身心投入的创始人，既然可以把自己的梦想、情怀变成工作，那么他也会把工作当成最享受的事业来做，何愁不成功呢？

近几年，被越来越多的投资者提及的一个概念是 work-life balance，即工作和生活的平衡，这也是优秀的创始人应该有的状态。当然，这并不意味着创始人不能休息，恰恰相反，适当的劳逸结合才能让工作效率实现最大化，就像弓弦不能一直紧绷，否则就会断掉。

而且，很多有价值的想法与灵感都是在轻松的状态下，灵光乍现迸发出来的。这本书的主要内容，也是我在每天刚起床的清晨写出来的。因为我发现，自己在早上会更加心无杂念，而且思维更活跃，这与在工作时挤时间写出来的文章有着天壤之别。

总之，为梦想、情怀而工作，与适当休息并不冲突。正是创始人的梦想支撑着其在艰难的创业之路上砥砺前行，是情怀使其在创业之路上精益求精，坚持打磨产品。有梦想、有情怀的创始人对于投资者来说是十分有吸引力的，因为这类创始人对事业和产品往往有着极高的追求，而这在后期都是可以帮助投资者获得实际利益的。

6.2.4　聆听创始人的故事

每个人都有属于自己的故事，创始人当然也不例外。创业之路通常不会是一帆风顺的，这条路上除了有成功外，还会有失败，其中肯定包含了不少故事。很多人觉得这些故事不会对投资者做出理性的投资决策产生影响，其实不然。从创始人的故事中，投资者可以看出这个人身上一些内在的东西。例如，英伟达（NVIDIA）创始人黄仁勋的故事就很值得倾听，其中囊括了很多经验与教训，可以给投资者提供一定的借鉴。

黄仁勋出生于1963年，后来跟着父母移居泰国。在他9岁时，父母将他与哥哥送到了美国，他们和叔叔、阿姨一起生活。没过多久，叔叔把他送进一所专门为问题少年建立的寄宿制学校。在学校里，他每天都要打扫男厕所，还和其他孩子一样上树、爬墙、偷吃糖果。

黄仁勋的童年虽然不是那么美好，却让他拥有了不服输的个性和强大的环境适应能力。成年后，他和哥哥、父母团聚，并展露出了非常不错的乒乓球天赋。但因为没有专注于眼前的事情，第一次参加乒乓球锦标赛的他失败了。

从此，黄仁勋不再散漫，将心思全部放在乒乓球上，终于在15岁时拿到了美国乒乓球公开赛的双打第三名。这种对一件事情非常专注的态度，使他在大学期间学到了很多有利于芯片研发的专业知识和技术经验，为他日后在事业上开疆拓土奠定了基础。

凭借着不懈努力，1993年，黄仁勋与另外两位合伙人共同创立了英伟达，致力于打造独一无二的特制芯片。1995年，英伟达发布了第一代NV1芯片。但该芯片的销售情况并不理想，企业也因为缺少研发费用而濒临破产，被迫解雇了大量员工。

后来黄仁勋不断丰富自己的专业知识，积累实践经验，与团队一起打磨产品。终于在1997年，英伟达发布了第三代芯片RIVA128，该芯片很受消费者欢迎。此时的黄仁勋也找到了适合自己和英伟达的发展道路。之后几年，英伟达不断发展，成为全球知名的GPU制造公司。

在很多投资者眼中，黄仁勋是一个不折不扣的"工作狂"，始终对工作充满热情，有积极性。此外，他也有着坚强、不服输的品质，即使面临着英伟达被行业踢出局的情况，他也不怀疑自己，相信暂时的困难会让自己不断成长。

从创立之初到现在，黄仁勋带领英伟达度过了瓶颈期，一直深耕于芯片领域。他始终在追求与众不同，希望自己可以为芯片领域创造新价值。在英伟达的发展过程中，他不仅分析自己，也分析竞争对手，在保持自身优势的同时掌握竞争对手的弱点。这样无论何时，英伟达都可以处于市场核心地位，从而有更多时间和精力生产质量更高的产品。

在一次给学生所做的毕业演讲中，黄仁勋回忆说，正是英伟达一开始的失败，让他能够走到今天。他的坚强、勇敢、专注、不服输，都是创始人身上非常难能可贵的品质，也是投资者希望在创始人身上看到的品质。因此，要想充分了解一位创始人，投资者不妨从了解他的故事入手，从故事中发现其身上的闪光点。

6.3 "血脉"分析：考察管理者

优秀的管理者能为企业带来更丰厚的利润，带领团队走上正确的发展道路。企业和团队需要管理者们共同维护，依靠团结的力量在激烈的竞争中站稳脚跟。

6.3.1 管理者各司其职，分工协作

管理者工作划分就是管理者分工，即明确各管理者需要做的主要工作。管理企业是一项非常复杂的工作，其中包括很多方面的事务。为了避免所有重担都压在一个人身上，比较好的方法就是分工合作，将具体工作分配到不同的管理者身上，大家各司其职。这样既可以提高工作效率，又能够保证工作质量，维持各环节正常运行。

某企业的管理团队就采用了这样的模式，各管理者做不同的工作，负责不同的领域。投资者经过调查和研究，发现该企业将管理团队进行了如下分工。

联合创始人、副总裁××，负责企业的影视和市场业务。

副总裁××，负责娱乐方面的各项工作。

资深副总裁××，主要负责企业内部管理工作。

首席账务官××，主管企业财务工作和投资业务。

高级副总裁××，负责企业法律工作，维护企业的技术专利和知识产权。

副总裁××，负责企业线上业务。

副总裁××，负责企业线下业务。

联合创始人、副总裁××，负责产品研发与设计。

这样的分工使得各管理者的工作职责更加清晰，企业的运行效率、管理效率更高。与一些管理者身兼数职的企业相比，分工明确的企业更有优势。面对一些规模比较大的企业，由于其管理者数量比较多，投资者没有时间和精力了解所有管理者的职责，因此选择负责核心业务的几位管理者进行了解即可。

6.3.2 管理者的能力与优势分析必不可少

管理者往往在企业中发挥着中流砥柱的作用。例如，当员工在工作过程中有诸多不满、提出大量意见时，管理者就应该积极处理。

管理者处理问题的过程往往能体现其能力的高低。优秀的管理者可以很好地解决员工提出的问题，使各利益相关者都对处理结果感到满意。每个管理者都有自己直接管辖的团队，其自身优势会对其领导的团队产生深刻影响。不同的管理者适合不同的团队，管理者在适合自己的岗位上发挥优势能够对企业发展做出更大的贡献。

投资者要了解管理者的能力，明确其优势所在，但不需要对所有管理者的能力与优势进行分析，以免无暇顾及其他更重要的部分，只需选择几个能力和优势比较明显的管理者进行分析即可，并判断他们是否在最合适的岗位上。

6.3.3 综合素质：个人格局与彼此配合

核心管理者作为领导员工发展、指引企业方向的关键人物，要有格局，即可以站在战略高度上思考问题。例如，马斯克拥有超越常人的战略眼光，能够认清时势，牢牢把握时代"脉搏"，果断进入当时在全球范围内没有很多成功案例的火星探索领域。投资者应该率先与这样的管理者合作。除了看个人格局外，我在考察企业的管理者时，还会看各管理者之间的配合情况，或者说看他们彼此之间的"化学反应"。一个优秀的管理团队中的管理者应该是彼此支持、相互友爱的。

简单地说，就是所有管理者都应该有一个共同的目标，并愿意为了这个目标而努力，否则很容易发生冲突。我曾经就遇到过管理者分道扬镳的事情。

有一次，我和两个非常年轻、聪明的管理者聊天。但我发现，他们两人经常在同一个问题上互相反驳，而且其中一个人的身体隐隐侧向离另一个人更远的方向。也就是说，肢体语言显示他们二人并不是彼此完全信任的。再考虑到项目的具体情况，我没有选择投资。大概过了一年，就证明了我的判断是正确的，他们两人的确先后分别负责新的创业项目。

另外，我还持有一个很重要的观点：一个优秀的管理者并不一定是创始人。

乔布斯在第一次成为苹果的CEO时，虽然公司发展得不错，但发展空间比较有限。在经历过离职风波，再次回到苹果公司担任CEO时，他手里已经没有什么股权了。虽然只是作为一个纯粹的管理者加入公司，但他却让苹果公司实现了第一次质的飞跃。

而苹果公司实现第二次质的飞跃，则得益于现在的CEO蒂姆·库克（Timothy Donald）。他作为"伟大的守成者"，让苹果公司的市值从2011年9月的4000亿美元上升到2022年的约2.5万亿美元，并成功地将苹果公司打造成一个更庞大、具有独特风格的商业巨头。

从乔布斯到库克，我看到的是管理者对企业造成的深刻影响。值得一提的是，乔布斯对接班人的准确选择也起到了非常重要的作用。苹果公司资深分析师吉恩·蒙斯特（Gene Munster）曾经给出这样的评价：培养库克作为继承人是乔布斯最伟大的成就之一。

6.4 "皮肉"分析:考察下属团队

人才是宝贵资源,努力工作的人才更是企业的财富。他们作为"皮肉",让企业成为有保障的组织,他们的整体情况也与企业的发展息息相关。但企业的员工往往数量众多,投资者很难全方位地对其进行了解。此时投资者就需要进行取舍,有选择地考察企业的团队,如考察其管理模式与人力资源管理情况、重点考察某一类员工等。

6.4.1 管理模式出色,团队更强

近几年的管理实践证明,团队管理模式出色的企业往往有巨大潜力。投资者要分析企业目前采用的管理模式是否合理,是否与其实际情况相匹配。常见的管理模式有以下几种。

(1)分权管理。管理者不必对所有工作亲力亲为,而是要把一些已经确定的工作交给下属完成,让下属有独立工作的机会。这种模式对上下两级都有好处,且有利于推动企业发展。

(2)漫步管理。漫步管理就是管理者经常在下属的工作地点"漫步",目的是深入基层,在第一时间获取信息,如员工的意见与不满、企业在发展过程中存在的问题等。

(3)目标管理。管理者为下属制定明确的目标,下属为达到目标而努力。这样管理者可以定期或者不定期地检查目标完成情况,从而提高下属的工作积极性。

(4)例外管理。只有当出现例外情况时,管理者才行使决策权,而其他事务则交给下属进行决策。这是一种能够提高下属工作意愿的模式。

(5)系统管理。当一个问题出现时,管理者需要判断这个问题是意外

偶发问题，还是管理不当导致的问题。同样的问题，出现一次可能是意外，难以避免；出现第二次，可能是员工出现问题或工作安排欠妥；但如果出现三次或以上，那就说明管理系统与组织架构不合理，管理者需要对其进行修改和优化。

（6）重点人群管理。管理者要对重点员工进行重点管理。重点员工为企业贡献80%的价值。正如我曾经听到的一个很有争议的说法：在企业中，人不是最宝贵的，优秀的人才是最宝贵的。这个说法虽然比较片面，但也有一定的道理。

管理模式对整个团队的工作情况有很大影响，选择合适的管理模式可以使团队更好地完成工作，使工作效率最大化。此外，管理模式也和团队的执行力息息相关。

多年前，我和现在任职于维萨（Visa，美国的信用卡品牌）的好友郑博士聊天。还在微软工作时，他是CEO萨蒂亚·纳德拉（Satya Nadella）的直接下属。

郑博士曾经和我说，他在微软学到的最重要的一句话是："It's important to make right decisions, but it's also important to make decisions right."这是一句非常有深意的话，大意为："做出正确的决策很重要，但使做出的决策正确同样重要。"

这句话的内涵是：在决策层面，不要期望自己的每个决策都是正确的，而要着眼于执行层面，尽可能地用实际行动完善每个决策。而且，在管理过程中，企业不应该囿于已经发生的事实，而应该致力于把未来的事做好。我非常赞同这句话。如果将这句话加以引申，我愿意把它解释为：让团队有极致的执行力，是一项很伟大的管理成就。

纳德拉接手微软时，微软的市值不足3000亿美元，截至2021年12月10日，其市值已经超过2.5万亿美元，如图6-3所示。当时，他对微软的很多职能进行了调整，强调企业文化，还让员工不要互相指责，而应该齐心协力、精诚合作，从而提高执行力。在很多投资者都认为其开始走下坡路时，纳德拉使微软创造了新的辉煌。

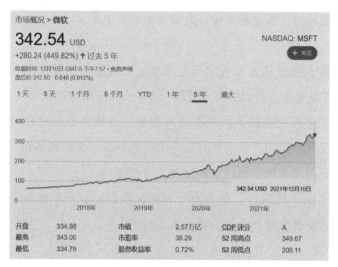

图 6-3　微软的市值情况

除了重视执行力提升外，管理者还要敢于授权，多培养一些可以解决问题的员工，而不要培养喋喋不休的抱怨者。我曾接触过一个团队，他们一直在提出各种各样的问题，却没有人可以给我一个明确的解决办法。这就难以说服我给予他们资金支持。

无论是管理者，还是员工，大家都可以抱怨，也可以看到问题。但是，只有想办法解决问题的人，才是对企业更有价值的人。

管理模式在很大程度上会影响员工的工作情况，也和员工能否形成解决问题的能力息息相关。因此，投资者应该对企业的管理模式进行分析，掌握员工的工作情况，一旦发现管理模式不适合企业或者存在较大问题，就可以及时抽身，避免自己承担过高的投资风险。当然，如果发现企业的管理模式出色，那么投资者也不能错过机会。

6.4.2　掌握企业的人力资源管理情况

人力资源管理是企业依据经营活动和发展规划，对人力资源进行规划和调配的活动，其核心是依靠合理、科学的方式使企业的人力资源达到最佳状态。现在人力资源管理已经不止是人力资源部门的职责，也是所有员工的共同责任。对于规模比较大的企业来说，人力资源管理更是其运营过程中不可或缺的一环。

但传统的人力资源管理理念已经不适应现代企业的发展。企业必须积极改革创新，实现对人力资源的有效管理，这样才能提高自己在市场上的竞争力。

投资者要分析企业的人力资源管理措施，分析企业是否已经实现人力资源管理的最优化。例如，企业要有合理的奖惩制度，奖励和惩罚不能过重或者过轻；要有完善的考核措施，定期对员工进行考核。

全球知名的"独角兽"企业为什么能脱颖而出？一个很重要的原因就是它们重视人力资源管理，舍得为优秀人才付出。

在早期阶段，Google 的一些高层管理者就已经就知道它未来会发展成为一家极具增长潜力的企业。但即便如此，他们也会有意地控制员工期权所对应的估值涨幅，避免期权价格变化过大。虽然这种行为让 Google 做出了很大牺牲，但有利于提高团队的稳定性，确保员工薪酬的分配公平，从而为企业的长期稳定发展奠定了坚实基础。

人力资源管理的重要性使得它成为投资投资者作出投资决策的其中一个依据。投资者要提前了解企业的人力资源管理情况，分析企业的招聘计划、奖惩制度、考核制度、人才策略、激励制度、薪资结构、绩效考核标准等。表6-1是企业的招聘计划示例。

表 6-1 招聘计划示例

序 号	部 门	职 位	所需人数
1	市场部	市场推广人员	3
2	设计部	设计师	2
3	销售部	销售经理	1
4	项目部	项目经理	1
5	结构部	项目总监	1
		结构总监	1
		结构工程师	3

续表

序号	部门	职位	所需人数
6	软件部	软件维护人员	2
		软件总监	1
		软件设计工程师	2
		软件经理	1
		软件开发人员	3

投资者可以通过招聘计划了解企业未来引进人才的情况，并基于此对企业的发展趋势进行判断，还可以通过奖惩制度和薪资结构了解员工目前的工作情况。至于具体了解哪个方面，投资者可以根据自己的需求和企业的实际情况进行选择。

6.4.3 重点评估某一类员工

管理者的能力对企业发展的影响很大，这是毋庸置疑的。但即使管理者的能力超强，专业知识储备丰富，也不可能单枪匹马地支撑起一家企业。这时员工对企业的重要性就凸显了出来。精明、能干的员工可以提高企业的效益，帮助管理者圆满地完成经营目标。

做好管理工作需要管理者挖掘出真正有能力的员工，了解员工在哪些方面有特长和优势，并让员工充分发挥这些特长和优势。这是管理者对下属的正确态度，也是企业控制人力成本的绝佳方法。

在管理员工时，真正优秀的企业应该能够让员工找到最适合自己的位置，从而挖掘出他们身上更大的价值。对于企业和员工来说，这是一种双赢的做法。例如，在以 Google、Facebook 为代表的一些互联网企业中，员工可以选择自己感兴趣的项目。所以，各项目负责人都会使出浑身解数，让自己的项目更有价值、更有吸引力，以便吸引有能力的员工加入。

每家企业培养、管理员工的方法和方向都是不同的，这也导致团队的特征各不相同。出于对投资周期的考虑，投资者需要对某一类特征突出的员工进行评估。例如，忠诚、自觉、上进、高效、敬业、责任心强等品质对员工和企业的发展非常关键。具备这些品质的员工可以更好地为企业工作,更出色地完成任务,从而为企业带来更丰厚的收益。

投资者还应该衡量管理者与员工相处模式的好坏。做好这件事的一个非常简单的方法就是,看员工是否在主动往前冲,管理者是否在适当往回拉(员工被激励,主动努力工作,但管理者希望员工保持冷静、多思考)。如果管理者在催着员工往前冲(员工缺乏工作积极性或者没有发挥个人能力的空间),那么就说明管理存在问题,企业很难有大的发展。

第 7 章

目标用户研究：投资盈利的强大力量

亚马逊前首席财务官托马斯·司库塔（Thomas Szkutak）曾经表示，用户至上是亚马逊为投资者创造持久价值的关键途径之一。用户的重要性决定了投资者在投资时要分析用户，了解企业是如何吸引和运营用户的。

在技术高度发达的时代，为用户赋能已经成为企业必备的一种能力。这代表企业有能力和用户进行情感沟通，可以认真对待与用户相关的每一件简单的事。我认为，企业要在懂自己的人群中"散步"，这是衡量其有无发展潜力的重要标准。

7.1 了解被投企业的目标用户

如果投资者不了解企业的目标用户，那么他很可能会误入歧途，投资了产品卖不出去、商业模式不合理、盈利能力差甚至最后"关门大吉"的企业。企业不重视用户，或者没有很好地运营用户，那就意味着企业很可能面临成交难、销售业绩增长难的困境。试想，投资者如果投资了这样的企业，会获得很高的回报吗？答案显而易见。

7.1.1 用户有需求，产品才受欢迎

硅谷著名投资者马克·安德森（Marc Andreessen）提出的"产品市场匹配度"（product market fit，PMF）模型非常受欢迎，其主要是指"在一个好的市场中，推出一个最小化可行性产品去迎合这个市场"。换句话说，市场上有各种各样的产品，也有各种各样的需求，而这两者重合的地方，就是那些满足了用户需求的最小化可行性的产品，即最受用户欢迎的产品。

那么，什么样的产品符合 PMF 模型的要求，可以满足用户的需求呢？用户对一款产品的需求通常来自两个方面：一是从自身角度出发的需求；二是因为产品提供的价值而衍生的需求。

第一个方面的需求比较容易理解。

以特效药为例，针对癌症的特效药平均仅能够帮助病人延长 3～6 个月的寿命，但很多病人还是愿意花非常高的价格来购买。根据美国医学杂志的统计，超过 42% 的病人会在确诊癌症的 2 年内将全部积蓄用于癌症治疗。

我曾经投资了一家"独角兽"企业Rippling，它主营HR管理系统。由于用户很难脱离这个系统而工作，因此Rippling的用户稳定性、黏性都很强，每年为其带来丰厚收入。这就是一家非常优质的企业，我当时很痛快地就决定为其注资。

另一个方面的需求是因为产品提供良好的价值而衍生的需求。投资界存在一个观点：一款新产品能够产生高于市面上现有的产品10倍以上的效果，这样，才能算作颠覆性创新，才能让用户无视更换产品的成本接受新产品，甚至创造一个更有吸引力的新市场。

信息管理软件及服务供应商Oracle当年有一个非常经典的广告，其核心内容就是表示自己的产品要比IBM的好20倍以上。虽然Oracle的产品未必真的能达到这种效果，但从市场宣传角度而言，其广告效果非常好，成功激起了很多用户更换产品的欲望。

在企业发展的过程中，创业者对用户的需求进行挖掘和判断十分重要。但应该注意的是，有时用户自以为的需求其实不一定是真正的需求。

以特斯拉为例，早期的电动汽车都设计得比较差，但特斯拉却反其道而行之，用精致、高质感的设计满足了用户感官上的需求。例如，特斯拉曾经推出电动跑车Roadster，该跑车不仅性能好，还极具设计感，外观看起来非常时尚、潮流，可以彰显用户的个性。

而且，驾驶特斯拉生产的汽车可以体现车主的环保意识，这是对重视环保的呼吁和宣传。所以，很多车主选择特斯拉其实是在展示一种主张，而他们自己可能并没有意识到这一点。

此外，投资者也要重视产品提供的价值，这个价值能够在用户的心里放大或缩小多少非常关键。例如，减肥产品可以直接绑定体重这个标准量化的数字，使用户对其价值的判断更直观、清晰，从而给生产此类产品的企业带来巨大商机。

但是，一些促进睡眠的药物和辅食，其价值却让用户无从判断。因为影响睡眠的因素太多，即使用户的睡眠质量确实提升了，他们也很难判断睡眠情况的改善是因为产品，还是因为其他因素，如睡前没喝咖啡、白天工作太累等。

那么，这是不是意味着促进睡眠的药物和辅食等产品就无法占领市场了？答案是否定的。此类产品可以借助营销策略吸引用户的注意力，帮助用户找到自身的需求。

脑白金依靠"轰炸式广告"模式，瞄准为老年人送礼这个场景，让子女们意识到可以给父母送脑白金作为礼物，从而推动了产品销售，造就了一个很有影响力的保健品牌。

脑白金团队之所以想出了"今年过节不收礼，收礼只收脑白金"这句极为顺口的广告语，是因为他们当时经常一起和老人们聊天，询问与脑白金有关的问题。通过这样的方式，他们发现很多老年人都比较想买保健产品，但又舍不得花这份钱。在这种情况下，想为父母尽孝道的儿女就成为出这份钱的合适人选。

于是他们将脑白金的目标群体定位为送礼的人，并设计出有"洗脑"功能的广告语。后来在宣传脑白金的过程中，他们又采取了发布软文广告的策略，推出了《宇航员如何睡觉》《孙女与奶奶的互换》《生命科学的两大盛会》等文章。

通过上述营销策略，脑白金一度成为人们广泛讨论的话题，获得了非常不错的市场效果，也为其他企业做营销提供了新思路。

7.1.2　了解用户体量，衡量用户潜力

一款产品的适用性越广，用户体量越大，企业越能以更低的成本获取更高的收益。创业与投资，尤其是 C 端的创业与投资，最重要的就是看产品在

用户体量上的潜力和想象空间。

大概在2000年，我还在一家美国企业做数据库管理的工作。因为负责这项工作的只有我一个人，没有其他人可以和我讨论相关问题，所以我最常使用的工具是Google。

当时的Google和现在的完全不同，它的搜索功能几乎只有"技术咖"和"极客"（美国俚语geek的音译，形容对技术有狂热兴趣并愿意投入时间钻研的人）才会使用，而且还有一定的使用门槛。因此，Google当时被认为是只有少部分人才会使用的产品。

但后来，Google的搜索功能不断完善，使用门槛也逐渐消失，用户体量就随之出现了爆炸式增长。恐怕当时使用Google的极客们，不会预料到当年的一款小众产品在20年多后竟然发展成为搜索领域的"巨无霸"。

就to B而言，与个人用户相比，公司级用户的价值要高得多。如果一款产品能够让用户的工作效率大幅提升，那么即使其用户体量有限，其也可以获得比较理想的收入。

例如，有些SaaS（Software as a Service，软件即服务）企业，其产品的用户体量虽然没有那么大，但客单价很高，而且都是经常性收入（在未来很长一段时间内不会发生重大变化的收入，如年费等），盈利非常丰厚。

而这些产品之所以可以定价高，主要是因为业务关键性。也就是说，投资者是否应该为企业投资，要看企业的产品在用户的业务中有多么关键。只要产品对于用户来说非常关键，是必不可少的，那么即使用户体量不大，这个产品也会存在巨大的市场需求，从而给企业和投资者带来更多收入。

在我曾经投资的企业中，有一家企业叫作Webflow。我当时的投资逻辑并不复杂，就是认为在数字化趋势下，未来大部分人都会有搭建网站的需求。但是，因为编程的门槛往往比较高，所以无代码是未来的一个重要发展方向。

Webflow面对的是to C领域的一个用户体量比较大的理想的市场。虽然已经有很多企业在从事相关产品的开发工作，Webflow并不是第一家，但我认为Webflow做得更好，发展潜力更大。因此，我觉得应该对其进行投资。

当年我参与创立的基金对Zoom的投资，也是基于这样的判断。作为一个比较成功的案例，从投资到退出，Zoom的估值增长了超过5000倍。其实当年Google、微软、雅虎等巨头都在视频软件领域布局，尽管它们提供的服务是免费的，但用户体验都不够好，因为用户在使用它们的服务时既浪费时间，又无法便捷地操作。而Zoom的愿景是让任何人（非技术人员）都能够便捷地参加线上会议。它的目标群体覆盖了大量个人用户，因而有很大的想象空间。

综合地看，to C更强调用户体量带来的收入增长，而to B则更关注客单价及业务关键性对收入的影响。投资者在投资时应该认清这一点，不要做出让自己后悔的决定。

7.1.3　购买行为与购买决策分析

购买行为主要是指用户在消费过程中的活动、反应的总和。不同的用户有不同的需求和消费动机，性格也有很大区别，所以他们在消费过程中的表现有所差异。西方市场学家把用户的购买行为总结为"5W1H"，投资者对此进行分析，有利于优化投资决策。

"5W1H"包括购买什么（what）、由谁购买（who）、为什么购买（why）、何时购买（when）、在何处购买（where）、如何购买（how）。用户的购买行为一般由需求决定，投资者研究用户需求有利于确定企业的产品组合是否正确，产品是否适销对路。

用户的购买行为是复杂的。无论是购买行为的产生，还是用户拒绝接受产品，企业都很难精准地预测出来。

例如，美国有一个很有意思的现象：经济越萧条，电影院的收入越好。因为经济萧条时，人们的工作没有那么忙，尽管收入下降，但人们仍需要一些娱乐活动来舒缓心情，所以选择了花费不多又非常方便的看电影作为娱乐活动。

另外,大家要知道,用户的购买行为通常是随着社会现象的变化而变化的,所以,企业的反应速度和适应能力就显得非常关键。

新冠肺炎疫情防控期间,纽约政府选择 Zoom 作为线上教学的官方软件,但当政府发现 Zoom 存在信息泄露隐患后,微软的团队迅速抓住机会,代替 Zoom 成为政府授权的公立学校教学软件,快速夺取了纽约市场。

随着研究者对购买行为的分析持续深入,"刺激—反应"理论应运而生。从用户对各种不同的"刺激"(如价格、销售场所、营销活动等)产生的"反应"中,投资者可以推断用户产生购买行为的动机,从而考察用户对营销策略的反应,这对于投资的成败至关重要。

购买决策会受到购买行为的影响,其分析过程如图 7-1 所示。

图 7-1 购买决策分析过程

(1)确认需求是做出购买决策的起点。用户做出购买决策时,实际状态和期望状态之间会存在一定的差异。用户对需求的轻重缓急进行衡量后,在经济条件许可的情况下才可以确认需求。

(2)信息搜集包括搜集个人信息、商业信息、公众信息。其中,个人信息通常来源于家庭、亲友、邻居、同事等；商业信息来源于广告、包装、品牌官网、销售人员等；公众信息来源于社交媒体、用户组织、各类线上与线下活动等。

（3）评估选择即用户会根据相关因素权衡产品的利弊，以此来实现购买和使用产品的效益最大化。投资者也应该从用户的角度出发，分析产品的利弊。

（4）购买决策与消费欲望、产品实际情况、营销策略、其他人的态度、外部环境等因素息息相关。投资者要分析企业是否具备促使用户做出正向购买决策的条件。例如，企业的广告如果可以精准地针对目标群体进行投放，那么产品的销售业绩很可能会更好。

（5）购后行为包括用户对产品和服务的满意度，以及用户会如何使用与处置产品。这个环节与复购挂钩，可以帮助投资者了解用户复购产品的可能性。

综合地看，购买决策分析过程应该是一个闭环，即让购后行为进一步反馈到确认需求上。

对于亚马逊平台的商家来说，它们面临的一个劣势是缺乏数据与用户反馈。一旦商家出现刷单行为，被亚马逊封禁，那么商家就无法了解用户的购后行为。而购后行为是决定购买决策分析能否形成闭环的重要环节，因此，一旦商家无法了解用户的购后行为，也就无法完成购买决策分析，最终可能导致整个销售链条崩溃，商家遭受巨大损失。

投资者通过对购买行为与购买决策进行分析，可以了解用户购买产品的可能性，推断产品的销售业绩。将购买行为与购买决策分析得越全面、科学，其在投资过程中产生的效果就越显著。

7.2 评估目标用户，要看两大数据

投资者想要精准地评估目标用户不是一件容易的事。这件事之所以不容易，是因为缺乏相关标准和有效方法。在这种情况下，为了更好地评估目标用户，做出有利于自己的决策，投资者应该从数据入手，让数据"说话"。这里的数据主要包括用户增长趋势、活跃/留存/流失用户的数量。

7.2.1 用户增长趋势

全球知名杂志《哈佛商业评论》中的相关内容显示：现在每家企业都需要一位用户增长经理；以 Pinterest 为代表的知名企业都因为组建了用户增长团队而取得了成功；扎克伯格在回顾 Facebook 的发展历史时曾深有感触地说"用户增长团队是我们企业的一项重要发明"；可口可乐公司曾经宣布设立全新的首席用户增长官以代替之前的首席营销官……

在上述企业的带动下，很多企业纷纷效仿，掀起了一股设立用户增长岗位的浪潮。就连国际营销和市场执行委员会（Sales & Marketing Executives International，SMEI）也在全球范围内制订了用户增长专家的认证计划。

这一切都在揭示一个道理：用户增长对于企业的持续发展是非常重要的。

无论其设计多么出色，产品都是作为工具和媒介而存在的，并且必须有人去使用，否则它将没有任何价值。在这种情况下，了解用户增长趋势就成为所有投资者在投资前必须开展的工作。用户增长趋势与新增用户的数量息息相关。

新增用户通常分为两种：一种是纯粹的新增用户，即从未使用过产品的用户；另一种是之前使用过产品，后来因为某些原因放弃使用产品，但企业仍

然保留其数据的用户,这部分用户很可能会因为参加企业开展的营销、推广、优惠等活动而重新回到企业的"怀抱"。

很多人可能听说过 Google 的邮箱 Gmail,却不知道它有多受欢迎。在全球范围内,目前大约有 30 多亿人注册了 Gmail 账户。这 30 多亿人意味着 Gmail 的用户量在过去 3 年左右的时间里增长了 50%(2018 年的数据是大约有 15 亿人注册了 Gmail 账户)。

Gmail 之所以如此受欢迎,可以从其他竞品中脱颖而出,成功实现奇迹般的增长,原因之一就在于其储存空间从一开始就比其他邮箱更大,从而让绝大部分用户基本不需要删除早期邮件或购买扩容服务。在变现方面,Gmail 选择通过吸引大量用户、绑定流量的方式来赚取广告收益,消除了很多投资者对其变现能力的担忧和质疑。

最终 Gmail 的用户增长趋势是令人震惊的,也是很多投资者在为其投资时的考量因素之一。后来 Google 又相继推出了桌面限量测试版 Gmail 及针对智能手机的 Java(计算机编程语言)版 Gmail。Google 甚至还特意在微博、Twitter 等社交平台上发文庆祝 Gmail 的发展达到了新"里程碑"。

而在中国,短视频用户数量有非常明显的增长趋势。2020 年,短视频用户超过 7 亿,2021 年超过 9 亿。短视频是移动互联网时代的新兴产物,集合了社交、娱乐、电商等属性,覆盖的目标群体规模不断扩大,成就了抖音、快手等短视频平台巨头。

投资者可以要求创业者提供关于行业、产品的用户增长数据,以便对这些数据进行分析。但需要注意的是,投资者必须谨慎辨别数据,判断用户数量是真正的增长还是虚假的增长,以及当前的增长是否因为压榨未来资源与潜力而无法持续。企业往往不会将这些信息直观地呈现出来,因而投资者需要对企业进行非常深入的了解。

7.2.2 活跃/留存/流失用户的数量

在一段时间内,对某产品有过任意行为的用户一般可以称为这个产品的活跃用户。所谓任意行为,主要包括使用产品、访问网站、打开 App 等。现在很多企业会通过日/周/月活跃用户的数量对自己的产品进行监测,投资者也同样应该关注这些数据。

有的投资者在分析数据时可能会看到企业活跃用户的数量在一段时间内是逐渐增加的,于是便单纯地以为这是非常好的现象,当下就立即决定对企业投资。但其实如果投资者没有同时对留存/流失用户的数量进行分析,那么投资也许是错误的。

例如,某企业因为举办了拉新活动而获得了很多新用户,从而带动活跃用户的数量不断上升。但这意味着每天使用产品的人越来越多吗?答案是否定的。因为这可能只是拉新效果太好而掩盖了流失用户的数量居高不下的问题所形成的假象,它也掩盖了留存用户在逐渐减少的事实。

产品面对的市场不同,活跃用户的数量也会有很大不同。例如,一款小众的垂直领域的产品与一款泛社交类的产品相比,如果只看活跃用户的数量,那就很难判断它们的好坏。此时可以设定一个新指标——活跃率,即在一段时间内,活跃用户的数量与总用户的数量的比例。

但对不同的产品,用户的需求一般不同(高频或低频),活跃率也有差异。投资者应该更多地分析活跃率的变化情况。新产品的活跃率极速上升或下降是很正常的,当产品有了一定的用户规模,逐渐进入稳定发展期后,活跃率基本就不会有太大变化了。

此时投资者可以通过区分新老用户进行活跃率分析。一般来说,当企业通过宣传和推广获得一批新用户后,可能会出现以下几种场景。

场景一:用户使用了产品一段时间,发现这是他想要的产品,于是逐渐成为产品的留存用户。

场景二:用户使用了产品一段时间,对产品没有太大兴趣,便决定不再使用。当产品的 2.0 版本发布后,他又觉得有个新功能很不错,就开始继续使用产品。

场景三：用户从网上看到产品介绍，决定入手产品，但使用了一段时间后觉得产品很一般，便和身边的朋友吐槽，后来再也没有使用过。

通过上述三个场景，我们不难发现，用户的类型多种多样，他们对产品有不同的想法。因此，在分析与用户相关的数据时，除了关注活跃用户、留存用户及流失用户的数量外，投资者还应该关注更全面的指标，如不活跃用户、回流用户、忠诚用户等。

当然，一些经验比较丰富的投资者还会思考更全面的问题：由活跃用户变为不活跃用户的人有多少？用户为什么突然变得不活跃？企业可以挽回多少流失用户？留存用户的数量较之前是否有所增长？这些问题可以帮助投资者了解企业的运营工作是否到位，以及运营策略是否正确。

Facebook一开始在产品端不投放广告的运营策略是正确的，否则会明显降低用户留存率。当时通过内部测试，Facebook发现：当用户的注册时长达到2年以上后，他们对有针对性的广告投放会有更高的接受度。此外，当用户体量增加时，用户的黏性也会随之增加。于是，Facebook开始基于用户的需求和兴趣投放广告，最终为自己和投资者带来了很丰厚的收益。

如果Facebook在用户缺少黏性时就投放广告，那么尽管短期内可以获得一部分收益，但久而久之会损失活跃用户，降低用户留存率，最终给自身带来负面影响。例如，Facebook的竞争对手之一Friendster，就因为在判断用户的需求和兴趣、制定广告投放策略等方面出现失误，导致仅仅几年的时间就在市场中失去了竞争优势，最终被市场无情淘汰。

活跃/留存/流失用户的数量有一个显著特点，那就是它们都属于后见性指标，即当事情发生后投资者才可以观察到。一款产品可能因为缺乏竞争力、没有重视拉新和用户运营等问题而导致活跃用户的数量与留存用户的数量下降，也可能因为产品改动、策略失误造成流失的用户变多。

用户的活跃、留存、流失都是动态的，企业只有维持正向的用户动态流入，确保活跃用户的数量和留存用户的数量大于流失用户的数量，才可以让自己获得健康、长远的发展。

7.3 被投企业有超级用户因子吗

"超级用户"一词从出现开始，便引起了广泛关注。很多企业都打出"超级用户时代已经来临"的口号，甚至一些知名企业，如星巴克、腾讯、爱奇艺等，也纷纷提供会员服务，试图打造属于自己的超级用户因子。我也认为有超级用户因子的企业会更受欢迎，也会让投资者获得更多回报。因此，在投资前，投资者应该分析企业究竟是否拥有超级用户因子。

7.3.1 什么是超级用户？

超级用户通常是指对品牌有认知、对产品有购买意向、会重复购买产品、能为企业提供反馈意见、愿意推荐其他人购买产品、对产品有较高忠诚度、与企业建立起强关系的用户。尼尔森提供的相关数据表明，超级用户的消费能力是普通用户的 5～10 倍。

在日常生活中，超级用户其实随处可见，无论是苹果手机的狂热粉丝，还是游戏中的超级玩家，他们都是超级用户。他们自愿付出高成本，来换取在特定领域和范围内更高的地位，进而获得更高的满足感。这就像学习成绩更好的孩子，会愿意付出更多时间和精力在学习上一样。

在消费场景里，超级用户代表愿意以更高溢价为产品付费的人。只要企业能最大限度地满足这部分人的需求，就可以获取更丰厚的利润，实现更高的商业价值。以亚马逊为例，它就通过 Prime 吸引了很多超级用户，让广大投资者更青睐于它。

Prime 是亚马逊旗下的一种类似于 VIP 的收费会员制度，曾经助力亚马逊的市值达到了近 6000 亿美元。起初，Prime 的会员收费标准是 79 美元/年（后改为 99 美元/年），其中包括任意金额免美国境内运费、出库后美国境内 2 日送达等权益。这些权益在物流体系还不是非常发达时对人们颇具吸引力。后来亚马逊将越来越多的产品和服务都纳入 Prime。这不仅让会员享受到了更丰富的权益，还使亚马逊形成了强大的数据处理能力。

在 Prime 风头正劲之际，亚马逊的很多工作都围绕其展开。亚马逊很早就知道了超级用户的价值和重要性，并持续探索应该如何进一步促进消费和培养更多超级用户。例如，Prime 增加的影视服务，已经能够在第一时间上线最新电影，相关收入更是能与 Netflix 一较高下。

亚马逊的案例充分展示了超级用户的价值，以及亚马逊对超级用户的重视程度。如果企业没有吸引更多超级用户的能力，那就很难有好的发展，也很难吸引投资者的注意，至少很难吸引我的注意。

一个不可否认的事实是，很多企业没有意识到超级用户的力量，这恰好为一些先行者提供了发展契机。如果可以充分利用超级用户思维，那么即使是一家小型企业，也可以获得不错的发展。我也比较看好这样的企业，相信它会表现出极大的潜力。

在我看来，超级用户思维之所以对企业的发展非常关键，主要是因为该思维遵循了以下两个简单却很有价值的商业原则。

（1）二八法则。当 20% 的用户可以为企业带来 80% 的利润时，企业的当务之急就是把这 20% 的用户找出来，用 80% 的资源服务他们，让他们变成稳定、有增长潜力的用户。

（2）用户终身价值（life time value，LTV）。对于任何企业来说，产品有高复购率都很重要。用户购买一次产品，企业可以赚一次钱，如果用户能够多次购买产品，那么企业就可以多次赚钱。如果一家企业获取用户的成本低于其终身价值，那么这家企业就可以获得可持续的盈利与收入增长。例如，很多互联网企业之所以在早期愿意花钱来获取 LTV 没有那么高的用户，是因为当用户体量增加到一定程度时，用户留存率和LTV也会随之提高。

所以，投资者在分析企业的用户时，不能只看他们一次购买所带来的价值，而应该看他们带来的价值总和。用户复购几乎是不需要企业花费成本的，因而可以创造复购的企业将会有更显著的业绩增长。

在流量时代，企业都把重心放在新用户获取方面，而基本不太在乎老用户，就连投资者也更关注企业的新用户增长情况。但现在获取流量的成本不断提高，未来很有可能会更高，相比之下，维护老用户获得的回报远远超过获取新用户获得的回报。这就要求企业和投资者应该用超级用户思维看问题，多关注用户运营工作，尽快找出那些愿意持续付费的用户。

超级用户是企业的核心资产，我觉得投资者在投资前应判断企业是否可以培养更多的超级用户。

我曾经对一家企业投资，这家企业推出了会员服务，为常年购买产品的用户提供更多服务和优惠，并由此推出不同等级的超级会员。现在这家企业发展得不错，用户增长的速度也很稳定。自己投资的企业能取得这样的好结果，我除了高兴外，还有一些感受。

（1）思维的变化比策略的变化更有效。一旦企业改变了思维，结果自然也会改变。

（2）超级用户思维可以帮助企业实现更好的发展，同时也可以指导企业将有限的资源用于最有价值的用户身上。投资者自然也可以因此而获得更多回报。

（3）中小型企业应该充分利用超级用户思维，不断挖掘用户的终身价值。这也是投资者对企业进行考察时应该关注的重点之一。

在产品刚上市时，超级用户可以影响一部分人成为新用户，甚至成为产品的宣传者和推广者。在美国，这部分人通常被称为early adaptor（早期用户），在我看来，中国的名词"自来水"也是对这部分人的一种非常传神的描述。

对于刚上市的产品来说，早期用户是非常重要的。他们可以促进产品的口碑树立和未来宣传。在获取早期用户方面，小米公司的做法就非常值得借鉴。凭借超高的性价比，小米系列产品准确地切中了目标群体的需求，为品牌形象的树立和旗下产品的宣传奠定了基础。

总之，超级用户的价值和重要性已经无须多言。企业无论通过什么办法，都应该将他们筛选和培育出来，因为他们是给企业带来利润的群体，也是为投资者的回报打造"盾牌"的群体。

7.3.2 超级用户背后的投资价值

企业销售业绩的增长主要来源于两个方面：获取新用户、维护老用户。超级级用户就是从老用户进化而来的。当老用户进化为超级用户时，其消费能力将提升 5～10 倍。例如，与非会员用户相比，京东 PLUS 会员用户的消费能力要高出 9 倍；亚马逊 Prime 会员用户的消费能力大约要比普通用户的高出 2 倍；华住会 VIP 用户的消费能力要比普通用户的高出 5 倍。

上述数据足以说明，超级用户是推动企业销售业绩增长的重要力量。另外，超级用户往往会主动向自己身边的人推荐和分享企业的产品。换句话说，企业通过维护超级用户，可以实现零成本拉新，并进一步促进销售业绩增长，从而让投资者获得更多回报。

对于投资者来说，超级用户背后的投资价值还有留住高净值用户。"高净值用户"是金融领域的一个名词，指的是经济实力比较强的富裕阶层。在其他行业，他们代表有消费能力、可以为企业创造高利润的群体。通常一个高净值用户为企业带来的收益可能抵得过上百个普通用户。随着消费不断升级，他们需要更好的产品和更优质的服务。这对于企业来说，既是难题，也是机会。

以沃尔玛旗下的山姆会员店为例。沃尔玛主打低价产品，但有一批消费能力强的用户不满足于低价产品，此时沃尔玛应该怎么办？它采取了一项十分正确的措施，即成立山姆会员店，专门服务高端用户。用户要想在山姆会员店消费，先要付费办理会员。这样沃尔玛就可以从原有的用户中筛选出超级用户，通过山姆会员店提供的服务进一步留存这些超级用户，这就相当于留住了高净值用户。难道其他企业就没有超级用户吗？我认为一定是有的，只是企业需要想办法将其挖掘出来。

从投资者的角度来看，值得投资的企业会为超级用户设计一个升级通道，赋予他们一种特殊身份，为他们提供更高端的产品和更优质的服务。当企业使超级用户进化为付费会员时，就代表企业与他们建立了更持久、更坚固的信任关系，这有助于促进企业稳定发展。

信任是一切商业活动开展的基础和前提，没有信任，就没有交易。正是因为超级用户对企业有更持久、更坚固的信任，所以其才可以帮助企业变革商业模式，为企业创造新的商机。还以山姆会员店为例，它不像家乐福、永辉等百货超市那样依靠销售差价盈利，而是依靠会员费赚钱。这也就意味着，它的销售差价只需要覆盖最低的运营成本就可以了。

例如，一箱进价为 30 元的香蕉，家乐福卖 40 元，永辉卖 41.5 元，而山姆会员店只卖 35 元，它只要确保这个价格能覆盖运营成本即可。山姆会员店创新了百货超市的商业模式。如果没有超级用户，那么也不会有山姆会员店的崛起和发展。

包括云集、环球捕手以及前面提到的山姆会员店在内的创新型企业之所以能吸引投资者，就是因为它们将超级用户的价值发挥得淋漓尽致。

7.3.3 从流量思维转变为超级用户思维

我曾经听到过这样一种说法：流量思维时代已经过去了，现在是超级用户思维时代。虽然我并不认为流量思维时代已经过去，但随着 Google、雅虎的转型，我们可以清楚地知道，如果企业不了解用户的习惯和偏好，那么久而久之，用户的黏性会降低，甚至会流失。

在流量 2.0 时代，企业通过对用户的消费行为和反馈进行分析，并结合大数据、人工智能等技术，可以形成一个更有效的营销闭环。而能在这方面对企业有很大帮助的，无疑是超级用户思维。至于什么是超级用户思维，我的理解是:企业不过度追求流量,不盲目扩张,而是踏踏实实地打磨产品,以用户为中心,为用户提供最优质的服务。

在超级用户思维的指导下,有好口碑的企业可以产生杠杆效应,赢得更多用户。这类企业往往更受投资者偏爱。不过,企业在吸引用户时要注意以下两个关键点。

第一,做让用户觉得"有面子"的事。在这方面,投资者要重点分析三个问题:产品的功能是否让用户愿意经常使用?体验是否足够好?用户是否愿意将产品推荐给其他人?特斯拉的电动汽车刚推出时,在这方面表现亮眼,这也是其成功打开市场的一个很重要的原因。

第二,不做让用户"丢面子"的事。这主要是指企业在对产品的功能进行优化时,要照顾老用户的感受,尽量减少功能优化对老用户的影响。如果优化过的功能确实会对老用户产生影响,那么企业就应该想方设法提前知会老用户或与老用户就此问题进行商讨。

美国知名作家艾迪·尹(Eddie Ycon)在《超级用户:低成本、持续获客手段与盈利战略》[1]一书中总结了与超级用户相关的五个重点,具体内容如下。

(1)超级用户愿意在产品上花钱,还对开发产品的新用法很感兴趣,而且执行力很强。

(2)每款产品都有专属的超级用户。

(3)超级用户会对产品投入感情,从产品中挖掘更多价值。从这个角度来说,每个人都应该是某个或某类产品的超级用户。

(4)超级用户具备较高的识别度,企业可以借助大数据和社交媒体找到他们。

(5)超级用户愿意购买产品,可以为企业带来其他购买用户。

这五个重点与我前面讲述的内容不谋而合。我主张企业要制定超级用户战略,将最有价值的用户筛选出来,认真倾听他们的需求,了解他们的情感等。如果一家企业能将精力投入到可以吸引更多超级用户方面,并据此创新产品与

---

[1] [美]艾迪·尹.超级用户:低成本、持续获客手段与盈利战略[M].王喆,余宁,译.北京:中信出版社,2017.

商业模式，那么这家企业可能会得到我的青睐。当然，我相信这家企业也可以得到其他投资者的喜爱。

流量思维或多或少地掩盖了互联网的丰富性。虽然很多企业的产品和服务都非常不错，但它们要不断优化以满足用户日益变化的需求。在"酒香也怕巷子深"的背景下，企业必须主动出击，让产品、服务反向触达用户，从而激发用户对产品产生需求，促使用户购买产品。

正所谓"不谋万世者，不足谋一时；不谋全局者，不足谋一域"，我一直都很看好可以对未来有超前判断的企业，也更倾向于向这样的企业投资。所有投资者都应该记住一句话：肯为用户踏实做事的企业终将有光明、美好的未来。

第 8 章

项目评估：找到项目的真正价值

项目评估是所有投资者必做的一项工作。在进行项目评估时，缺乏经验的投资者往往很容易出现问题。因为影响企业发展的因素太多，所以投资者对企业未来趋势的准确判断必须依托于其对项目的透彻了解、丰富的经验和深刻的思考，而这些显然是缺乏经验的投资者所没有的。

如果投资者的资历不足，那么很有可能会在初筛环节就把好项目过滤掉。如果投资者对某一个领域特别了解，但是对技术和行业过于看重而忽略"人治"因素，那么也很有可能出现"行业专家却找不到好项目"的局面。

在凭借自身的资历、经验做出有价值的判断的同时，投资者也要注意避免发生一叶障目的情况。因此，投资者必须对项目进行谨慎评估与严格考察。

8.1 项目评估四大维度

在投资界,好项目并非多如牛毛,因此投资者要有"火眼金睛",能够将好项目筛选出来。那么,投资者应该如何筛选好项目呢?投资者可以从四大维度入手对项目进行评估:第一大维度——前景;第二大维度——规划;第三大维度——优势;第四大维度——上线方案。

8.1.1 项目前景:处于蓝海中,潜力巨大

在我的观念中,潜力巨大、处于蓝海阶段的项目通常更有投资价值。可能有些人对"蓝海"这个名词不是非常熟悉,那么我就先介绍一下什么是"蓝海"。在《蓝海战略:超越产业竞争,开创全新市场》[1]一书中,作者对"蓝海"的解释如下:"现存的市场由两种海洋所组成,即红海和蓝海。红海代表现今存在的所有产业,也就是我们已知的市场空间;蓝海则代表当今还不存在的产业,这就是未知的市场空间。"简单地说,处于蓝海中的项目是尚未被开发、有巨大潜力的项目。

处于红海中的项目,产业规则和界限已经明确。很多企业为了降低经营风险,纷纷投身于红海市场,导致红海市场的空间越来越拥挤,同行之间的竞争越来越激烈,收益也变少了。而蓝海市场则不存在这些问题。

处于蓝海中的项目,产业规则和界限还没有确定,同行之间的竞争压力比较

---

[1] [美] W. 钱·金,勒妮·莫博涅. 蓝海战略:超越产业竞争,开创全新市场 [M]. 吉宓,译. 北京:商务印书馆,2005.

小。如果企业的项目在竞争中抢占了先机，那么该项目的市场将是十分广阔的，企业可以获得的利润也是非常可观的。而投资者也更愿意投资一个处于蓝海中的项目，因为这会为他们带来更多收益。

虽然红海和蓝海存在很大差异，但二者并不是完全对应的。例如，在短期内似乎已经呈现饱和式竞争的红海市场，很可能会因为突发事件或市场规模快速扩张，而转化为一个或多个蓝海市场。

例如，Zoom 创立之初，巨头林立，市场竞争非常激烈。但在新冠肺炎疫情的影响下，远程办公的需求大幅度增加，远程会议、线上交流趋于常态化。在这种情况下，Zoom 所处的线上视频会议市场就开始从红海向蓝海转变。之前我有一次去帕罗奥多的一家中餐厅 Tai Pan 吃饭，刚好遇到了 Zoom 的创始人袁征。他向我表示，他作为 Zoom 的创始人和 CEO，也不曾预料到新冠肺炎疫情会进一步扩大线上视频会议市场的规模，从而使 Zoom 迈入一个全新的发展阶段。

8.1.2 项目规划：核心层 + 有形层 + 延伸层

项目规划是指企业通过调查与研究，在了解市场、用户需求、竞争对手、外在机会与风险及技术发展趋势的基础上，根据自身情况和发展方向，为项目制定可以把握市场机会、满足用户需求的远景目标及实施该远景目标的战略的过程。投资者需要从核心层、有形层、延伸层等方面入手，对企业的项目规划进行分析。

这三个层次是相互联系的整体，表现出消费需求的多层次性，阐述了消费需求动机，对商界和投融资界产生了很大影响。

第一个层次是核心层，是满足用户需求，为用户解决问题的层次，也就是用户认可项目的真正原因。投资者在分析核心层规划时要时刻关注用户需求，将满足用户需求放在首位。

海尔公司曾经推出一个"地瓜洗衣机"项目，即研制可以洗地瓜的洗衣机。其实仅从销售角度看，这个项目是没有必要的。因为几乎没有人会用洗衣机洗地瓜，其投入和产出不成正比。但海尔公司为了尊重消费者的意见，还是将这种洗衣机研制了出来。虽然这也许是不合理的需求，但可以充分表现出海尔公司在核心层规划上对用户的重视程度。

第二个层次是有形层，即把项目转化为有形实体或者服务。一款产品主要包括五个要素：质量、特征、样式、品牌和包装。例如，整体手感、屏幕大小、按钮设计、Logo 设计、形状规格、图标设计等就属于手机的有形层规划。每家企业的有形层规划都不同，哪个规划更能受到用户的认可和喜爱，投资者就会给予其更多关注。

第三个层次是延伸层，即项目之外的附加品。例如，用户购买空调，得到的不只是空调的室内机、室外机、遥控器等，还有使用说明书、送货上门、免费安装调试、随时上门维修及售后服务等附加品。美国市场营销专家莱维特曾表示，现代竞争的关键，并不在于各家企业在其工厂中生产什么，而在于它们能为用户提供什么附加价值。

核心层、有形层、延伸层是不可分割和紧密相连的，它们构成了项目的整体概念。一个项目的价值大小，是由用户决定的，而不是由企业决定的。因此，投资者要重点分析企业在进行项目规划时是否将用户的需求考虑进去，如果没有，那么该项目就会面临比较大的风险。

8.1.3　项目优势：成本＋可规模化＋自动化

硅谷的很多投资者在投资时，会更关注有不公平优势的项目。这里所说的不公平优势更多地体现在成本、可规模化、自动化方面。

如果一个项目具备成本优势，那么其价格只要维持在行业平均水平甚至稍低于平均水平，项目就能获得高于行业平均水平的利润。而且，企业不必担心自己在与竞争对手开展价格战时，对人力、物力造成过多消耗。

苹果公司对其旗下的 iPad 产品严格进行成本控制，力求将成本降到最低。在原材料方面，苹果公司与固定的供应商合作，不给代工企业从中抽取利润的机会，从而节省了不少成本，形成了成本优势。

除了成本优势外，可规模化对于项目的稳定运行来说也非常重要。首先是生产和销售的可规模化。

以微软早年主打的 Windows 系统光盘为例，用户只有购买光盘，才能使用适配于 Windows 系统的软件。光盘的成本极低，平均下来 1 张几乎不到 1 美元。而且，随着销售量的增加，即使对光盘进行规模化生产，其成本也几乎没有增加。因此，其销售额几乎是纯利润。

同样深谙规模化之道的还有 Scale AI。只要它完成数据积累，实现可规模化就不是难事。Scale AI 可以用标注的数据进行模型训练。而且，软件的生产力会不断提高，数据也会不断叠加，这会使 Scale AI 的数据积累量实现指数级增长。这就是为什么我看好人工智能和大数据，因为其存在可规模化优势。

除了实现规模化发展外，Sacle AI 的价值还体现在其业务能够为很多企业实现规模化提供帮助，因此其获得了广大投资者的青睐。

其次是发展策略的规模化。

Facebook 有一个很优秀的发展策略。每次当它要推出新创意或新产品时，都会先在一个和全球用户结构很相似的小市场中进行小规模但有针对性的产品投放。假设 Facebook 有一款未来打算在美国推出的产品，那么它会先在加拿大投放。

加拿大市场就像一个微缩的美国市场。Facebook 可以通过在这样一个规模小但要素齐全的市场中进行产品投放，来测试产品的可行性，并获得用户的反馈。只要 Facebook 的产品可以在加拿大受到用户喜爱，那么 Facebook 就可以在美国全域进行产品投放。

随着技术的不断发展，自动化也成为项目的一个重要优势。实现自动化生产的项目往往有着很高的生产效率，这是吸引投资者的重要因素。例如，同一件产品，没有实现自动化生产的企业的单位生产量是 100 件，而实现了自动化生产的企业的单位生产量是 300 件。如果每件产品的获利都是 20 元，那么实现自动化生产的企业就可以为投资者带来更多收益。

出于这方面因素的考虑，投资者在进行投资决策时应该偏向那些可以实现自动化生产、实现规模生产的项目。自动化还能体现出企业的技术革新进程，如果企业一直故步自封，那么就很难有长远的发展。很多投资者并不看好此类企业，我本人也是如此。

现在很多项目都已经实现了低成本、可规模化、自动化生产。这些项目更具竞争优势和规模效益，因此是投资者进行投资的不二之选。

8.1.4 项目上线方案：时间 + 规模 + 迭代节奏

项目只有在合适的机会上线，才能为企业带来更多收入。在项目上线前，企业要做好准备工作，即制定完善的项目上线方案，项目上线方案通常包括三个部分：时间、规模与迭代节奏。投资者在投资前需要对项目上线方案进行分析与审核。

（1）企业需要对项目的上线时间进行精准预测。如果项目在资金入账后很长一段时间才上线，那么极有可能影响投资者的收益。因此，为了降低风险，避免后顾之忧，投资者要了解项目的上线时间。

（2）项目的上线规模也是投资者必须了解的要点之一。在这个方面，投资者要了解两个问题：一是项目的上线规模是多少；二是企业有无确定这个规模的依据。此外，投资者还应该进行多方面的调查，根据调查结果确定项目上线规模是否合理。

（3）一成不变的项目是不存在的，企业要根据市场变化不断优化项目，进一步提升项目的市场份额。如果项目的市场份额在很长时间内都是一个定值，那就意味着企业的收益可能在这段时间内没有增长，这不利于投资者获得更多收益。

投资者在分析企业的项目上线方案时要明确以下四个关键问题。

（1）企业何时会升级项目，策略是什么？

（2）何时可以实现市场份额的提升？

（3）企业用什么方法提升项目的市场份额？

（4）项目的市场份额要提升多少？

此外，项目上线方案要符合市场情况，方案中的时间、规模、迭代节奏等指标也要科学、合理。投资者要警惕创业者为了获得投资而过分夸大这些指标，以避免让自己遭受损失。

一个非常有意思的现象是：很多技术人员出身的创业者，其项目上线时间要比预想的慢一倍甚至更久。这是因为此类创业者往往把焦点集中在技术的可行性和产品的完善性上，而忽略了技术以外那些需要花费大量精力和时间的工作。所以，我在投资此类创业者时的习惯之一，就是将其项目上线时间往后推迟一些。

与技术类创业者相对应的，是商业类创业者。此类创业者往往在对运营策略和发展细节等方面的考量上表现得更好。但由于项目的研发进度大多由技术团队决定，因此，他们通常对项目上线时间没有绝对的控制力。对于这种情况，投资者在投资时也要加以注意。

而对于项目上线后的迭代和升级，企业可以在合理规划下，用最平稳的方式尽可能地提高用户满意度。以 Google 为例，其用户经常会发现自己使用的 Google 产品有了一些新功能，而这些功能不是每一个用户都有的。出现这种情况的原因是 Google 给一部分指定的目标群体增加了尝试性功能，这样一方面是为了测试产品性能，另一方面是为了兼顾服务器的容量问题。

我经常和朋友们说："凡事要有里、有面。"无论是项目上线时间，还是迭代节奏，都只是项目的"面子"，"里子"还是要落在核心竞争力上。这种核心竞争力往往来自项目的定位、功能、价格、使用体验等方面。这是无法凭借单纯的人海战略或者资金支持实现的。因此，在选择项目时，除了分析项目上线方案外，投资者还要考量项目的核心竞争力。

8.2 项目营销策略审核：能否赢得用户支持

营销是一个非常重要的环节。虽然有些企业认为，只要产品足够好，就不需要营销。但其实这种观念本身就体现了营销。通过营销，企业可以催生用户新的消费需求。例如，在美国，万圣节、情人节等很多节日都成了企业进行营销的契机。此外，一些企业还创造了特殊的"节日"进行营销，例如，阿里巴巴发起的"双 11 购物节"和亚马逊发起的 Cyber Monday（"剁手"星期一）。

生活需要仪式感，好的营销可以催生消费需求，让用户对产品产生更强烈的需求。要想取得良好的营销效果，企业就要制定一个好的营销策略。

8.2.1 设立营销目标：遵循 SMART 原则

企业在开展营销前一定要设立营销目标，否则很可能会像"无头苍蝇"一样到处乱飞，最终毫无效果。合理的营销目标可以让营销活动发挥出最大价值，促进产品的销售。无论是企业设定营销目标，还是投资者考察企业的营销目标，都可以遵循 SMART 原则进行。

SMART 原则由现代管理学大师彼得·德鲁克（Peter Drucker）提出，最早出现在他的著作《管理的实践》[①] 中。德鲁克认为，好的领导要懂得避免"活动陷阱"，他们不会因为只顾着低头"拉车"而忘了眼观四路、耳听八方，也不会忽略企业最重要的目标。SMART 原则一共由五个部分组成，如图 8-1 所示。

---

① [美] 彼得·德鲁克. 管理的实践 [M]. 齐若兰，译. 北京：机械工业出版社，2006.

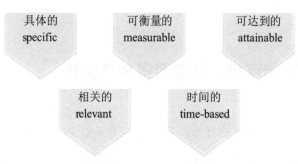

图 8-1　SMART 原则

1. 具体的

营销目标必须是具体的,要能用清晰、详细的语言阐述出来。几乎所有成功的营销团队都有具体的目标,而有的营销团队之所以没有取得成功,很可能是因为设定的营销目标不够具体,导致员工在执行时没有明确的方向。

例如,我曾经遇到过一个创业者,他说自己为企业设定的营销目标是"让产品被更多人知道"。这个目标虽然看起来挺具体,但其实并非如此,因为"更多"是一个模糊的概念。如果把这个目标改为"让知道产品的人增加30%",就会变得比较具体。

2. 可衡量的

营销目标必须是可衡量的,要有数量化及行为化的特征,同时还要有可以获得验证业绩指标的有效数据或信息。设定的营销目标明确而不模糊是可衡量的基本标准,同时还要确保投资者在衡量企业是否达成目标时有一组明确的数据作为参考。

营销目标是否能实现,取决于其是否能被衡量,一些大方向上的目标就非常不好衡量。例如,某营销团队设定了这样的目标:下个月要制定出有效的营销方案。其中,"有效"没有明确的衡量标准,投资者在对目标进行分析时也没有依据。

3. 可达到的

营销目标必须是可达到的，这是指企业设定的营销目标在努力后能够实现，不能过高或过低。试想，如果企业为了获得投资，使用不当手段把不符合实际情况的营销目标强加在员工身上，那么就很可能导致员工在心理或行为上产生抗拒，最终取得适得其反的结果。

4. 相关的

营销目标不应是独立的，而要和其他目标具有一定的相关性。如果营销目标与其他目标没有任何相关性，那么即使这个目标顺利实现了，意义也不大。

5. 时间的

营销目标的截止时间必须明确而清楚。投资者在分析企业的营销目标时，要看其有没有截止时间。如果目标没有一个明确的完成时间，那么目标完成的效率与进度就无法被有效衡量，目标的实现结果可能也不理想。例如，某企业的目标是"我们会把产品投放到微博上进行推广"，这个目标就没有具体的截止时间，因此投资者在分析企业的目标时就无据可依。

设定目标没有那么简单，企业除了需要提前做准备外，还要把握大局。而且随着新阶段的开启，营销需求也会发生变化，企业必须审时度势，及时对营销目标进行调整。这也是投资者需要重点考察的部分。

根据我多年的投资经验，我认为广告是 SMART 原则的一个非常经典的应用场景。例如，Google 对地域特征、目标群体、年龄、性别、广告投放时间等影响营销效果的因素都有非常具体且可量化的衡量标准，可以更好地满足 Google 进行广告营销的具体需求。

8.2.2 渠道策略：找到一个合适的渠道

渠道是触达并转化用户的手段，同时也是企业发力比较多的一个环节。对于投资者来说，分析企业是否已经找到一个合适的渠道至关重要。渠道代表着企业的营销水准及营销活动覆盖的范围。事实上，很多企业在产品质量水平上非常接近，但在渠道能力方面却相差甚远。

在互联网不断发展的背景下，渠道的创新性与多元化更加凸显其影响力。例如，以媒体平台为代表的内容渠道在治愈心灵方面有着天然优势，如果企业可以将媒体平台作为载体，进行持续的价值观表达和品牌传播，那么这种渠道将在很长一段时间内为企业和投资者带来利好。

在内容渠道方面，公众号、短视频等媒体的兴起无疑给营销与品牌建设方式带来很大改变。它们不仅颠覆了以流量为核心的金字塔结构，还为以 KOL（关键意见领袖）为核心的矩阵结构的形成奠定了基础，让更多中小型企业、新兴企业能够低成本、精准地触达垂直领域的用户。

对于企业来说，抖音、快手、微信公众号等内容平台为其提供了算法支持。同时，这些内容平台依靠强大的服务能力，以及优质的推广与消费体验，将内容生产者、内容推广者及用户整合在一起，在为他们带来更多价值的同时，也影响了他们的决策。例如，抖音标榜"15 秒提供一个新世界"，结合橱窗、鲁班商城、抖+、星图等功能，打造极具价值的内容生态。

除了内容渠道外，随着轻资产化和互联网思维的发展，实体线下门店也逐渐向渠道化的方向发展。现在很多企业都喜欢利用第三方实体销售渠道，来进一步树立品牌形象，提升收入。在这个过程中，渠道方和产品方进行双向选择，双方会根据自身的利益，来决定如何更公平地分配利润。

例如，手机壳、耳机、扫地机器人等产品的生产商，为了借助苹果公司的品牌效应来树立自身形象，而选择将自己的产品在苹果的线下实体店里出售。但这些生产商需要将 40% 左右的销售额分配给苹果公司。

而那些希望扩大产品覆盖区域、提高用户数量并且追求性价比的企业，则倾向于将 Costco 一类的商场作为销售产品的渠道。为了更好地执行销售策略，同时降低成本,很多企业会对在线下渠道销售的产品进行定制化调整。例如,在Costco销售的衣服,和在专卖店销售的同款衣服有不同的SKU(stock-keeping unit)标号,价格也不同。

无论是在内容渠道进行营销,还是在线下渠道进行营销,其本质都是促使消费者进行消费,为企业带来更多收入。用户的每种消费行为其实都是一种表达,用户在不同的渠道消费,其表达的内容也不同。企业要了解用户的表达背后潜藏的消费动机与消费心理,深度挖掘各种渠道的价值。

美国市场营销协会(American Marketing Association,AMA)曾经对渠道进行定义,并将其级别和结构分为四类,如表8-1所示。

表8-1 渠道级别和渠道结构

渠道级别	渠道结构
0级销售渠道	生产者→用户
1级销售渠道	生产者→零售商→用户
2级销售渠道	生产者→批发商→零售商→用户
3级销售渠道	生产者→代理商→批发商→零售商→用户
	生产者→批发商→中间商→零售商→用户

当一种产品的产能超过市场需求时,企业要将产品卖出去,就必须依赖渠道。面向企业的to B业务的渠道是代理商,面向用户的to C业务的渠道是零售店。规模化的大型仓储超市和连锁商店因此发展起来,它们掌握了一定的话语权和定价权,并逐渐对上游形成了控制。

如果说产品质量是第一生产力,那么渠道就是第二生产力。在"渠道为王"的时代,在商场、超市、服装批发市场、专卖店等重要场所,企业如果都能占据较大比例、产品摆得多、货架盘面大,那它就是一家赚钱的企业。因此,有人说"得渠道者得天下"。

如今,投资者要看企业的产品卖得好不好,需要看货架。货架在哪里呢?在用户的手机里,在天猫、京东、拼多多中。所以,与之前相比,现在的渠道和货架已经发生了变化。对于企业来说,天猫、京东、拼多多等平台除了是重要的渠道外,还是宣传的媒介。

随着消费个性化趋势日益凸显，用户对产品与服务的要求越来越高，渠道、流量带来的广告效应和转化率则逐渐降低。同时，随着经济的发展，铺租、流量、营销等需要花费的成本越来越高，如果企业还拿着"老地图"，那么必然找不到"新大陆"。

如今，以用户为中心的价值营销模式才是重要的。用户经济时代已经到来，这是投资者应该感知到的趋势，因此投资者在选择投资项目时要考察其是否以用户为中心，是否切中用户的核心需求。需要注意的是，与营销模式和渠道策略等相匹配的，一定是更强大的产品研发能力和执行能力。

例如，根据用户的需求和偏好进行定制化生产，可以使企业为用户提供的价值最大化。特斯拉就采取了这种策略，它允许用户定制自己的汽车，并在短时间内实现交付，由此形成强大的竞争力。毕竟1万辆定制汽车在综合价值和生产难度上要远远超过1万辆普通汽车。前者的竞争力是对后者的降维打击，投资者应该多关注前者，并尽量选择与前者合作。

8.2.3 营销团队及管理：有增长才有结果

有经验的投资者可能听说过一个风靡一时的名词——增长黑客。在营销过程中，企业都希望可以在不到5分钟的时间内获得10倍的增长。但事实上，这是很难实现的，因为真正的增长来自持续扩张的渠道以及营销团队的共同努力。

在这种情况下，企业必须有一个以增长为目标导向的营销团队，并且团队成员可以共同进步。在分析企业的营销团队是否合格前，投资者必须了解一些比较重要的问题。通过这些问题，投资者可以判断企业是否真的已经做好了充足的准备。只有真正做好了准备，企业的营销效率与效果才有保障，所带来的收益才更可观。

问题1：企业有没有为营销团队准备预算？

一般来说，营销团队是由一些经验丰富、能力强大的成员共同组成。投资者要确认企业是否根据实际情况对员工进行了分工与管理，并为整个营销团队留出了足够的预算和开发时间。更重要的是，投资者必须做好在短时间内可能不会获得收益的心理准备，毕竟有些投资需要以长远的眼光来衡量价值。

问题2：在有限的空间里，涌入的流量是否可以得到妥善处理？

营销团队付出大量的时间进行营销非常有必要，因为这有利于让品牌和产品实现病毒式传播。在营销过程中，当流量不断增多时，企业是否能对其进行妥善处理是投资者必须关注的问题。尤其对于刚创立的企业来讲，妥善处理流量确实是一件比较重要的事情，因此应该安排专门的员工来完成。对此，投资者必须提前把好关。

问题3：工程部门设定的发展计划有没有包含在增长目标中？

在新时代，很多企业都会有工程部门，该部门负责对相关技术进行把控，提升产品质量。不过，即使企业的规模特别大，经济实力十分雄厚，工程部门也不会有太多成员，毕竟他们只要负责自己需要完成的项目就行。而营销团队则不行。

随着企业不断发展，营销任务会不断加重，企业就需要扩大营销团队规模。在这之后，企业还需要规划项目和为不同类型的项目提供所需资源，并将营销团队分为"台前"和"幕后"两个部分。接下来，企业需要雇用既有招聘经验，又有增长技巧的专家，让他们去不断提升营销团队的能力。当然，在这个过程中，工程部门始终要得到足够的重视。

问题4：企业的增长可能来自哪里？什么样的产品可以参与到营销中？

投资者要对企业的增长情况了如指掌，了解增长可能来自哪里、增长是否有可持续性。而要想实现这个目标，投资者应该考虑很多问题，如企业使用的平台是什么、企业掌握了哪些先进技术、有什么独特的优势、在增长过程中可能会出现什么样的挑战等。

随着技术的进步和媒介的多元化发展，营销团队所扮演的角色在不断更迭。传统的营销方式大多是通过上门拜访、面对面沟通等形式促成业务合作。但互联网兴起后，营销团队通过更多元化的手段和方式，来实现从策略执行者到策略设计者的转变。这种转变也使营销效率和营销成果实现了跨越式提升。

在很多高科技企业中，有一个非常重要的部门——产品发展部。该部门的职责是对数据进行收集和分析，其在产品的开发、测试、投放等环节中起着决定性作用。而该部门的成员具备一种非常重要的能力——对广大消费者的需求进行挖掘和满足。

现在是数据时代，所以投资者还应该考察营销团队的数据能力。传统的营销团队将重点放在宣传和推广方面，并没有专门的数据人员对数据进行分析，因而很难将定位用户、寻找营销爆点等工作做好。而基于数据的新型营销团队则可以有效避免这种情况。

企业要充分挖掘数据的商业价值，以提高产品的转化率。为什么亚马逊发展得如此迅速？并不是因为它可以向消费者提供有用的信息，而是因为它可以向消费者提供快速决策和进行消费的捷径。

具体地说，消费者可以通过任何一个渠道购物。他们的消费往往是从一个渠道开始，在另一个渠道结束。例如，有些人会先在线上浏览产品的属性、价格、库存等信息，然后在线购买，由线下实体店送货。当然，他们也有可能选择直接到线下门店购买。

在这个过程中，消费者的每一个消费行为都会留下大量数据。如果企业充分利用这些数据，就可以为消费者提供一对一的个性化购买建议，从而优化消费者的消费体验，进一步激发其付费行为的产生。

除了亚马逊这类电商企业外，互联网企业也可以根据数据进行产品研发。这也就意味着，任何行业的任何企业都可以利用数据提升自己的竞争力。现在，很多企业都具有获取数据的能力，这些数据可以帮助企业完成很多工作。例如，利用这些数据，企业可以分析消费者偏好、创新商业模式和产品、开发更多业务、充分打开市场等。

由此可见，数据能力对于企业来说确实非常重要。而这也从侧面反映出：在营销团队中，数据人员的地位不可替代。所以，投资者要想更精准地考察企业的营销团队，提升最终的投资效果，可以考察数据人员的能力，并让数据说话。

8.3 项目风险全面预测

美国项目管理大师马克思·怀德曼（Max Wideman）将项目风险定义为某个事件的发生对项目造成不利影响的可能性。投资者需要预测项目风险，掌握与此风险相关的信息，量化此风险带来的损失。对项目风险的全面预测是一个渐进的学习过程，投资者需要不断提升自己，增强自己的风险识别能力。

8.3.1 项目有无风险性因素

如同我自己一样，其他投资者肯定也不愿意投资风险特别高的项目。为了更好地"避雷"，投资者要对项目进行分析，判断其有无风险性因素。企业会面临的风险性因素通常包括五种：战略风险、财务风险、商业风险、运营风险、政策风险。

1. 战略风险

战略风险是指对企业战略目标的实现造成影响的不可预估的事件。需要注意的是，如果是已经发生的事件对企业战略目标的实现造成影响，那么该事件不属于战略风险的范畴。内部和外部因素都可能带来战略风险，例如新品研发的风险、来自竞争对手的风险、政策变化的风险、转变行业方向的风险、企业收购与合并的风险等。

例如，金融行业很容易受到政策变化的影响，所以企业的合规性非常重要。我认识一个创业者，他的第一个项目失败的原因是在提供HR服务的同时还开展保险业务，而保险业务在美国是被严格监管的，与其相关的政策有很高的不确定性。他因此官司缠身，甚至差一点进监狱。

2. 财务风险

财务风险的表现形式是资金与债务、利息之间的关系，也就是资金是不是可以在偿还债务和利息的前提下支撑企业的正常运转。如果企业的债务和利息金额巨大，已经远远超过其资产总额，那就很可能导致发生财务危机甚至破产。

此外，收益分配风险也属于财务风险，是由于收益分配不合理而产生的风险。各股东得到的分红过少会引起他们的不满，他们可能会采取诸如抛售股票、罢免高层等措施。这不仅会阻碍企业经营，还会导致企业发生财务危机。因此，企业一定要有科学、合理的收益分配方案。

财务造假也是一种财务风险，会对投资者的收益造成严重影响。

曾经有一家很有潜力，也很有知名度和影响力的企业，我暂且称它为WD（化名）。2020年6月，该企业接受一家会计师事务所的审计，但对方发现其储存在菲律宾银行的19亿欧元现金下落不明，无法核实。

后来菲律宾银行发布声明，称WD不在自己的客户名单中，该企业提供的银行相关文件和凭证都是伪造的。结果在短短的一个星期后，该企业便向法院申请破产，甚至还被曝出欠下近40亿美元的债务，其股价也迅速下跌，很多高管纷纷撤离。

最终，调查结果显示，WD的高管涉嫌与他人合谋，通过对业务进行伪造来夸大收入，试图营造一种企业财务实力雄厚的假象。此做法使该企业成功获得了32亿欧元的投资。WD的做法是一种欺诈行为，其投资者因为该事件而遭受了很大损失。

3. 商业风险

商业风险是企业所处外部环境发生变动而导致的风险，主要包括以下几种。

（1）信用风险。信用风险是企业不能履行与其他企业签订的合同条款而引发的信用危机。它会损害企业信誉，进而使投资者遭受严重损失。

（2）市场风险。市场风险有产品市场风险和金融市场风险两种。产品市场风险包括市场需求发生变化的风险，新产品出现后引起的旧产品滞销、价格下降等损失，以及原料价格上涨导致的高成本损失。金融市场风险指的是银行利率、外币汇率等金融市场发生变化给企业造成的不可预计的风险。这两种风险都会影响投资者的收益。

（3）法律风险。企业违反法律法规或与其他企业发生法律纠纷都会给企业带来法律风险。存在法律隐患的企业显然不适合投资，因为它会给投资者带来极大损失。

（4）技术风险。企业对技术的依赖性过强，或者对产品所依托的技术的发展速度进行了错误预判，就可能引发风险。例如，硅谷曾出现虚拟现实（virtual reality，VR）泡沫。该技术在当时刚兴起，很多企业拥有的 VR 技术无法满足项目发展的需求，因此很多专攻 VR 领域的企业接连倒闭。随着近几年 VR 技术的发展，以及 5G 技术的广泛应用，早年 VR 领域的发展为当下正在兴起的元宇宙概念提供了肥沃的发展土壤。

所以，技术风险也有一部分来自时间维度。有人开玩笑说："在技术跟不上的情况下，'先锋'可能变成'先烈'。"因此，投资者在考量投资项目时，对于应用场景与技术发展速度相契合的问题一定要多加留意，否则很可能会做出让自己后悔的选择。

4. 运营风险

运营风险是由于业务流程不完善、员工工作失误或外部因素变化导致企业运营失败或运营活动无法达到预期目标而造成经济损失的可能性风险。这种风险的危害可大可小，投资者要谨慎识别。运营风险可能来自企业内部，也可能来自企业外部。但大多数运营风险主要还是产生于运营过程中，包括信息系统安全风险、供应链风险、产品质量控制风险等。

5. 政策风险

各国市场情况不完全相同，政策及其发展方向对市场影响的大小也有所区别。投资者一定要仔细考量企业未来可能面临的政策风险，此类风险一旦爆发，企业很有可能遭受巨大损失。例如，教育行业、网约车行业，它们的发展都会因为政策调整而受到影响，一些企业甚至因此倒闭。

上述风险都是可能潜伏在企业中的风险，所以投资者应该对企业各环节加以分析，从而对这些风险进行排查和规避。

毫无风险的企业几乎是不存在的，比较理想的状态是企业面临的风险不多，这样投资者的收益可以得到足够的保障。但投资者也要对企业提供的信息的真实性进行分析，警惕企业刻意隐瞒风险。

8.3.2　风险爆发的可能性事件

在起步阶段，大多数企业为了存活而不得不将各种资源利用到极致。这种状态通常被称为 stretch the limit（拉扯限制）。无论发展顺利与否，处于这种状态的企业和团队就宛如一个"火药桶"，任何事件都有可能成为导火索，给其造成巨大冲击。

因此，促使风险爆发的可能性事件是投资者在进行风险分析时应该关注的重点。这类事件可能来自企业内部，也可能来自外部，甚至可能是内外部事件的叠加。例如，利率上调、财务预期失误、收益分配不合理等都可能引发财务风险。

为了将企业的风险了解得更透彻，投资者应该明白何种事件会对企业造成损害。例如，一个餐厅可能会面临比较大的产品风险。该餐厅主营中式餐品，尽管其产品经过设计和优化，但独特性并不明显，很容易被行业竞品模仿，从而出现雷同现象。雷同产品的出现，就是引爆企业产品风险的可能性事件。

在分析引爆风险的可能性事件时，投资者要考虑以下两个问题。

（1）如何设定风险事件？

（2）风险事件的数量是否很多？

首先来说第一个问题。投资者应该将爆发概率比较高的事件设定为风险事件。例如，一家企业在财务方面没有太大问题，但利率是一个无法确定的因素，那么投资者就可以将利率上调设定为这家企业的风险事件。

再来看第二个问题。企业面临的风险事件不应该太多，一般来说一个就足矣。企业的风险事件太多，就意味着它发生风险的概率大。对于投资者来说，这样的企业不具有竞争优势，它会对投资者未来获得的回报产生严重影响。所以，投资者要重点考察企业的风险事件是否过多。

8.3.3　计算风险造成的投资损失

风险一旦爆发，会给企业造成损失，甚至会使企业倒闭。而风险给企业带来的损失可能是财务方面的，也可能是生态方面的。在我看来，生态方面的损失要比财务方面的损失更严重，因为财务方面的损失最坏的结果就是企业负债累累、破产倒闭，而生态方面的损失不仅面向企业，还可能会危及周围无辜人员的生命，破坏生态环境。例如，仓库大爆炸事故，其造成的损失是很难用金钱衡量的，而发生事故的企业也将面临发展挑战。

当企业发生风险后，投资者的收益必然也会受到影响。所以，投资者必须做好风险分析预测，尽可能避免出现财务损失和生态损失。

中国人寿保险公司在两天内相继在纽约交易所和香港联交所挂牌上市，募集资金34亿美元。但成功上市的喜悦还未散去，相关部门便公布了其当年的审计报告。报告披露，该保险公司存在重大违规行为，涉嫌吸收各类违规资金约54亿元，需要缴纳税金和罚金共计6749万元。

后来由美国投资者聘请的代理律师事务所 Milberg Weiss 宣布，其拟代理投资者对中国人寿保险公司提起诉讼。该律师事务所声称中国人寿保险公司及其部分高级管理人员违反美国《证券交易法》，在募股期间没有披露不利事实，给投资者造成了损失。

在上述案例中，中国人寿的损失是十分巨大的，投资者虽然对其提起了诉讼，但自身利益肯定也受到了一定的影响。事后调查显示，这个事件其实是可以避免的,而它之所以会发生,就是因为企业和投资者都没有对风险引起重视。

雅虎曾经在 2016 年披露了两起分别发生于 2013 年和 2014 年的数据泄露事件,这两起事件分别影响了 10 亿名和 5 亿名用户的隐私安全。2017 年,雅虎又将相关数据调整,表示受到影响的用户数量达到了惊人的 30 亿名。这两起事件成为互联网史上最大的数据泄露事件,在短期内对雅虎的形象和市值造成了巨大冲击,导致很多二级市场的投资者损失惨重。

这再次告诫投资者必须增强风险意识,不要等损失发生了才追悔莫及,而应该在投资前充分了解企业的风险,确认企业有应对风险的方案,给自己吃一颗"定心丸"。

8.3.4　审核被投企业的风险控制与管理方案

"居安思危"是一个非常有道理的词语。对于企业来说,这意味着即使处在一个安全的环境中也要时刻提防风险的来临,在风险发生前就要想好解决方案,并在风险来临时从容不迫地应对。这也是企业风险管理与控制的目标。

风险管理是对企业内部可能产生的各种风险进行识别、衡量、分析、评价,并采取及时、有效的方法防范风险,用最经济、合理的策略处理风险,以实现安全保障最大化。风险控制则是企业采取各种措施,以减少风险发生的可能性及风险发生时造成的损失。

在企业发展的过程中,总有一些事件是不可控的,所以风险总是存在的。优秀的企业会采取风险规避、风险转移等措施,以降低风险发生的可能性,并将可能造成的损失控制在一定的范围内,从而防止风险发生给企业造成难以承担的后果。

风险管理与控制是一个不可分割的整体,最终的目的都是避免风险的发生和在风险发生时将损失降到最低。投资者在进行这方面的审核时要着眼于风险控制。通常大多数企业都会采取积极的方法控制风险的发生,甚至还会设立专门的风控部门，聘请有经验的风控专家。

在控制风险方面，GE做得非常不错。GE前董事长杰克·韦尔奇（Jack Welch）退休后，新任董事长劳伦斯·卡尔普（Lawrence Culp）发现，企业大部分的收入都来自保险业务，抵押物都是企业的资产。虽然保险业务曾为GE带来了巨额收入，但一些突发事件使GE进行了巨额赔付，由此产生了巨大亏损。

为了减少亏损，降低风险，GE被拆分为三家公司：GE航空、GE医疗，以及由GE可再生能源、GE发电、GE数字集团合并而成的专注于能源转型业务的GE能源。与此同时，GE计划在几年内推动这三家独立公司分别上市。

劳伦斯·卡尔普曾经公开表示，将GE拆分为三个处于行业领先地位的上市公司后，每家公司都可以更好地完善自身业务，从更科学、合理的资本配置策略与运营方案中受益，从而帮助用户、投资者、股东、员工实现长期成长，使GE获得更好的发展。

我认为控制风险的最佳手段是根据企业的实际情况，在风控专家的指导下制定多个风险应急预案，为应对企业可能发生的风险做好最充足的准备。这样当风险真的发生时，企业可以从中挑选一个最佳预案应急，从而尽力将自己和投资者的损失降到最低。

第 9 章

创业者筛选：投资是看人的艺术

影响企业发展的因素很多，企业能否成功具有很大的不确定性。这种不确定性使得"人"这一因素在创业过程中显得尤为重要。一个创业者如果能够随时随地处理突发事件，具有很强的解决问题的能力，那将是非常难得的。一些创业者过于追求对不确定因素的规避，尽管这可以在一定程度上控制风险，但也有可能让企业错过发展良机。

投资者要想做好投资，尤其是早期投资，必须能够慧眼识英才，即看到一个创始人的潜力。创业的过程其实也是创业者不断进行自我学习、自我成长的过程。创业者不一定能意识到自己的潜力有多大，所以，能够在项目早期、创业者还非常青涩的阶段，就看到其未来发展的可能性，是优秀的投资者所具有的一种很了不起的能力，也是优秀的投资者之所以能获得投资成功的一个重要原因。

所以，筛选综合实力强的创业者对于投资者来说非常重要。真正有远见和格局的创业者，会在为企业做决策时权衡好利弊，而不会被短期的利益所蒙蔽。投资者要从创业者的一些行为中了解其人品，这在某种程度上要比分析其商业逻辑更重要。

9.1 如何寻找好的创业项目

投资者一般会依托自己的社交资源和熟悉的融资机构来寻找项目。因为在熟悉的人际关系里，投资者能更准确地判断团队、项目、创业者个人等的背景与实际情况。以我曾经参与投资的几个项目为例，Chime Bank 来自好友推荐、Gmail 来自 X-Googler（由曾经在 Google 工作的员工组成的团队）、"Weee！"来自华人社区。

当然，投资者也可以通过其他渠道寻找项目，如创业孵化平台等。但是，要想成为一名优秀的投资者，建立自己的社交圈并拥有正面的反馈和名声非常重要。

9.1.1 让自己身边的人引荐

如果有人信任投资者，愿意将自己的社交资源引荐给投资者，那么这意味着他愿意为投资者的表现承担风险与连带责任。这种信任在投资过程中是非常珍贵的。

徐小平就是在朋友的引荐下才认识聚美优品的创始人陈欧的。聚美优品也是徐小平投资的一个比较成功的项目，这个项目为其带来了数千倍的回报。当陈欧为游戏对战平台 Ggame 寻找投资者时，他的斯坦福大学校友、兰亭集势创始人郭去疾非常看好这个项目，于是向自己的好友徐小平引荐了陈欧。见到陈欧后没多久，徐小平便决定给他投资 50 万美元，占股 10%。但当时因为陈欧的学业问题，徐小平的投资也就暂时搁置。

两年后，陈欧留学归来，又一次遇到徐小平。在陈欧简单介绍了自己的游戏广告项目后，徐小平没有任何疑问，当即决定投资18万美元，甚至还将自己在北京海淀区的房子低价租给陈欧作为办公场地，让他能更安心地运作项目。

随着市场的变革与创新，陈欧发现线上化妆品是一个不错的盈利方向，而且该领域还缺少权威性企业。于是，陈欧在做着游戏广告项目的同时，上线了团美网（聚美优品的前身）。团美网凭借正品、平价的优势，通过口碑相传在短期内发展迅速，而后更名为聚美优品。

随后，在徐小平的支持下，陈欧将之前的游戏广告项目全部停掉，专注于聚美优品的发展。徐小平也因此获得了很多回报。

徐小平借助朋友的引荐找到合适的创业者陈欧是非常幸运的。这也启示其他投资者：平时应该多积累一些社交资源，因为这对自己寻找投资项目有利。

正在寻找项目的投资者应该尽可能地将相关信息传播到自己的社交圈里。无论是家人、朋友，还是同事，他们都有可能为投资者引荐比较好的项目。如果为投资者引荐的人恰好是创业者的熟人，那么投资者在投资时可以更放心。这就是信任的力量。

9.1.2 充分利用媒体关系网络

运用媒体关系网络经营人际关系是一种十分常见的方式，微信、微博就是很好的媒介，当然也包括公众号、朋友圈、评论、超级话题等。此外，投资者还可以在一些比较知名的搜索引擎上寻找与项目有关的信息，如Google、百度、搜狐等。

现在网络越来越发达，在线上寻找项目的方式受到很多投资者的青睐。例如，投资者可以在媒体平台上给手里有项目的创业者发私信，沟通项目相关的问题。很多企业的微博、抖音、论坛等社交平台都是对外公开的，投资者可以利用这些平台的私信功能与创业者进行沟通和交流。

就我个人来说，无论是我个人的抖音账号，还是在得到、知乎等平台的知识分享，都帮助我接触了更多创业者，也让我有了更多接触项目的新型渠道。

除了公开的社交媒体外，投资者也可以使用微信、QQ 等比较私密的社交媒体，这从本质上来说还是借助了投资者的社交资源。众所周知的电影《西游记之大圣归来》（以下简称《大圣归来》）就是依靠微信拿到了 780 万元的投资，才得以顺利发行并获得高票房的。

在上映之前，《大圣归来》已经筹备了近 8 年的时间，团队的压力非常大。路伟作为电影的出品人，表示如果按照"老套路"来运作，那么《大圣归来》的票房最多只能达到 1 亿元。业内很多资深人士更悲观，预估其票房大约只有 8000 万元。

在这种情况下，路伟想到一个办法：在微信朋友圈发消息，为《大圣归来》众筹。他用寥寥数语说明《大圣归来》是一部动画片，制作非常精良。而且，他还果断做出了"保底分红"的决策，因为他相信电影不会亏本。

出乎意料的是，路伟发了朋友圈后，当天就有超过 70 位朋友加入了名为"大圣电影众筹"的微信群，4 个小时便募集到 500 多万元的资金。一个星期后，《大圣归来》共募集了 780 万元的资金，获得了 89 名投资者参与投资。这些投资者以个人名义入股了《大圣归来》的领衔出品方"天空之城"，从而参与到这部投资合计约 6000 万元的电影的发行中。

有路伟微信并能看到其朋友圈的人几乎都是他的家人、朋友或合作伙伴，他们为《大圣归来》投资的方式是比较新颖的。但需要注意的是，投资者在这种方式下做出投资决策的前提是其对项目发起者非常信任，因此相信项目一定能给自己带来可观的回报。

在业内有名气或有影响力的投资者通常具备强大的社交资源，投资经验也很丰富，即使不需要对项目和企业进行详尽调查也可以放心地投资。此类投资者借助社交媒体寻找项目应该是一件比较容易的事，但前期的人际关系积累必不可少。

9.1.3 经常浏览创业孵化平台

创业孵化平台上往往有很多知名的大众创业导师、天使投资者,而且平台还会定期举办一些由项目创始人报名参与的路演。在路演时,创业孵化平台负责主持,企业负责对项目的市场前景、商业模式、团队情况等进行讲解,导师、投资者则会与之交流、探讨。在这个过程中,投资者可能会找到自己比较心仪的项目。我平时也会针对高校、创业社群等特定的人群和对象举办相关活动,从而找到志同道合的合伙伙伴和创业者。

在浏览创业孵化平台时,投资者对项目的投资决策往往取决于其和创业者的思路是否一致。这种一致大多体现在爱好上。双方可以围绕共同的爱好建立起熟悉感和信任感。例如,约着打一场网球或高尔夫,活动花费的时间不多,却可以让双方迅速了解彼此。

创业者和投资者花时间去交流,在彼此之间建立起强大的信任关系,是非常有必要的。创业者作为某个行业或领域的专家,应该抱着一种分享观点的心态与投资者进行交流和沟通,而不可以总是一味地卑躬屈膝。对于创业者和投资者来说,最好的关系应该是平等且相互尊重的,这样的关系有利于双方更好地进行接触、谈判。

说到这里,我想起了李竹和王兴的故事。李竹是英诺天使基金创始合伙人,曾经与我一同创立清华企业家协会人工智能委员会。他投资过王兴的早期项目,但并没有成功。后来王兴创立美团时,给予了他一些股权作为补偿和感谢,从而让二人的关系有了更进一步的发展。

除了创业孵化平台外,投资者旗下的企业都会有自己的官网,官网上有专门用于接收项目邮件的邮箱。这类邮箱的名称格式通常是 bp@vcname.com。但投资者通过这个渠道找到优质项目的概率非常低,原因主要有以下两点。

第一,需要通过向企业的邮箱发送商业计划书的方式来寻找投资者的创业者,往往缺乏甚至没有相关的社交资源。也就是说,投资者可能对这些创业者完全不了解。这些项目大多来自投资者不熟悉的圈子,这对投资者判断企业和团队的实际情况提出了较高要求。

第二，投资者每天会收到大量邮件，其中不乏创业项目，但这些项目的质量却参差不齐。投资者想要从大量的邮件中找到有价值的项目，就要投入大量的时间和精力，而投资者的时间很宝贵，所以通常只会选择性价比最高、较为节省时间的方式筛选项目。

结合以上两点来看，邮箱中的商业计划书更适合作为投资者的备选方案。

9.1.4　与融资机构合作

在硅谷，有罗恩·康威（Ron Conway）、杰夫·克拉维尔（Jeff Clavier）、迈克·梅普尔斯（Mike Maples）等知名投资者；在中国，也有张野、祁玉伟、陈向明、徐小平等天使投资者。可以说，投资者遍布世界每一个角落，他们中有一些是曾经创立过企业、然后又将企业卖出、手里有资金的前创业者，有一些是投资领域的专业投资者，还有一些是投资基金的创始人。

投资者的时间非常宝贵，基本不可能每天都和创业者见面。但如果是业内知名的融资机构引荐的项目，那么投资者还是愿意与创业者见面详聊的。因为融资机构往往经验丰富，而且对业内比较有前景的项目有一定的了解。

融资机构也很可能成为创业者的"敲门砖"，毕竟单凭一些融资机构的名气，就足以让部分投资者愿意坐下来与创业者详谈。但投资者在做出投资决策前，还是要考察创业者究竟有没有真本事，毕竟投资者不能无条件地成为每个创业者的"守护天使"。

需要注意的是，在寻找项目的所有渠道中，与融资机构合作是容易引起争议的一个渠道。有些融资机构做决策的速度比较慢、附加值低下，而且还会向企业提出比较苛刻的条款，从而使投资者和创业者之间的投融资合作举步维艰，甚至会让投资者错过优质项目。

如果投资者准备与融资机构合作，那么应该提前对其声誉和相关业务流程进行了解，也需要对其引荐的项目进行分析，尽量不要让自己陷入被动局面。

9.1.5 社交达人霍夫曼的投资之路

在硅谷，有这样一个人：其一手打造了领英（LinkedIn），曾经在PayPal担任COO一职，是推动PayPal发展的核心成员，又为Facebook、Zynga、高朋（Groupon）、爱彼迎等企业投资。他就是被称为"社交达人"的里德·霍夫曼。

很多有创业想法的人都想见霍夫曼，希望可以和他坐下来聊聊项目、谈谈技术。他有丰富的创业经验，十分清楚地知道应该用什么方法获取第一批用户、如何打造产品的差异化、如何在保持理智的情况下冒一些风险。

霍夫曼说过："我的工作经历，让我有直觉判断伟大的创业者应该是什么样的。"他认为，创业者要仔细考虑什么对企业最好、什么对用户最好等问题，这样的创业者更值得投资者信任。换言之，投资者在投资时要考察创业者，判断他们是否知道如何打造更好的企业和更优质的产品。对于创业者来说，一个比较明智的做法是把自我放在一边，在充分发挥能力的基础上请别人提意见和建议，此外，也可以做一些个人反思。

在投资时，企业对市场变化的防范措施与反应速度、对资源配置的优化方案等也是霍夫曼非常看重的部分。简单地说，一家优秀的企业要有不同的计划，当A计划行不通时，应该有B计划、C计划、D计划、E计划等做备用，否则就很可能陷入危机。

霍夫曼在投资时就是这样做的，他给自己制订了一系列计划。例如，他在投资PayPal时（A计划），还在忙着建立自己的企业（B计划），同时也在思考要不要投资另一个项目（C计划）。这样如果无法投资PayPal或者不能从PayPal那里获得收益，那么他至少还有通过B计划、C计划盈利的机会，因而不会让自己一无所获。

在霍夫曼投资PayPal的过程中有一个小插曲，也正是因为这个小插曲，才促成了一个非常好的创业主意的产生。2000年，PayPal的年收入大约为1200万美元，但霍夫曼知道，如果2001年的年收入不能达到1500万美元，那么PayPal就会面临破产的风险。

在这种情况下，霍夫曼打算帮助PayPal度过危机。于是他便与PayPal的核心成员一起讨论企业未来的发展方向，并分析了盈利状况、成本结构。后来他自己提出了一个办法——让在场的人想一个创业主意，帮助 PayPal 设定一个 B 计划。

当时霍夫曼的想法是"所有人都应该建立一个极具个性化的档案，让自己可以在网上找到想找的人"。这个想法看似没有什么特别之处，后来却成为领英早期发展的缩影。2002 年，PayPal 被 eBay 以 5 亿美元的价格收购，霍夫曼也获得了相应的回报。

从 A 计划到 C 计划、从创业到投资，霍夫曼似乎都做得不错。这主要得益于他有丰富的社交资源，并愿意向成功的人学习，进而发现潜藏在身边的好项目。无论是与创业者进行电话沟通，还是面对面聊天，当创业者做了自我介绍及项目介绍后，通常他会立即联系创业者提到的中间人，以核实情况。只有确认中间人是可靠的，他才会继续考虑是否要对项目投资。

对于广大投资者来说，社交资源确实非常重要。如果在每次投资前，投资者都可以借助自己的社交关系网找到 1～5 个甚至更多中间人为项目背书，那么这个项目的成功概率会更高。霍夫曼在选择合作伙伴时，也倾向于优先考虑已经在其社交关系网中的人。

投资者随意找项目，面临的风险比较高，而社交关系网则为投资者提供了共享信息的平台。这对于核实项目的真实性和后期的尽职调查来说非常重要，它可以降低项目失败的概率。

霍夫曼曾经表示，他与扎克伯格的相识就得益于社交视频网站 Napster 的创始人肖恩·帕克（Sean Parker）。所以，只要投资者的社交关系网足够大，又何愁没有更多机会找到好项目呢？

在以硅谷为代表的项目聚集地，各投资者之间的竞争十分激烈。在这种形势下，有些投资者却能同时收到多份商业计划书，这得益于他们的社交关系网。从这个角度看，与竞争对手抗衡的一个有效方法就是比他们更快、更敏捷。当然，要达到这样的效果，社交关系网必须足够大，社交资源也要足够丰富。就像霍夫曼，对于他来说，钱可能不是最重要的，社交资源才更有价值。

9.2 对创业者进行分类筛选

为了让投资更顺利,也为了节省时间和精力,投资者应该将创业者分类,并以此为基础与创业者进行更进一步的接触。

9.2.1 与投资者具备高匹配度的创业者

有一类创业者与投资者的匹配度非常高,这类创业者可遇而不可求。对于投资者来说,他们是很好的"摇钱树"。他们不会只是纸上谈兵,也不会以一种高高在上的态度对投资者提出的问题指手画脚或者在获得投资后就什么都不让投资者插手。

其实很多时候,创业者作为企业的领导,应该有自己的节奏和计划,而投资者则可以为其提供有效的意见和建议。优秀的投资者知道"只帮忙,不添乱"的投后原则,但这绝对不是对任何事都不管不顾。对此,我给投资者的建议是,在投资完成后,投资者可以把自己想象成企业中的一员,甚至将自己想象成企业的创始人之一。如果投资者基于平等的关系与创业者相处,那么提出的意见和建议会更中肯,给企业的资源才是真正的雪中送炭。

纽约一家游戏企业 Omgpop 的创始人查尔斯·福曼(Charles Forman)非常幸运地拿到了有"硅谷教父"之称的传奇天使投资者罗恩·康威的投资。当 Omgpop 面临破产时,罗恩不仅为其提供资金支持,还四处寻求让企业走出困境的方法,并对创始团队保持信心。而福曼则会认真地倾听罗恩的想法,非常感谢罗恩为企业做的所有努力。

对于罗恩来说,福曼便是非常合适的创业者。两人的合作结果也非常显著:Omgpop 推出 Draw Something(你画我猜)社交游戏,一夜爆红,成功地以 2

亿美元的价格出售给Zynga。以福曼为代表的创始团队与以罗恩为代表的投资者都获得了可观的回报。

除了投资者和创始人之间的匹配度外，创始团队中的成员的匹配度也非常重要。如果他们的匹配度很高，那么他们就可以携手努力，将项目打磨得更好，让企业获得更好的发展。

以Google的创始团队为例，其成员的匹配度就非常高。Google的两位创始人拉里·佩奇和谢尔盖·布林都是计算机领域的专家，而且他们的性格和能力非常互补：一个喜欢安静，乐于思考；另一个比较外向，擅长处理细节。他们二人不仅有技术基础和行业远见，还对自己的理想非常坚持，愿意脚踏实地地做一些事。

而后来加入Google的埃里克·施密特也和拉里·佩奇、谢尔盖·布林形成了明显的互补。埃里克·施密特也是计算机专家，对很多技术有深刻的理解和洞察，也有丰富的经营与管理经验，能够理解并尊重两位创始人对技术的钻研，帮助他们更有效地把技术和商业结合起来，找到有利于企业健康成长的经营与管理方案。

无论是经验丰富的成熟创业者，还是初出茅庐的新手创业者，投资者一旦选中他们就意味着看中了他们的个人能力及其所做项目的潜力。投资者随着创业者一路创业、一路成长，即使一个项目失败了，只要这个创业者坚定不移，总有一天会有所成就。

阿里巴巴、腾讯、聚美优品、eBay、PayPal等互联网企业都有不离不弃的早期投资者。对于投资者来说，如果之前一直投资，最后却没有投资创业者唯一做成的项目，岂不是很遗憾吗？因此，作为投资者，应该意识到创投关系的重要性，在遇到与自己合拍的创业者时，要给予其足够的信任，做好与其展开长期合作的准备，这样最终会获得双赢的结果。

9.2.2 有想法，投资者无需过度插手的创业者

对于投资者来说，创业者的想法和项目是否有潜力非常重要。为了获得投资，有些创业者往往会尽可能向投资者输出简练、完整、重要且有效的信息。另外，对于无法确定来源和精准度的行业新闻、知识等信息，这些创业者也会在进行判断后有选择地传达给投资者。

如果投资者无法解决企业难题，没有能力提供创业者所需的资源，却试图随意打乱创业者的节奏，点评、指摘创业者的决定，那么创业者将难以专注于业务发展。这不仅会阻碍企业进步，也会使整个投资过程充满坎坷。

众所周知，雷军是小米公司的创始人。除此之外，他还是一名优秀的投资者。自2004年至今，他作为投资者和顺为基金的创始合伙人，投资了移动互联网、电子商务、互联网社区等领域的多家初创企业。其中，金山软件成功登陆港股市场、猎豹移动成功登陆纽交所、欢聚时代和迅雷成功登陆纳斯达克……

在近20年的投资生涯里，雷军积累了深入且丰富的专业知识，对产品研发、市场推广、销售、管理等环节无一不通。每次创业者有什么问题，他都能提出建设性的意见。尽管如此，他却从来不会随意干涉自己投资的公司。对此，他曾经说道："投资人尽量不要打扰创业者，只带来创业者真正需要的帮助就行。"

没有投资者愿意承认自己对创业者的帮助是添乱，但事实上给创业者提供不需要的帮助就是添乱。有的投资者对创业者很热情，今天为其介绍一个人才，明天又布置一个饭局。这反倒会让创业者感到困扰。要知道，创业者有自己需要做的事，不可能有太多时间和精力去应付别人。而投资者也应该把重心放在创业者需要的地方，不能总是想当然地把自己的想法强加给对方。

在与创业者合作时，投资者不应该过多地干涉创业者。如果投资者每天都为创业者安排一些不重要的事，在创业者管理企业时又指手画脚，那么创业者还如何专注于企业发展呢？因此，投资者要明白一个道理：是创业者在创业，自己最好尽量减少"噪声"。

9.2.3 需要投资者给予足够信任的创业者

在投资过程中，投资者可能会遇到综合实力比较弱的创业者。对于此类创业者，投资者应该秉持正确的态度，同时要提高警惕，在谨慎分析项目和企业具体情况的基础上做出投资决策。这与结婚和恋爱的道理其实是一样的。

在结婚前的恋爱甜蜜期里，情侣眼中可能只会看到对方的优点，认为对方就是真爱，因此会很容易忽略对方的缺点。如果投资者在投资时也是如此，只看到创业者的优势，而对创业者的劣势熟视无睹，那就可能遭受损失。例如，投资者在投资后也许会发现创业者只有创意，执行力不足，而且没有很丰富的管理经验。此时投资者往往只能对自己当初的决策感到后悔。

此外，因为创业者和投资者可能没有那么匹配，所以二者出现矛盾的概率也比较大。当投资者与创业者产生矛盾时，很有潜力的项目也有可能因此而以失败告终。从这个角度来看，学会"投人不疑"对于投资者来说有着重大意义。如果投资者在经过仔细思考后觉得项目很不错，企业运营得也比较好，决定向创业者投资，那么就必须对创业者深信不疑。

投资者只要决定投资，就必须全心全意地相信创业者，不要总是对创业者的能力产生怀疑。这是投资者应该有的素养。

9.2.4 有顺序地接触各类创业者

在设计与创业者接触的顺序时，投资者可以采用这样的思路：先接触有想法、自己无须过度插手的创业者；再接触需要自己给予足够信任的创业者；最后接触与自己匹配度高的创业者。对于投资者来说，这样做可以提升投资的成功率，也有利于为自己留下最好的"后路"。

与投资者匹配度高的创业者一般会有比较丰富的实践经验，对企业和项目也有比较深入的了解。如果投资者与他们合作，投资工作会更得心应手，投资效率也会更高。但是，投资者最好在最后接触此类创业者，因为他们在寻求投资的同时也会对投资者的综合实力进行考量，也很有可能要求投资者提供比较多的资金和资源，进而影响投资的成功率。

反之，综合实力弱一些的创业者虽然与投资者不是那么匹配，但他们对投资者往往没有太高的要求。如果他们的项目确实不错，那么投资者在投资时也更有把握。

2021年，投资者查尔斯（Charles）与一家初创的芯片设计企业达成投资协议。近几年，他已经成功投资了很多家企业，尤其是互联网领域的企业。并且在投资过程中，他充分表现了自己的投资智慧，除了极少数的失败案例外，他进行的大部分投资都获得了丰厚的回报。

其实早在2016年，查尔斯就凭借敏锐的投资"嗅觉"，发现了一家具有巨大发展潜力的企业，并向其投资200万美元。2017年，他又继续向这家企业投资1000万美元，并成功获得了33%的股权。在第二次投资的两个月后，这家企业就顺利上市了，他也凭借自己的超高股权比例赚得盆满钵满。

另外，查尔斯还将目光投向人工智能领域，向一家致力于研发人工智能的企业投资400万美元，获得了21%的股权。这家企业凭借投资"起死回生"，在短短一年半的时间内就在美国的纳斯达克顺利上市。这家企业上市后，查尔斯在股价最高时出售了自己的股份，成功套现上千万美元，获得了惊人的回报。

查尔斯不断投资，获利颇丰，一方面是因为他能够慧眼识珠，另一方面是因为他的经验比较丰富，管理能力强。同时，这也得益于他对投资范围不设限，不会只选择那些已经成熟的项目，而是愿意给一些经验尚浅的创业者机会。

像查尔斯这样以"广撒网"的方式做投资是可以的，但前提是要有强大的心理素质和能够识别好项目的慧眼，否则投资者还是应该按照既定的顺序与创业者接触。

9.3 与创业者接触的四大关键问题

创业者与投资者是利益共同体，双方的目的都是把企业做大、做强，让企业快速增值，最终顺利上市。为了达到这个目的，双方必须进行深入接触，把一些事讲清楚。对于投资者来说，见面之前的准备、见面的时间和地点、是否要带其他人赴约等都是需要认真考虑的问题。这些问题与投资能否成功有很大关系。

优秀的投资者在与创业者接触的过程中可以看到创业者的潜在价值，也会利用自身资源去成就创业者。

9.3.1 与创业者见面之前，需要做什么

在与创业者见面之前，投资者最应该做的就是对其背景、过往经历等进行调查。投资者可以先和创业者交换名片，然后再去网上查询与其相关的信息。如果网上没有披露过创业者的信息，那么投资者也可以直接询问创业者是否了解项目所处行业，了解其对行业的关注程度。

在硅谷，一些比较成熟的投资机构，都会用自己的方法来追踪和梳理项目信息，也会将通过自己的社交资源接触到的项目、创业者名单、创业者联系方式等信息都罗列出来，然后再有针对性地与创业者接触，从而提升自己寻找项目和进行投资决策的效率。

丰元资本为了更好地进行投资，开发了自己的项目信息整理平台。所有丰元资本接触过的项目，其相关信息和数据都被准确地记录在平台上，以便投资团队更高效、精准地跟踪项目情况，也便于团队内部沟通，从而提升决策效率，为创业者提供更优质的服务。

投资者应该提前了解创业者的风格、会重点关注哪些部分、会提什么样的要求等问题，从而更有针对性地去做准备。

9.3.2　如何选择见面的时间与地点

关于如何选择见面的时间与地点这一问题，通常是投资者掌握主动权，提前通知创业者。当然，也可以由创业者自行选择，投资者按时赴约。例如，我在投资比较成熟的项目时，通常会邀请创业者在办公室、会议室等比较正式的地点见面。

但如果是投资早期项目，那么我认为时间和地点的选择可以随意一些。像我本人比较熟悉的位于美国帕罗奥多（Palo Alto）市的一家酒店，就是很多投资者和创业者相约见面、吃饭、谈项目的地点。甚至经常会有人将一些不错的创业想法写在该酒店的餐巾纸上。当然，也有很多投资协议是在这家酒店的餐桌上签署的。可以说，这家酒店见证了很多好项目的诞生。

此外，也有一些投资者会选择和创业者在网球场、高尔夫球场见面。但无论在什么地点见面，双方最应该注意的就是守时问题。对于投资者来说，创业者按时赴约展现的是其可信度。如果之前已经约定好时间和地点，但创业者却迟到很长时间，那么投资者还能放心地投资吗？答案可想而知。迟到会损害一个人的信誉，这一点是投资者和创业者都应该注意的。

9.3.3　创投双方见面，要不要带其他人

在与创业者见面时，一些投资者会选择自己去，一些投资者则会带上重要合伙人。以我个人的观点来看，双方都不应该带不相关的人赴约，这是出于对尊重和保密的考量。

在投资领域，不提前沟通而带其他人一起赴约，是不尊重对方的表现；沟通内容如果涉及隐私性与保密性问题，那么带其他人赴约更是大忌。例如，有的创业者会带上一轮的天使投资者赴约。这反映了一个问题：创业者本人

对投资并不了解。其实，除非天使投资者是项目的介绍人和推荐者，否则是不适合旁听双方对话的。

我与很多创业者有过交集，其中一些创业者带来的人真的会超乎我的想象。例如，我曾经与一个创业者约好在某酒店谈项目，结果他带着女朋友来和我见面。更有甚者，还会在和我谈项目时带着自己的孩子，结果孩子在旁边玩得很开心，我们的谈话却根本无法有效地进行下去。

如果为了让自己更有底气，那么创业者可以带团队其他成员与投资者见面，但必须注意团队默契，否则会给投资者留下不好的印象。例如，我之前与硅谷的一个创业团队见面，对方有三个人，但这三个人在很多问题上都没有达成一致意见，他们"你一言，我一语"，最后甚至争吵了起来。他们给我留下这个团队不够稳定、团结的印象。可想而知，我没有向他们投资。

总的来说，无论是创业团队，还是投资团队，在与对方见面时，比较好的做法是：一个人作为代表进行发言，其他人补充，或者大家也可以分工协作。例如，CEO负责介绍企业的战略、业务、发展规划，CTO负责介绍技术、产品等情况。这样的配合就比较默契，会更容易得到对方的信任。

9.3.4 怎样判断是否会有下一步接触

创业者要判断投资者是否会与自己进行下一步接触，关键在于看投资者的结束语是什么。如果投资者明确表示想与创业者进一步交流，那么就说明他已经对项目产生了一定的兴趣；如果投资者回应可以等到A轮时再投资或者表示暂时不考虑投资早期项目，那么就是在委婉地拒绝。

另外，创业者需要知道的是，如果投资者真的对项目有兴趣，那么很大概率会在面谈后的一周内给出回应。如果创业者等了三周，甚至几个月的时间，投资者还是没有任何回应，那么就意味着他对项目没有兴趣。

但对于投资者来说，最关键的事不是判断创业者是否会有下一步接触，而是注意以下几点。

（1）不管遇到哪种类型的创业者，投资者都必须表现出应有的格局和素养。例如，遇到刚涉足某个行业的创业者，投资者要保持足够的耐心；遇到非常了解行业的创业者，投资者要与其进行深入沟通，如分析行业趋势、探讨项目发展新思路等。

（2）选择与创业者交流的渠道，是面对面、电话，还是微信？不同的渠道会产生完全不同的效果。如果是面对面，那么投资者可以参照上一个小节的内容；如果是电话聊，那么投资者可以试着了解更多与项目有关的信息；如果是微信沟通，那么投资者就要有所保留，小心谨慎。

（3）不要长篇大论地讲无关紧要的内容，因为这些很消耗彼此的时间和耐心。投资者要引导创业者讲一些重要的内容，如成功的原因是什么、企业是如何切入市场的等。

（4）投资者在与创业者沟通完项目后，一定要在结束的第一时间了解并核实他的具体情况，如教育背景、过往经历、项目研发流程等。

其实早期的投资往往没有一个精确标准，有时可能因为某句话或某个表情就决定了双方是否会有下一步接触。而且，在投资时，大多数投资者都会对项目进行多次审核，之后才会提交投委会讨论通过。所以，即使双方已经见过很多次面，也不意味着投资就可以成功。但如果双方在见面后都觉得可以有下一步接触，那就要为复谈做好准备。

总之，大家记住一点：复谈次数越多，投资成功的概率越大。

第 10 章

尽职调查:抓住"三板斧"不放松

尽职调查又称谨慎性调查,是投资者在与企业达成初步合作意向后,经过双方协商一致,投资者对与投资有关的事项进行调查的一系列活动。尽职调查有"三板斧":业务调查、财务调查、法务调查。投资者要抓住这"三板斧"不放松。

10.1 业务调查：认清企业的经营实质

在尽职调查中，业务调查处于核心地位，财务调查与法务调查都围绕它展开。投资者在进行业务调查时，会优先考虑四个维度：企业基本情况、行业发展方向、经营状态、股权调查。业务调查的结果会影响甚至决定投资者对一家企业的评价。一旦有了公正、严谨的业务调查报告，投资者就能以此为依据做出更有利于自己的投资决策。

10.1.1 一切从了解企业基本情况开始

在进行业务调查时，企业的基本情况是非常重要的一部分，具体包括管理团队、产品或服务，以及市场、资金运用、风险分析等多个方面。

1. 管理团队

在对企业的基本情况进行了解时，投资者应首先了解其管理团队。一个成熟、高效、稳定的管理团队深刻影响着企业的当下状态和长远发展，是企业成长的基石。

首先，投资者要看核心成员的任职情况及其是否有任职资格；其次，投资者要调查核心成员以前任职过的企业的运营状况和现在任职的企业的发展情况；再次，投资者可以通过与核心成员就企业发展规划等问题进行交谈，对其实际管理能力和工作态度进行了解；最后，投资者可以了解核心成员的薪酬与兼职等情况。

投资界有一个公认的理论：早期投资主要就是投人。投资者更青睐于具备丰富从业经验、拥有强大政商资源、技术扎实、学习效率高、表达能力与沟通能力比较强的团队。

雷军曾多次公开表示自己利用创业初期的大部分时间去寻找优秀人才，因此小米公司的初创团队非常出色，成员包括林斌（担任 Google 中国工程研究院原副院长，Google 全球原工程总监）、周光平（美国乔治亚理工大学电磁学与无线技术博士，摩托罗拉北京研发中心原高级总监）、黎万强（金山软件设计中心原设计总监，金山词霸原总经理）等。

2. 产品或服务

一家企业除了要有优秀的管理团队外，还要有先进、有序的生产线、质量过硬的产品，以及贴心、周到的人性化服务。有条件的投资者可以对企业进行实地走访，参观营业地点和技术研发实验室，了解产品的生产设施是否先进、生产流程是否复杂等问题。

对于投资者来说，实地走访意义重大。投资者可以实地了解企业的运营情况，与工作人员沟通，了解其工作积极性，获取更多关于企业的有效信息。最重要的是，面对面交流可以让投资者对创始人及其团队做出更准确的判断，这在早期投资阶段尤为重要。

面对互联网及 SaaS 服务类的企业，投资者应该亲身使用其产品，站在用户的角度理解和判断其产品的好坏。例如，正是因为我的管理合伙人朱会灿一家和杰克·史密斯一家都是"Weee！"的忠实用户，所以我才成功地发现这家生鲜电商行业的"独角兽"企业。

3. 市场、资金运用、风险分析等

投资者在对企业的产品或服务有了一定的了解后，下一步就要了解产品或服务的市场。例如，了解产品或服务属于什么行业，国家或者地区对这种行业的态度如何，市场中有哪些同行企业，其发展规模如何，等等。

另外，投资者还要了解企业的产品或服务的市场规模大小、市场结构及市场分配情况。在此基础上，投资者可以对产品或服务以后的发展前景进行评估与预测，从而了解产品或服务的生命周期。

投资者还要对企业的资金运用情况有一定的了解。

当年雷军投资的凡客诚品辉煌一时，在垂直电商领域是一个神话一般的存在。在雷军和创始人多年的辛苦努力下，凡客诚品经历了7轮融资，总额超过5.3亿美元，最高估值达到了50亿美元，一时间风头无两。之后其创始人陈年开始利用投资者的资金盲目扩张，导致凡客诚品遭受库存危机和资金链断裂等一系列打击，最终跌下"神坛"。

同样的案例不胜枚举，美国的Solyndra公司就是其中一个。美国政府曾经批准给予Solyndra高达5.35亿美元的贷款，该公司因此在短时间内成长为行业新星，并被认定为"保证美国经济增长当之无愧的引擎"。充足的资金支持和顺利的发展过程，让Solyndra的扩张变得盲目，它甚至将闲置资金投入房地产行业。

Solyndra旗下的工厂长期高负荷运转，但成本难以降低，甚至远超产品组件的价格。最终在政府已经兑付高达5.27亿美元的贷款后，Solyndra宣布关闭工厂，申请破产。一个冉冉升起的明星企业就这样倒闭，当时此事件在硅谷投资圈引起了广泛讨论。

由此可见，企业的资金运用真的十分重要，是投资者需要格外注意的问题。当然，风险分析也是不可缺少的。投资者可以与企业相关人员进行谈话，深入了解企业经营过程中发生的重大事件及重大变动，并与同行业企业发生过的重大变动进行对比，结合企业各方面的情况对企业的业绩及持续经营可能带来的不利影响进行分析。

10.1.2 分析行业发展方向，识别企业潜力

通过对行业发展方向进行分析，投资者可以更好地了解企业的发展潜力和成长空间。投资者可以从市场规模、监管政策、竞争态势和利润水平四个维度来分析行业发展方向。

1. 市场规模

投资者在进行业务调查时，不应忽略考察企业的市场规模，因为如果产品的市场容量不大或者没有市场容量，那么很有可能会面临失败。在分析市场规模的过程中，投资者要做到这几点：首先，要了解企业生产的产品在目标市场中的销售情况；其次，要了解目标市场的变化，分析同类产品的生产量、销售量，以及消费者的收入水平与消费习惯等；最后，要通过定性分析和定量分析，综合考察产品以后可能出现的消费趋势变化。

2. 监管政策

与企业所生产产品相关的政策、管理措施及在未来可能会发生的政策变化等，也是投资者在进行业务调查时需要加以考虑的。因为与产品相关的政策会影响产品的生产和企业的发展，还会影响企业对一系列长远战略的布局。

例如，针对青少年沉迷网络这一问题，有关部门要求相关平台完善其青少年保护模式。在有关部门的统筹指导下，哔哩哔哩、秒拍、微博、腾讯视频、爱奇艺、优酷、抖音、快手等平台统一上线了"青少年防沉迷系统"。

各国的监管政策和法律法规会对企业及产品的发展造成一定的影响。例如，美国政策监管的主要方向是反垄断，而且，监管的主要对象大多是已经成规模的巨头企业，这就给了很多小企业突围的机会。

因此，投资者在做业务调查时要将这个因素考虑进去，以便更好地了解企业的发展现状，从而更精准地预见企业的未来。

3. 竞争态势

一份全面的业务调查，一定要包含对竞争态势的分析，即确定企业的主要竞争对手，并从企业的角度出发分析竞争对手的战略地位，同时也要确定主要竞争对手的优势与劣势。对于投资者来说，清晰地认识企业的竞争态势是了解企业的一个关键切入点，必须重视。

竞争态势反映整个市场的环境和特点。了解竞争态势，投资者可以更好地判断企业未来会面临的竞争压力和竞争挑战。在红海市场中，很多企业在产品或服务方面的区别比较小，导致其中的初创企业面临的竞争压力很大，其投资性价比相对于蓝海市场的企业来说要低一些。

蓝海市场中往往有更好的机会可以让创业者大展拳脚，投资者要做的就是以尽可能快的速度帮助创业者布局未来。这也是丰元资本一直推崇的"布局在浪潮来临之前"。

另外，投资者还需要注意的是，当新兴市场的发展潜力得到证明后，随着更多布局者的入场和更多投资者的介入，企业野蛮生长的空间和机会将被迅速压缩。因此，新兴市场（如当年的互联网市场）留给企业快速发展的窗口期通常非常短。在这种情况下，企业能不能抓住转瞬即逝的机会，可能会直接影响其发展，也会影响投资者的回报。

4. 利润水平

利润水平是判断企业所处行业赛道是否优质的重要依据，也是企业规划发展战略的重要基础。影响利润水平的因素主要包括成本利润率、产值利润率、资金利润率、销售利润率、工资利润率等一系列指标。投资者在分析各种利润率之间的关系时，可以发现其发生变动的原因，从而找到帮助企业提升利润水平的方法，推动企业不断发展。

但很多时候，企业的价值不是完全由利润水平决定的，而是受到各方面因素的综合影响。一些优秀的企业甚至可以摆脱利润水平的影响，建立自己的价值体系。例如，特斯拉不仅是全球新能源汽车行业的领军企业，更是企业运营和商业模式的优秀范本。

传统汽车企业往往在汽车成功出售后才能收回成本。而在以定制化购买为基础的商业模式、用户先期支付的定金及非常低的存货量等因素的作用下，特斯拉拥有很充裕的现金流。

在利润水平方面，特斯拉可能不是最有优势的，但其凭借商业模式等因素取得了成功。2020年，特斯拉的市值正式超过丰田、大众、本田这三家全球规模最大的汽车制造商的市值之和。

除了利润水平外，投资者还要从商业模式、库存、运营策略等方面分析企业的潜力，从而更好地保证投资决策的正确性。

10.1.3　明确经营状态：客户、供应商、对手

对企业的经营状态进行调查十分重要，因为这样能使投资者对企业的客户、供应商及竞争对手的数量与发展现状有深入的了解。

1. 客户、供应商的情况

客户可以对企业及产品提出最直观的反馈意见，而这些意见往往是企业提升实力与优化产品的关键。因此，在业务调查过程中，客户可以作为投资者了解企业及产品的优势、弊端的突破口。一家客户群体庞大的企业无疑有良好的经营状态和较好的发展前景。而一家有稳定又庞大客户群体的企业，其管理团队也会有出众的管理能力和较好的决策能力。

供应商的数量从侧面反映了企业的经营状态。投资者要明确一点，那就是一家企业的供应商的数量并不是越多越好，而是最好维持在一个适当的范围内。同时，企业要有稳定的长期协作的供应商，这样在行业发生变动时，企业可以尽可能地减少受到的影响。

为了保证产品正常生产，并按照规划的上市节点实现高质量交付，苹果公司的产品的所有零部件都会由两个或以上的供应商供给，从而最大限度地降低不确定因素给产品生产带来的影响。此外，苹果公司会有意识地将业务分摊给供应商，推动其健康发展，以培养自己的、稳定的供应渠道。

2. 竞争对手的情况

正所谓"知己知彼，百战不殆"，投资者在做业务调查时需要了解企业所在行业竞争对手的数量及竞争对手的经营状态。

为此，投资者应做到这几点：首先，要明确竞争对手的数量，了解企业目前处于什么样的行业大背景下，了解企业所从事行业的市场竞争程度，并找出几个主要竞争对手；其次，要了解企业的竞争对手的基本情况，包括年生产能力、实际年产量、年销售数量、所占市场份额等。

投资者在分析竞争对手的现状时可以采用竞争态势矩阵（competitive profile matrix，CPM）分析的方法，找出企业与竞争对手的优势和优势差距，判断企业的综合竞争力。下面以去哪儿网与携程的 CPM 分析为例对此进行说明。

去哪儿网是一个创立于 2005 年 2 月的中文在线旅行网站，也是一家创新型科技企业。该企业致力于为客户提供全面、详细的旅行信息，同时为客户提供机票、酒店预订等服务。而它的竞争对手携程则是一家提供在线票务服务的企业，为广大旅游爱好者提供酒店预订服务。根据二者的发展战略及其对各类数据的重视程度，其 CPM 分析如表 10-1 所示。

表 10-1　去哪儿网与携程网 CPM 分析

关键成功因素	权重	去哪儿网		携程	
		评分	权重得分	评分	权重得分
用户规模	0.2	3	0.6	4	0.8
商家数量	0.1	4	0.4	3	0.3
市场份额	0.2	3	0.6	4	0.8
财务情况	0.1	2	0.2	4	0.4

续表

关键成功因素	权重	去哪儿网		携程	
		评分	权重得分	评分	权重得分
用户忠诚度	0.1	3	0.3	3	0.3
产品与服务	0.05	3	0.15	3	0.15
价格竞争力	0.15	3	0.45	3	0.45
管理经验	0.1	2	0.2	3	0.3
总计	1		2.9		3.5

CPM 分析可以帮助投资者更清晰地了解企业与其竞争对手之间的优劣势对比情况，更充分地了解竞争对手的状态，并对企业有更准确的判断。

10.1.4 调查股权，看透企业股权风险

股权调查的重点包括股权变更及相关工商变更情况、控股股东或实际控制人的背景。

1. 股权变更及相关工商变更情况

投资者对企业股权变更情况的调查主要集中于企业经营过程中股权变更是否符合规范，以及股权变更的原因是什么。投资者在对企业做这部分调查时要注意：在股权变更的过程中，股东是否放弃了优先权、转股的价款是否已经支付、股权转让是否履行了法律程序等。

投资者之所以要关注股权变更是否符合规范，是因为有的企业会在股权变更过程中犯低级错误，这会为企业日后的发展埋下隐患。

某企业分不清转股和增资，投资协议上明确签的是增资，也清楚标注了多少钱计入注册资本，多少钱计入公积金。但事实是，增资款被打给了其他股东，注册资本的金额丝毫未变，而且章程里没有出现投资者的名字，也没有工商登记证明。这个问题在几轮融资后才被发现，最终经过很长时间的协调和沟通才得以妥善解决。

此外，一些企业存在股权代持的情况，而且这种情况通常比较难核实。但此类风险一旦爆发，就会让投资者遭受严重损失。例如，苹果公司的供应商立讯精密之前就陷入了股权代持风波，其高管吴政卫与实控人王来春发生了股权代持纠纷。

2007年，为了让立讯精密顺利上市，王来春邀请吴政卫以经营者的身份参与该公司的经营，并承诺给予其年薪和一定份额的股权。加入立讯精密后，吴政卫负责财税规划、整理历史账务、完善管理体制与信息系统、招揽人才、协助企业上市等工作。

之前王来春承诺：只要吴政卫正式加入立讯精密，就为其登记股权。但过了一段时间，王来春又称，双方先以口头形式约定相关事宜，自己先代持吴政卫的股权，等企业顺利上市后再为吴政卫办理股权显名登记或将股权出售而给吴政卫支付现金。

后来立讯精密顺利上市，吴政卫要求王来春归还代持股权，办理股权登记。但经过沟通和协调，双方并未就代持股权事宜达成一致意见。于是，2019年，吴政卫向法院提起诉讼，坚持要回属于自己的股权和股息红利余额，共计4.44亿元。

相关法律规定上市企业的股权架构必须清晰，控股股东不能有股权代持行为。因此，立讯精密不接受吴政卫的诉讼，称双方不存在股权代持的情况。

一位律师指出，若法院认定股权代持行为属实，那么立讯精密作为上市企业可能会遭受处罚，并需缴纳一定数额的罚款。而此类案件非常复杂，涉及的金额又比较大，通常会耗时几年才可以办理完结。

需要注意的是，不是所有的股权转让都需要进行工商变更。例如，一家有限责任公司，其股东之间进行股权转让后并没有导致股东名称发生变化，则不需要进行工商变更，也不需要申请备案。如果该公司在股权转让的过程中改变了股东名称，那么在股权转让之后需要进行工商变更登记。

2. 控股股东或实际控制人的背景

信誉良好的控股股东或实际控制人对企业持续发展所产生的积极作用是毋庸置疑的。

首先，投资者要对股东结构进行了解，找出主要股东，调查其背景、在企业内持有的股权比例、主要负责的业务、资产状况如何等。

其次，投资者要了解企业与主要控股股东或实际控制人之间的业务往来情况，如原材料的供应、产品的合作研发、是否涉及专利技术和知识产权的共同使用等。另外，投资者也要了解企业与主要控股股东或实际控制人之间的资金往来情况。

最后，投资者要了解企业的主要控股股东或实际控制人对企业的发展提供了哪些支持，包括对企业的资金支持、研发支持、市场扩展和技术支持等。控股子企业的相关资料，如名称、主要业务、资产情况、财务情况、盈利与否等，投资者都有必要对其进行了解。

10.2 财务调查：让投资者极速"排雷"

投资者进行财务调查的目的是了解企业的财务与资金运转情况，客观分析企业的优劣势，对企业的发展趋势进行预测，并对企业进行信用评估。在对企业进行财务调查前，投资者一般会先列出调查的主要内容，从而全面、有效地获取更多财务信息。

10.2.1 审核现金流、盈利及资产事项

现金流代表着企业的现金流量，深刻影响着企业的发展。例如，京东曾经连年亏损，但仍然获得了投资且在美股市场备受追捧，主要原因就是京东有

充沛的现金流；万科优秀的现金流管理策略使其在收房回款和财务经营等方面受到了业界的高度认可。

足够的现金流可以使企业焕发生机，也可以使企业有更多面对未来机遇与挑战的底气，这就是它的真正意义。我在投资时也会遇到有利润但没有钱的企业，甚至很多企业会借钱缴税。

企业对现金流进行正确和有效地管理，能够在降低财务风险的基础上，赚取更多收益。例如，苹果公司将大量现金用于购买理财产品，获得了一定的理财回报。鉴于现金流的重要性，投资者要对其使用情况，尤其是对购买相关产品的原因与合理性进行准确评估。

投资者要保证企业的现金使用必须建立在有充足的流动资产的前提下，且流动资产可以有效覆盖债务。更重要的是，如果企业将现金用于理财，那么就必须保证该笔现金在短期内没有其他的能更进一步促进企业发展的使用方式，如产品研发、设备采购等。

如果企业将现金用于非经营性业务，那么投资者就必须重视并对其进行审核。例如，前面提到的美国光伏公司 Solyndra，将大量现金用于投资与经营业务不相干的房地产。投资者却没有及时对其进行审查和制止，结果 Solyndra 在现金流紧张时无法周转，产业链断裂，公司宣布倒闭。这不仅在全美引起轩然大波，还导致投资者损失惨重。

盈利能力代表企业利用现有资产创造收益的能力，是衡量企业价值的一个重要因素。同时，盈利能力也可以反映管理层的管理水平和经营业绩。企业的盈利能力越强，投资者获得的回报越多，该企业就越有投资价值，在获取贷款、吸引投资等方面也越有优势。

盈利能力已经成为各利益相关者密切关注的部分。而如何正确、公正地评价企业的盈利能力是财务分析的重点内容，也是投资者做出正确投资决策的依据。例如，近几年，网络视频平台发展迅猛，规模日趋庞大，积累了大量用户和流量，各平台收益颇丰。拥有较强的盈利能力成了投资者对这些平台进行投资的一个重要原因。

除了现金流和盈利能力外，资产事项也非常重要，它可以反映企业产生经济利益的能力。投资者可以通过以下指标了解企业的资产情况，如图10-1所示。

图 10-1　企业的资产情况

投资者在对资产进行调查的过程中，应该注意查看企业的资金明细表，核查大额货币资金的流出和流入情况。并通过分析业务背景是否合理，进一步判断可能发生的风险。此外，企业的应收应付款项、现有存货、固定资产、无形资产、借款、担保抵押、对外投资、资产规模、无形资产与有形资产比例等也都应该纳入资产调查的范畴。

10.2.2　预测企业的未来价值

投资者可以通过查看和分析现金流量表、资产负债表、损益表等财务报表，对企业的未来价值进行预测。通过对财务报表进行分析，投资者不仅可以对企业过去的业务情况和现在的盈利状况有所了解，还可以对企业的未来价值进行预测与估算。

通过财务调查，投资者可以对企业的财务数据进行分析和评估，并对管理团队进行业绩评价，判断其是否具有挖掘企业市场优势的能力，从而进一步思考对其进行投资是否能获得可观的回报。另外，投资者通过分析财务报表，还可以对企业之后的财务决策和财务预算进行预测，从而准确地评估企业的未来价值及其可能创造的收益。

在对企业的未来价值进行预测的过程中,投资者可以参照一些指标,包括预期现金流量、市盈率、收益增长率、权益资本成本、市场价格与账面价值比率、普通股权益账面价值等。通过对这些指标进行分析,投资者可以预测企业的未来价值,最终决定是否向企业投资。

10.2.3 分析三张财务报表

所有企业都会有三张财务报表,分别是资产负债表、现金流量表、损益表。投资者在进行财务调查时要重点分析这三张财务报表。

1. 资产负债表

分析资产负债表的目的是了解企业的财务状况以及财务的变动情况,评价企业会计对企业经营状况的反映程度。投资者可以以此为依据,对企业的资产和权益的变动情况以及企业的财务现状进行客观的评价。资产负债表分为资产、负债和所有者权益三个部分。这三个部分构成"资产=负债+所有者权益"的会计等式,如表10-2所示。

表10-2 资产负债表组成部分

项 目	金 额	项 目	金 额
资产 (可用的钱)	A	负债 (借来的钱)	B
		所有者权益 (自己的钱)	C
资产总计	A	负债与所有者权益总计	B+C

投资者在分析资产负债表时,可以通过净资产比率、固定资产净值率、资本化比率等指标来判断企业财务结构的合理性。

2. 现金流量表

如果企业没有现金流,就会缺乏购买与支付能力,从而影响企业的稳定发展。现金流就好像企业的"血液",企业若想获得健康、长久的发展,就要保证"血液"循环顺畅。因此,分析现金流信息对投资者判断企业的投资价值有重要作用。

通过分析现金流量表,投资者可以了解企业筹集与生成现金流的能力,也可以获取企业加强经营管理及合理使用资金的重要信息。

在分析现金流量表时,为了充分保证效率和质量,投资者最好遵循以下流程。

(1) 对企业的投资活动和筹资活动产生的现金流进行分析。

(2) 核查企业经营活动产生的现金流及其变动情况,判断其资产流动性、盈利能力、偿债能力及资产风险。

(3) 对现金流量净额持续为负或远低于同期净利润的企业,投资者要进行专项核查,并判断其真实的盈利能力和持续经营能力。

(4) 对企业在最近三个会计年度内的经营活动产生的现金流净额进行必要的复核和测算。

投资者需要注意,有时现金流量表难以真实地反映企业的当期资金情况。例如,某些企业会通过临时协议还款的方式,在年末收取现金,等到第二年年初又将现金还给债务人。这样既增加了企业的年末现金余额,又冲减了应收款款,使资产负债表和现金流量表看起来非常有吸引力。如果投资者没有注意到这一点,那么就很容易被迷惑。

3. 损益表

分析损益表能够验证企业在某一特定会计期间内的经营成果是否真实、可靠,从而获得有效的财务信息。投资者应该重点考察企业的资本利润率,对相关明细表进行审核,看企业的利润是否真实及有没有按照法定比例提取资本公积和盈余公积。

此外,投资者要审核损益表中的销售收入、销售成本、期间费用、非经常性损益项目。

（1）在销售收入方面，投资者要确认企业是否存在提前或者延迟确认收入和虚报收入的情况；确认企业在会计期末是否存在突击确认销售、收到销售款项后是否存在不正常流出的情况；确认销售收入变化及交易产生的经济利益流入情况；确认收入及其构成的变动情况是否与行业和市场同期的变动情况相符；确认企业的销售核算与经销商的销售核算是否一致；分析产品价格变动规律及其对企业收入变动产生的影响。

（2）在销售成本方面，投资者要根据企业的生产流程和相应的业务管理文件，确认企业进行成本核算的方法是否保持一致；了解产品的成本及构成情况；核查期末产品余额，关注期末存货是否存在异常情况，判断有没有应转未转成本的情况。

（3）在期间费用方面，投资者要结合营业费用明细表，根据企业的销售情况，分析营业费用是否完整；通过对每年营业收入进行分析，核查营业费用变动趋势是否与之前一致；通过与历史数据比较、检查相关凭证等方式，核查是否存在异常的管理费用；审查控股股东、实际控制人或关联方占用资金的情况。

（4）在非经常性损益项目方面，投资者要核查非经常性损益是否符合相关规定，核查非经常性损益的来源、取得依据、相关凭证和相关款项是否正确；利用业务背景和资料，分析重大非经常性损益项目的发生是否具有合理性及计价是否公允；通过计算非经常性损益所占当期利润比重，分析企业可能发生的风险。

10.3
法务调查：知根知底而后行

法务调查是投资者为了避免信息不对称可能带来的重大交易风险，而在投资前对企业设立、重大合同签订、诉讼或仲裁及税务等情况进行合法调查的活动。要想对企业知根知底，投资者必须对其进行法务调查。

10.3.1 了解企业设立及历史沿革问题

投资者要了解企业设立及历史沿革问题，可以从以下几个方面入手，如图10-2所示。

图 10-2　企业设立及历史沿革问题调查

1. 企业基本情况

了解企业的基本情况，投资者可从以下几个方面着手：第一，核查企业的名称是否符合相关规定、与驰名商标是否重复、是否经过有关部门核准等；第二，核查企业的法定住所是否是住宅用房，实际使用的经营场所与工商登记的是否一致，等等；第三，了解企业现在的法定代表人是谁，从创立之初到目前为止是否变更过并办理相关登记，法定代表人是否具有相应的任职资格；第四，核查企业所拥有或使用的土地使用权资料，包括地址、面积、权属、取得方式、使用期限等；第五，检查企业使用、租赁的房屋等不动产是否具有相应的证书；第六，调查企业是否存在重大违约行为。

2. 企业资质和证书

投资者要核查企业的营业执照、成立及历次变更注册资本的相关评估报告、验资证明及主管部门的批准文件等，同时还要对企业从事经营范围内活动所需要的经营许可证书、资质证书及申请获得的相关批文证书、授权许可等进行核查。

3. 企业章程及修改

企业章程是股东一致同意并依法制定的基本文件，其中规定了企业名称、经营范围、住所及经营管理制度等重大事项，是企业成立的基础条件。企业章程作为企业的核心文件，应该符合相关的法律法规的规定。投资者应该对企业章程的所有条文进行审查，看其是否存在不合法、不合理的规定。

除了对以上几个方面进行调查外，投资者还要分析企业的独立性，包括：企业业务体系是否独立、完整，是否有独立的经营能力，人员、机构、业务、财务、资产等是否独立。投资者也应该考察企业的规范运作问题，主要对企业的"董监高"（董事、监事和高级管理人员）相关问题、内部控制、治理结构、生产经营、资金管理等情况进行调查。

10.3.2　判断企业有无重大债务

投资者应该对相关资料进行详细审核，分析企业是否有将要履行、正在履行或有可能产生潜在重大债务的合同、协议或其他有约束力的文件。这里所说的合同、协议、文件包括但不限于图 10-3 所示的几种。

合同是最能直接体现企业的债务情况的书面文件，投资者要将其作为法务调查的重要内容。另外，债务人名单、相关债务与债权数量清单，债务协议或其他能证明发生债务关系的文件等，也是投资者需要调查的重点。

投资者还需要调查企业是否存在应该偿还但还没有偿还的债务。在具体操作时，投资者可以询问相关负责人，如果发现企业存在这种债务，那么投资者要向其索要该债务的情况说明及相关文件。

企业是否进行债务人担保或反担保也非常重要，若有这种情况，那么企业要提供相关法律文件，这些文件包括但不限于抵押、质押或者其他担保清单。此外，投资者要审核涉及抵押权、质押权或其他担保权的协议及其相应的公证、登记证明，并要求企业提供担保一方的章程、与签订担保合同有关的内部授权审批决议、审计报告及其他相关文件。

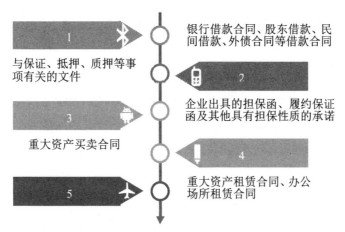

图 10-3 可能有重大债务的合同、协议、文件

企业应该主动向投资者出具没有记载于财务账本中,但需要承担重大责任或债务的事项的相关文件。投资者也应将企业的访谈调查笔录及其他与企业重大债务相关的文件纳入法务调查范畴,对其进行细致、谨慎的核实。

一些初创企业的账目不清楚,财务文件比较混乱。对此,很多投资者会建议其重新成立一家企业,用这种简单、有效的方式改善其往期的财务情况。

例如,前文提到的清华大学毕业生谢青、邓锋和柯严最初创立的企业的债务关系很复杂,涉及个人垫资等行为。为了更好地处理财务问题,投资者建议他们对企业进行重新组建和命名,这才有了硅谷旗帜性企业——NetScreen。

10.3.3 审查企业的重大合同

企业的重大合同通常是指企业已经签订的,正在履行或尚未履行的,对合同主体产生重大影响的合同。对重大合同进行审查,最关键的就是对其可行性与合法性进行审查。在法务调查期间,投资者通常会要求企业提供重大合同。但因为一份合同是否属于重大合同是由企业判断的,所以可能会出现企业漏交重大合同的情况。

基于此,如果投资者发现了疑似重大合同的合同,那么应该要求企业尽快提供。通常来说，具备下列条件之一的合同可以被视为重大合同，如表10-3所示。

表10-3 重大合同

序号	重大合同条件
1	期限在1年以上，或者合同金额排在前10位的购买合同、销售合同
2	标的额在100万元以上的买卖、建设工程、设计、委托加工合同，需注意的是其具体标的额应当根据企业实际情况确定
3	涉及并购、资产置换、合资合作等合同
4	涉外合同、担保合同、租赁合同、代理服务合同
5	借款合同、合同承办人认为的其他重大合同
6	涉及土地、房屋等不动产产权变动的合同
7	对企业生产经营可能产生重大影响的其他合同

投资者主要从以下几个方面着手对重大合同进行审查。

一是企业签订的合同是否合法有效。合同的签订与生效应该符合法律规定，签订特殊合同，还应该经过有关主管部门审批，取得授权。如果企业在没有取得授权的情况下与他人签订特殊合同，那么该合同不具有法律效力。

二是企业签订的合同是否存在无法履行的法律风险。导致合同无法履行的原因多种多样，有可能是合同签订一方因企业解散、宣告破产而导致合同无法履行，也有可能是因为天气等不可抗力因素导致合同无法履行。因此，投资者在调查过程中应该对合同的履行情况进行了解，同时还要对可能会受天气等不可抗力因素影响的合同进行专项调查。

三是企业的重大资产交易应该取得内部批准。签订重大资产交易合同应该取得主要股东及董事会的同意。如果未取得内部批准，那么合同将不具有合法性及有效性。

四是企业是否签订了对其业务有重大限制的合同，以及合同中的特殊约定对拟议交易是否存在影响。

重大合同不仅反映了企业的业务情况，还与企业的资金流动与经营状况密切相关。所以，投资者对企业重大合同的可行性与合法性进行调查十分有必要。

10.3.4 警惕重大诉讼、仲裁、行政处罚

投资者应该对企业尚未了结的重大诉讼、仲裁、行政处罚的简要说明及相关法律文书进行审查。其中，简要说明包括案件的双方当事人和代理人、案由、主要事实、受理的部门、提起诉讼与仲裁或做出行政处罚的日期、案件处理结果等。而相关法律文书则包括但不限于法院判决书、裁决书、调解书、行政处罚决定书等。

从法务调查角度来看，投资者需要警惕的企业违法行为主要有关联关系、勾结犯罪团伙、非法挪用企业财产、偷税漏税、违反环保规定、劳动关系违法等。这些违法行为的存在可能会导致投资失败，因此，投资者在把握风险的同时，自身也需要建立合规组织，并采取诸如合规培训等措施。

重大诉讼纠纷是法务调查的重要内容。例如，企业与其他企业因为重大合同履行产生纠纷，在不能通过双方友好协商解决的情况下，企业会面临重大仲裁或诉讼。此时投资者需要估算此次纠纷产生的损失及其可能对企业造成的各方面影响。如果诉讼或仲裁会直接导致企业的某款产品或某个部门不能存续，那么投资者将会基于各种可能性结果对投资计划进行调整。

行政处罚文件是当企业违反相关法律规定时，负责处罚的行政机关根据其违法情况出具的具有强制性法律效力的法律文书。例如，企业在生产过程中没有按照规定倾倒、排放污染物，或者没有排污许可证而排放污染物，等等，都会面临行政处罚，罚款金额根据其实际排放情况确定。

吊销营业执照、责令停业停产等行政处罚也会对企业产生重大影响。因此，投资者应该对企业的处罚文件进行仔细审查，判断企业是否存在违法、违规等情况。如果投资者对一些法律规定不是很熟悉，那么可以寻求专业的法务调查小组的帮助。这样有利于抓住调查重点，提高调查效率，从而帮助投资者更精准、有效地做出投资决策。

第11章

谈判博弈论：共赢下的利益最大化

在初创企业的发展过程中，融资是一个必不可少的环节。种子轮、天使轮、A轮、B轮等多轮次的融资，使得企业拥有充沛的发展资金。但是，等到刚开始的合作热情消退后，投资者和创业者之间的矛盾会逐渐显现出来，最终有可能给双方留下"一地鸡毛"。

之所以会出现上述问题，可能是因为投资者和创业者在融资前没有针对一些关键细节进行谈判，导致双方的关系没有平衡好。因此，谈判对于双方来说都是非常重要的。投资者要用正确的方式与创业者沟通，为自己争取最大利益。基于一笔投资，双方能够获得利益的前提是企业能够在投资者的帮助下顺利成长，否则投资就变成了一个"零和游戏"①。

---

① 零和游戏又被称为游戏理论、零和博弈等，起源于博弈论，主要是指在一项游戏中，游戏者有输有赢，一方赢，另一方就会输，游戏的总成绩永远是零。

11.1 谈判时需要注意的六个问题

谈判往往会涉及很多复杂、晦涩的条款及各种问题，如企业估值、独家谈判期、投资条款清单、企业经营瑕疵等。在处理问题的过程中，彼此信任的双方更容易就一些事项达成一致意见，从而使投资效率更高。

例如，我曾经投资的一家企业，其创始人自始至终对我真诚以待，会及时告知我重要信息，让我感到非常放心。投资者应该与这样的创业者合作，以避免很多不必要的麻烦，让投资进展更顺利。

11.1.1 企业估值问题

艾伦（Allen）是一家企业的创始人，企业刚开始发展得并不顺利，主要原因是缺少资金支持。为了获得更多资金以维持企业发展，他和他的团队打算融资。

后来一位投资者经朋友介绍认识了艾伦，对他的项目很感兴趣。路演结束后，投资者对艾伦的企业进行了尽职调查，接下来双方便进入了投资谈判阶段。投资者对项目、团队等都很满意，于是便问艾伦："你们企业的估值是多少？"

艾伦没有认真考虑过这个问题，就随意说了一个数字。投资者听到艾伦说的是一个天文数字，与自己的预期相差太大，而且经过多次交涉，双方也没有就这个问题达成一致意见，所以最终没有向艾伦投资。艾伦也因此失去了一个机会。

通过上述案例，我们可以知道，投资如果进入谈判环节，那么势必会涉及估值问题。但是，估值并非创业者随便说一个数字就可以，而需要投资者综合考虑企业的各方面情况后给出一个合理的数值，毕竟一家估值合理的企业才不会让投资者付出过多不必要的成本。

在对企业进行估值时，投资者需要考虑的要素如图 11-1 所示。

图 11-1　企业估值要素

1. 用户数量

企业要想获得发展，首先就要拥有大量用户。如果在短时间内，企业可以吸引大量用户，那么就说明它的发展前景还是比较广阔的。而投资者要做的就是判断企业是否有足够的能力吸引用户，以及是否能够将用户留存下来，使企业的用户数量持续增长。

2. 成长潜力

企业有没有成长潜力是投资者应该重视的一点。在谈判过程中，创业者通常会用数据向投资者展示自己企业的成长潜力，这些数据也是投资者衡量该企业估值的重要依据。

3. 收入

收入可以作为估值的一个依据。企业的收入数据可以帮助投资者确定合适的投资额。当然，就初创企业来说，其收入也许并不多，通过收入计算出来的估值也不能代表其全部潜力，但这可以为创业者与投资者进行谈判提供参考。

4. 创始人

一个好的创始人对于投资者来说是很有吸引力的，投资者会愿意适当地为其多提供一些资金支持。站在投资者的角度来看，判断一个创始人是否是好的创始人，不仅要看他以前的背景、工作经历等，还要看他的能力。如果创始人的能力很强，那么由他创立和领导的企业也应该是非常有发展潜力的。例如，一些互联网企业的创始人在为企业融资时，可能会因为其拥有专业的技术，而使企业估值增加了上千万元。

5. 行业

行业不同，企业的估值往往也不同。以餐饮行业和高科技行业为例，餐饮行业的企业的估值通常是其营业额的 3～4 倍；而高科技行业的发展潜力比较大，企业的估值一般是其营业额的 5～10 倍。因此，投资者在与创业者谈判前，应该充分了解企业所在行业的整体估值情况。

6. 孵化器

有些企业是依托孵化器建立起来的，这样的企业通常会得到专业的指导，在获得资金方面也比一般企业更有优势。在孵化器的助力下，企业可以借助专业的数据分析来确定发展方向，这也会提高其估值。

7. 期权池

为了吸引优秀员工加入企业而提前预留出股票，就是期权池的主要表现形式。通常来说，期权池越大，企业的估值越低。期权池是一种无形资产，其价值很可能会在估值过程中被忽略。

8. 实物资产与知识产权

一些投资者会因为企业的实物资产不是很多，而在估值时不将这部分资产考虑进去。但实际上，实物资产也是企业的资产，会对其估值产生一定的影响。此外，企业拥有的知识产权，如专利、商标等，也是其资产，在计算企业的估值时同样要被考虑进去。例如，硅谷一家初创企业的创始人就因为两项专利而多获得了 500 万美元的投资。

对于投资者，尤其是天使轮投资者来说，初创企业的估值不是越高越好，而是越合理越好。估值越高，企业就越有可能会提出更高的融资金额，这意味着投资者要承担更高的风险。因此，投资者应该根据企业的实际情况，计算出合理的估值，并据此确定投资额。

11.1.2 独家谈判期

在融资过程中，创业者会接触到不同的投资者，有的投资者会和创业者约定独家谈判期。这是因为如果项目确实非常不错，那么很可能同时会有多位投资者想与创业者进行实质性谈判，从而导致创业者反复提价。

而一旦约定了独家谈判期，就意味着创业者只能和一个投资者进行谈判。对于创业者来说，不约定独家谈判期，保持交易的灵活性对自己更有利。而对于投资者来说，约定独家谈判期则可以防止创业者与其他投资者接触，从而更有利于维护自己的利益。

之前发生了一起关于独家谈判期的纠纷事件——凯雷状告沈南鹏"抢单"。当时的情况大致是这样的：凯雷本来计划于 2007 年和新生源签订投资合同，入股新生源，却突然被告之新生源已经和红杉资本签订了入股协议。由此，凯雷从该项目投资中出局，失去了通过新生源上市而获得巨额回报的机会，损失重大。

凯雷不满并质疑的是红杉资本的沈南鹏试图影响投资进程，同时怀疑尽职调查过程中的一些机密资料被泄露，导致投资失败，遂提起诉讼。但其实如果凯雷提前防范，在投资条款清单中约定独家谈判期条款及相应的违约责任，那么新生源在与红杉资本合作时就要衡量此次合作所得的利益和回报是否会大于违约成本，也就不敢轻易违约了。

独家谈判期在后续融资轮次中比较常见。在早期的投资轮次中，部分投资者会通过可转债的方式投资项目，此时独家谈判期出现的概率不会特别大。需要注意的是，一旦投资者与创业者约定独家谈判期，那就说明其投资意向非常高。

由于独家谈判期对企业的融资进程会有影响，因此很多时候只有领投方才有提出该条件的权利。而且，领投方最终拥有的股权要占企业的10%以上，甚至高达15%～20%，这样才可以真正地享有此项权利。虽然独家谈判期有一定的限制，但为了避免让自己遭受不必要的损失，投资者还是应该掌握以下几个与创业者约定独家谈判期的要点。

（1）独家谈判期的时间要适中。在硅谷，独家谈判期的时间一般是30～45天，而在中国，其时间则大多是60天左右。

（2）严格禁止创业者在独家谈判期内与第三方继续讨论项目。

（3）在约定独家谈判期时，投资者应该尽量明确自己和创业者的责任与权利，防止后期产生不必要的分歧和矛盾。

对于投资者来说，约定独家谈判期无疑是重要的，但这也无法保证万无一失。例如，如果创业者想"钻空子"，试图利用投资者，将其投资意向变成谈判和提价的筹码，那么投资者的利益就会受损。因此，独家谈判期往往"只防君子，难防小人"。

11.1.3 投资条款清单

当双方就投资达成初步意向后，通常就会签订投资框架协议，这个协议也叫做投资条款清单（Term Sheet，TS）。缺乏经验的投资者也许会觉得反正之后还要签订正式的投资合同，投资条款清单根本不重要，其实这是大错特错的。

究其原因，投资条款清单往往是在尽职调查前签订的，而尽职调查需要投资者花费较多人力、物力、财力等。所以，如果投资者在完成尽职调查后希望再重新商议一些重要条款，那将会非常麻烦。如果创业者不配合，那么投资者前期的努力很可能会"竹篮打水一场空"。如果投资者不甘心就此放弃，那么可能就要做出一些妥协。

投资条款清单中包含了关于投资的一些主要内容，如投资金额、占股比例、估值、员工期权等。投资者需要借助投资条款清单来保护自己的利益，这更多的是在考验投资者的判断力和洞察力。以下措施可以帮助投资者将投资风险降到最低。

（1）投资者要全面调查创业者的诚信记录，如果发现创业者曾经有过不良行为，那么就要果断"舍弃"，尽快寻找其他项目。只要投资者有足够的资金，就不怕找不到好项目。

（2）在最开始时，创业者可能会说一些大话，给出一些无谓的承诺。所以，在签署投资条款清单前，投资者有必要对创业者做出的承诺的可实现性进行分析，始终保持一个合理的心理预期。

在法律效力方面，投资条款清单中的商业条款通常不具备法律效力。造成这一现象的主要原因包括以下三点。

（1）商业条款的严谨性比较强。

（2）在完成尽职调查前，有些数据不需要充分披露。

（3）相关数据的准确性和真实性难以保证。

与商业条款不同，独家谈判期条款和保密条款则具备法律效力。鉴于投资条款清单的重要性，投资者要确保其内容清晰、明确，核心条款（如一票否决权、优先购买权、优先清算权等）也要正式记录在案，不得出现差池。另外，在签署投资条款清单前，投资者应该要求创业者事先披露企业的不足之处，从而避免给出过高估值而使自己遭受损失。

11.1.4 保护性条款

为了保护自己的利益,大多数投资者通常会要求设置保护性条款。保护性条款一般会列出一系列涉及企业运营问题的重大事项,当这些重大事项发生时,创业者必须征求投资者的同意,否则很可能出现对投资者不利的局面。

投资者一般会派代表进入董事会,这些代表拥有投票权。在这种情况下,为什么保护性条款对于投资者来说依然如此重要呢?原因是董事会的职责是维护企业利益。但有时,企业的利益与投资者的利益是不一致的。而且股东会和董事会一般由占股最多的股东控制,所以,投资者需要通过其他渠道保护自己的权利。

对保护性条款,创业者通常不会言辞激烈地拒绝,但会与投资者谈判,双方共同商议出具体内容。以一票否决权为例,有的创业者会规定该权利只有在特定事项上才可以使用,还有的创业者会将该权利的范围限制在对投资者的利益有重大损害的事项上。

至于保护性条款的具体内容是什么,则与投资者是否擅长谈判息息相关。只要保护性条款的逻辑是合理的,投资者就不需要过于担心。聪明的投资者都知道即使自己拥有保护性条款,也不应该随意否决那些对企业发展有利的重大决策。

11.1.5 企业经营瑕疵分析与处理

在发展早期,企业经营难以实现全面规范化,总会存在一些问题,如经营、收入"两本账"、经营地址与注册地址不一致等。而投资者投资的目的是企业上市后,能获得丰厚的回报,所以很多投资者往往会以拟上市的条件和标准来衡量企业的经营情况,将经营瑕疵当作"问题"对待。

但投资高手却可以妥善地处理经营瑕疵,准确地找到企业存在的问题,并有能力帮助企业解决问题。对于投资高手来说,经营瑕疵在一定程度上意味着企业具有发展潜力。因为帮助企业处理经营瑕疵的过程,也是一个确定性比较强的产生收益的过程。

在处理完经营瑕疵后，企业会得到进一步发展，估值也会有所提升，投资者能够借此获得更丰厚的收益。这是一种双赢的结果。在经营瑕疵方面，我非常重视管理层面的问题，如执行力、合作情况等。

管理层面的问题在企业发展的早期更重要，因为处于早期阶段的企业往往团队规模小，管理者的执行力及领导力会深刻影响企业发展。我在分析管理层面的问题时，会非常关注的一个重点就是，团队各成员之间的配合情况和默契程度。

此外，谈判后的持续跟进情况，即管理者是否可以不卑不亢地与我进行合理的关系维护等，都能够让我以小见大，对团队的质量做出准确判断。在分析团队的质量时，我也会看团队是否存在以下几个问题。对问题比较多的团队，我会提高警惕，仔细衡量利弊。

问题一：各管理者之间的配合不默契。在谈判过程中，无论是各管理者在语言方面的默契程度，还是各管理者的谈判分工与互补都非常重要。管理者不应该互相拆台，而应该互为补充，有着相同的谈判目标与发展规划。

问题二：分析问题的敏锐性和逻辑性。经常有创业者对我提出的问题避而不答，或者答非所问。这存在两种情况：一是创业者不知道答案；二是创业者不够诚实，在有意掩盖一些问题。我们要知道，跳出固有思维模式和不诚实是两个概念。好的创业者会积极创新，做事靠谱；而不太合格的创业者则会想方设法隐藏缺点，做事不靠谱，很难让人信任。

问题三：过于依赖短期政策的红利或试图利用法律漏洞来获得收益。有这些行为的企业难以长久地发展下去。正如我经常强调的，真正的好企业一定有"持续造血"的能力。因此，在投资时，可能会触及法律底线的项目我是绝对不会考虑的，这是我一直坚持的原则。

11.1.6　业务合作与资源导入

创业者在选择投资者时不仅会考虑投资者能给企业带来多少资金，还会考虑投资者拥有多少资源，如社交资源、业务资源、用户资源等。以腾讯、百度、阿里巴巴等互联网巨头为例，如果它们愿意给创业者提供一部分资源，那么就可以给创业者带来大量的用户、流量。

投资者与创业者可以就资源问题进行谈判，虽然与之相关的条款通常不会出现在正式的投资合同中，但双方可以单独开展相关的业务合作。

在资源导入与业务合作方面，我觉得"5C"法非常有效。

第1个"C"：content（内容）

我的合作伙伴吴军经常在各种场合、书里、活动中对他投资的企业进行宣传，助力企业的营销活动。我也会通过新媒体矩阵建立的个人品牌"硅谷李师傅"，在直播时帮助我投资的企业进行招聘、业务推广等工作，这样可以使它们更好地触及很多其自身所无法触及的目标群体和用户。

第2个"C"：contact（接触）

我的一位朋友曾经说过一句话："你知道谁是谁是一回事，对方知道你是谁是更重要的事。"这话用在投资者与企业身上，就是投资者要让企业与更多人接触，被更多人知道，而投资者和企业之间也要彼此了解。

第3个"C"：connection（连接）

投资者要与创业者有更进一步的关系，形成强连接。例如，Chime Bank 和 Gmail 的创始人都与我及我的团队有很不错的关系。这些关系为项目和我们双方都带来了极大价值。

第4个"C"：capability（能力）

能力是一种非常重要的资源。例如，丰元资本拥有硅谷资深的华人工程师高管、Google 图片搜索的创始人朱会灿博士领衔的导师团队，汇聚了很多成功的企业家和技术"大牛"，他们都很有能力。在投资领域，有一类创业者被称为 Entrepreneur in Residence（EIR），即有经验的创业者。此类创业者不仅可以帮助投资者评估投资决策的正确性，未来还有很大概率会成为投资者优先考虑投资和进行业务合作的人选。

第5个"C"：cash（现金）

cash 的本意是现金，不过我通常把 cash 理解为"基金"。丰元资本在中国和美国都有基金，实现了国际化。双币（人民币和美元）基金的设置使得基金自身和被投企业具有非常大的灵活性。我认为只有真正的国际化基金，才能同时调动不同的资源，在未来的市场上占据更大优势。例如，我们团队曾经为所投资的无人商店领域的领军企业 AiFi 介绍了一位非常优秀的投资者，该投资者甚至还成为 AiFi 后续轮次融资的领投方。

11.2 如何在谈判中占据优势地位

投资者与创业者如果想达成合作，那么双方进行坦率、直接地谈判是非常重要的。在我看来，最终的谈判结果必须得到双方的一致认可，而且是双方都能够接受的。

在谈判过程中，双方应该适当地做出一些妥协和让步，但谁让步和妥协得比较多，则与其是否掌握了足够的谈判技巧息息相关。站在投资者的角度来看，为了确保能够在共赢的基础上实现双方利益最大化，从而更好地推动投资顺利完成，投资者应掌握一定的谈判技巧。

11.2.1 用数据和细节"征服"对方

对于投资者来说，无论创业者把团队、项目、商业模式、市场情况、组织架构等介绍得多么详细，也不能忽视一些重要的数据，如日/月/年活跃用户数量、日/月/年新增用户数量、每用户平均收入、用户留存率、日/月/年销售量等。

很多时候，只要面对的不是早期或创新项目，投资者就会参照上述数据做出投资决策。因此，在进行谈判时，创业者需要向投资者抛出一连串数据，然后围绕这些数据做一些解释和畅想。

所有创业者都应该承认一个事实：无趣、枯燥的概念和陈述难以引起投资者的重视和兴趣，与项目紧密相关的数据和发展情况才是投资者真正希望了解的内容。

谈判过程中的话术选择、用词的语气等都是值得双方深思的重点，从对方的细节表现上，就可以了解谈判是否顺利。通常情况下，无论是否有投资意向，出于礼貌和对创业者的鼓励，投资者都会用比较正面的话术来表达自己的想法。但与投资者进行一场坦诚的对话后，通过分析对方的谈话内容、语气、用词等，创业者应该可以对接下来的发展方向有一个比较清晰的判断，从而规划自己的融资安排。

例如，"exciting"（令人激动的）和"interesting"（有趣的）相比，前者明显表示投资者对项目更感兴趣；而投资者表示"给创业者介绍其他投资者"和"介绍其他投资者，并希望进一步了解"也有着很大区别，前者可能表示项目的领域或者方向不适合投资者自己，而后者表示投资者希望能够给项目提供更多的价值，来争取一个好的投资价格。

11.2.2 为谈判设置合理的范围

为了让谈判获得更好的结果，投资者除了要分析创业者的实力外，还要对相关环节进行精心、全面地设计，具体可以从图 11-2 所示的几个步骤着手。

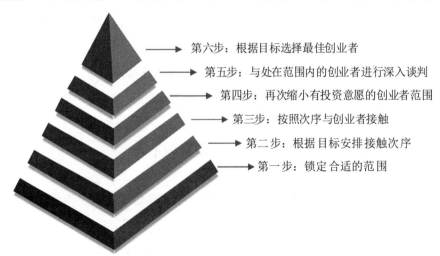

图 11-2　如何对谈判进行设计

谈判初期，投资者应该锁定合适的谈判对象范围。如果投资者的投资重点在获得更多回报上，那么就要多接触一些创业者，因为接触的创业者越多，遇到好项目的概率就越大，最终获得更多收益的可能性也就越高。

根据投资目标安排好与创业者接触的次序后，投资者就可以按照次序与创业者接触，一步步缩小有投资意愿的创业者范围，并与处在范围内的创业者进行深入谈判，然后再在这个范围内进一步确定自己要投资的最佳创业者。

托马斯·斯坦伯格（Thomas Stemberg）是美国知名办公用品一站式采购平台史泰博（Staples）的创始人，他开办了办公用品超市，为企业提供一站式办公用品采购服务。

在创业初期，斯坦伯格就已经预见到，一旦他的模式获得成功，将会出现很多模仿者。于是他一边开店，一边融资，希望能够借助资本的力量实现快速扩张。

但在第二轮融资时，投资者不肯给史泰博较高的估价。在这种情况下，斯坦伯格调整了谈判的范围，将范围从风险投资者扩展到了投资银行、养老基金企业、保险企业及具有独立视角的高净值人士等。在谈判过程中，一部分投资者认可他提出的更高的估价，最终，他获得了一笔可观的资金。

斯坦伯格的案例提醒投资者：不光投资者会设置合理的谈判对象范围，创业者也会根据自己的需求，为了维护自己的利益而设置谈判对象范围。因此，在与创业者谈判时，投资者要分析创业者的谈判对象范围，如果发现创业者在与其他投资者接触，那么就应该谨慎考虑，必要时还应该及时止损。

11.2.3 谈判的基础：基于创业者类型做准备

对于投资者来说，不是任何项目都需要推进到后续的投资流程中，而应根据投资策略对自己要接触的创业者加以筛选，并对其手里比较不错的项目做尽职调查，进行全面了解。而且，投资者接触的创业者越多，做出的判断越准确，投资成功率也就越高。最重要的是，这样提高了谈判的自由度，使投资者可以相对沉着、冷静地面对创业者。

为了在共赢的基础上实现投资收益最大化，投资者应该结合具体情况给创业者划分类型，并据此确定谈判的方向和内容。创业者的类型划分如图11-3所示。

图11-3　不同类型的创业者

（1）所在领域的专业创业者。投资者，尤其是新手投资者，非常需要获得行业专家的帮助及寻找志同道合的合伙人。要满足这方面的需求，投资者就必须寻找领域内的专业创业者，在科技最前沿挖掘潜在的商业价值。当然，这也是硅谷有很多"独角兽"企业都出自高校顶尖实验室的原因，毕竟这些实验室里有着众多高精尖人才。

（2）有成功案例的创业者。通过分析创业者已经研发的项目来锁定优秀的创业者，是投资者比较常用的方法。投资者可以通过对项目进行统计与分析，备选出潜在的创业者。

（3）企业文化、价值观一致的创业者。投资是一个相互选择的事情，投资者与创业者的地位是平等的。在投资前，投资者应该多收集一些其他投资者对创业者及企业文化的看法，并对这些信息加以分析，筛选出价值观与自己相符的创业者进行合作。

（4）经验比较丰富的创业者。创业者拥有的经验不仅可以转化为"真金白银"，还可以转化为资金网络、品牌资源、行业资源、内行专家等资源。初创企业都想找一个位于产业链上游的投资者，这是增强其自身资源优势的不错选择。而投资者也更愿意与经验丰富的创业者合作，从而达到一种比较理想的投资状态，这也有助于企业的长远发展。

（5）了解融资需求的创业者。创业者进行融资的主要目的是满足融资需求，获得资金支持。为此，创业者应在谈判过程中想办法让投资者理解自己的这个需求。

11.3 双方共同协商股权问题

在投资过程中，可能会出现这种现象：在谈判时，创业者完全接受投资者提出的投资额，但却在谈判完成后到处诉苦，抱怨投资者的投资额过低。投资者必须及时采取措施，不让这种现象影响自己的投资进程和情绪。

投资者应该在与创业者谈判时就协商好投资额，并对股权的分配进行协商，双方达成一致意见并严格执行。双方能够在投资前坦诚交流，充分交换意见，达成共识，是创业者与投资者形成合力、最大限度推动企业发展、实现共赢的基础。

11.3.1 投资者考虑如何安排控制权事宜

在谈判过程中，投资者需要注重股权比例与企业控制权的设计，这一点非常影响谈判的结果。如果股权比例设计不合理，那么创业者很难与投资者达成一致意见；如果控制权设计不合理，那么企业可能面临经营与法律风险。因此，企业必须设计科学的股权结构，在保证控制权合理的基础上灵活地设计具体的股权比例。

很多创业者徘徊于对融资的迫切需求与对控制权的掌控之间。不过需要注意的是，投资者不应该急于求成，而应该在控制权问题上有正确的想法和态度。企业的控制权主要体现在两个方面：一是股权层面的控制权；二是董事会层面的控制权。企业控制权的注意要点如表 11-1 所示。

表 11-1　控制权的注意要点

层面	控制要素	注意要点	
		争取目标	避免情形
股权	绝对和相对控股以及否决权	创始股东绝对控股（持股比例大于50%）或相对控股（第一大股东）	避免50∶50、40∶40∶20等导致决策僵局的股权架构
	投票权和股权分离（AB股）	通过投票权委托、一致行动协议或者双层股权架构把握投票权	防止融资过快导致股权稀释，以免创始人失去对企业的控制权
董事会	董事会	争取创始股东对董事人数的绝对或者相对控制	避免非创始股东控制董事会
	日常经营	争取由创始人或创始合伙人兼任企业董事长、总经理和法定代表人	避免非创始股东控制法人、公章、营业执照以及企业银行账户等

综上所述，对尚未发展成熟的企业，创业者和投资者要想更妥善地处理企业的控制权，就应该重视以下两个方面。

第一，释放股权比例要合理。

初创企业的估值往往比较低，但随着不断发展壮大，其估值和溢价会越来越高，从而使融资对创业者的股权被稀释的影响越来越小。因此，投资者需要仔细权衡，既要保证企业的现金流稳定，又要兼顾股权的稀释比例。

通常来说，企业会将在每一轮融资中释放的股权控制在 20% 以内。由于创始人的股权会被不断稀释，因此，有时候创始人为了避免自己的持股比例过低，还会选择购买其他股东持有的老股，以提升自己的持股比例，进而维持对公司的控制权。

第二，处理控制权要谨慎。

有的创业者会通过投票权委托、签订一致行动协议及实施双层股权架构等措施获得保证控制权的投票权。以财务投资为目的的投资者会基于对创业者的信任而同意这样的安排，从而维持企业的稳定运行。另外，投资者需要注意，有的创业者在股权层面失去了控制权，但会牢牢地把握董事会层面的控制权。

创业初期往往是投资者与创业者的"蜜月期"，投资者会愿意让创业者主导企业。但随着企业的进一步发展，有的投资者会因为利益问题而与创业者发生矛盾。此时，控制权就成为创业者与投资者博弈的关键。

营销专家翟子休认为："刘强东融资，一个显著特征就是烧钱，（以）保证京东有充裕的现金流。"其实在创业初期，刘强东就已经规划好了一切，预知按照京东多次巨额融资的计划，其股权将被不断稀释。

在这种情况下，刘强东通过对投票权进行1股等于20股的设计保证了控制权不会落在他人手上。只要他的股权不被稀释至低于4.8%，他的总投票权就能超过50%。

综上所述，处于创业初期的企业的控制权应掌握在创业者手里。这是因为当企业体量较小、资源有限时，更需要把精力集中在一个方向上。此时创业者几乎决定了企业的成败，而一旦创业者的控制权旁落，企业就无法按照创业者的思路去发展，早期投资者的投资也就没有了意义。

11.3.2 调整投资额，做最有利的投资交易

企业的估值对于投资者和创业者来说很重要。双方在就估值问题进行商讨时，应该使用相应的报价技巧。与任何一笔商业交易谈判一样，在与创业者进行谈判的初期，有的投资者会把投资额报低一些，从而为自己心理预期的估值和投资额留出周旋的余地。因为在谈判过程中，创业者往往会在合理的范围内提高估值，而不太可能降低估值。

另外，还有一个技巧是根据"支点价格原理"进行报价。这个技巧是以投资者的目标估值为支点，创业者给出的估值比投资者的目标估值高多少，投

资者的投资额就要比预期投资额低多少。这样可以帮助投资者在创业者试图提高估值时，争取更多的谈判空间。

11.3.3 股权可以妥协，但必须有底线

对于早期投资者来说，股权虽然非常重要，但如何帮助企业真正发展起来，走出创业的第一步，并为未来度过高风险期积蓄力量才是更重要的事。在这个过程中，投资者是从与创业者几乎一致的角度出发的，双方有一定的利益重合点。

但是，越是中后期的投资，投资者就越要求占据更多的股权比例，目的是更好地监控企业的业务情况。中后期投资的金额比较大，股权对应的价值也与早期投资有所不同。而且，已经成规模的企业只要出现问题，一般都是在法务合规等方面，或者遭遇"黑天鹅"事件，所以在中后期投资中，投资者更希望自己可以控制和监督企业发展。

另外，投资者如果进入董事会，通常会要求企业出资为自己购买相应的保险，以确保在企业面临特殊情况时，自己的连带责任在可接受的范围内。

由于企业的未来发展存在不确定性，而且一些投资者认为自己不如创业者对企业的具体情况那么了解，在投资过程中往往需要承担更大风险，因此投资者往往会使用估值调整协议，即对赌协议，来保证自己的利益。

当投资者和创业者决定签署融资协议时，对赌协议的存在可以允许投资者在相关条款被触发时，通过股权回购、金钱补偿等方式对企业的估值进行调整，从而降低投资风险。对赌协议也可以帮助投资者更高效地做出投资决策，从而缩短融资周期。因此，对赌协议是一个投融资双方都应该了解并善加利用的工具。

第 12 章

股权分配方案：投资者要占多少股权

　　一个优秀的股权分配方案既能让投资者科学、合理地参与决策，又能保证创业者的领导地位。本章主要探讨在投资过程中，投资者应该如何分析股权分配方案，以及应该占据多少股权，才能更好地降低投资风险，确保自己在股权方面不吃亏。

12.1 投资者股权 PK 创始人股权

创始人往往作为企业的"灵魂"而存在，其优秀与否是影响投资者是否会投资企业的因素之一。甚至有的企业会在面临困难时将已经退出的优秀创始人重新请回来主持大局，从而稳住投资者，不让投资者离开。在这种情况下，创始人和投资者的股权就必须分配好，否则很可能引发二者之间的矛盾和分歧，影响企业正常运作与发展。

12.1.1 明确创始人及创投关系

在一家企业里，创始人的选择看似一个非常简单的问题，实际上却非常棘手，尤其是在几个人合伙创业的情况下就更是如此。创始人虽然是一个比较明确的身份，但实际情况总是非常复杂。判断谁应该成为创始人，最简单的方法是看谁承担的创业风险最大。

在初创阶段，创始人投入的资金往往最多，此时很可能尚未获得外部融资。在这个阶段，创业也许会失败，创始人投入的资金很可能全部"打了水漂"。

在启动阶段，企业会引入外部融资，资金比较充裕。这些资金使创始人每个月都能获得比较丰厚的收入。但有的企业在这个阶段就失败了，其创始人不仅失去了创业前的稳定工作，还因为创业失败而损失了一大笔资金和很多时间及精力，创始人甚至会负债累累。

其实通过之前的投资经历，我发现了一件比较有趣的事：创始人与投资者之间的关系在发生微妙的变化。例如，在以 Facebook 为代表的移动互联网企业崛起前，硅谷的很多创始人通常会穿着西装，去沙丘路（Sandhill Road，硅谷一条知名投资者聚集的街道）拜访投资者，以寻求融资。但在移动互联网时代来临后，大约40%的投资者都搬到了帕罗奥多地区，因为这里聚集着以斯坦福大学为核心而搭建起来的早期项目生态圈。

在这个生态圈里，投资者开始主动出击，寻找优质项目，也会去创始人聚集的地区主动寻找下一个商业领袖和潜力新星。投资者不再悠闲惬意、高高在上、心无旁骛地等着创始人来办公室商谈，而是主动与优秀的创始人沟通，将其吸引到自己的圈子里。

2012年，光速创投（Lightspeed Venture Partners）合伙人巴里·艾吉（Barry Egger）从女儿口中得知了一款在其所在高中非常流行的交流软件。他的女儿告诉他，这款软件像Twitter一样，周围的同学都在使用。后来巴里又把这款软件推荐给了杰里米·刘（Jeremy Liew），这款软件引起了杰里米极大的兴趣。

杰里米在网上搜索不到任何与这款软件相关的报道，该软件的官网上也没有更多可用信息。最终通过查询企业域名，杰里米找到了这款软件背后的注册主体及其创始人——在斯坦福大学读书的大三学生埃文·斯皮格尔（Evan Spiegel）。

结果让杰里米遗憾的是，家境殷实的埃文不需要投资。但杰里米没有就此放弃，而是邀请埃文到位于硅谷沙丘路的光速创投的办公室，二人围绕产品的发展和定位进行交流。经过10余天的沟通，埃文接受了由光速创投投资的48.5万美元。

其实当时这款软件的下载量不多，也不是被投资者争抢的标的。但5年后，其背后的企业在纽约交易所挂牌上市，杰里米凭借不到50万美元的投资换回了大约20亿美元的回报。这家企业就是Snapchat（色拉布）。杰里米筛选创始人的独到眼光也让光速创投成为唯一一家在种子轮就投资了这家企业的投资者，并获得了非常丰厚的收益。

在正常运行阶段，企业通过外部融资吸纳更多资金和资源，取得了一定的发展，产生了更丰厚的盈利。在这个阶段，企业不太容易倒闭，即使真的倒闭了，其创始人也倾向于转型或者开始第二次创业。

企业要确保股权分配是科学、合理性，如果创始人的股权比例过低，那么无论是从促进企业发展的角度出发，还是从个人价值认可的角度出发，创始人都很难全身心地投入各项工作。

苹果公司曾经有第三个创始人，这个创始人希望自己能够赚取工资，而不是手持虚无缥缈的股权。于是，他把自己的股权以800美元的价格卖掉。现在苹果公司已经成为全球知名企业，其股权价值较之前已经有了大幅提升，显然这个曾经的创始人当时的决定是非常错误的。

总之，为了对企业进行更好地管理，促进企业的正常经营和长远发展，创始人的股权比例不能过低，也不能过高，而应该保持在一个合理的范围内。此外，当企业发展到一定阶段时，股权比例会发生变化，但无论怎么变化，创始人，尤其是核心创始人，都必须持有一定比例的股权。

12.1.2　投资者应该拿多少股权

投资界有一个不成文的通识：如果某股东在企业内的股权比例低于10%，那么其不作为企业的创始人之一而存在，因为他对企业没有足够的影响力。投资者也是如此，在分配股权时，10%的股权比例是一个比较重要的门槛，此时不能确定投资者是否占有董事会席位。

但是，当投资额比较大时，投资者会要求拥有企业不低于20%的股权，而且很多时候会要求占据董事会席位。如果投资者想更清晰地了解投资与股权之间的问题，那么应该分两种投资类型来讨论：一种是财务投资，另一种是真正参与管理的股权投资。

第一，财务投资：投资者更多地会在乎收益。

硅谷有一家知名投资机构，名为 DST Global。丰元资本投资的很多项目都在后续融资轮次中获得其投资，继而实现估值的快速增长。例如，丰元资本投资的北美生鲜电商"Weee！"，在 2021 年 3 月完成 D 轮融资，获得 DST Global 高达 3.15 亿美元的投资。

DST Global 是一家专注于财务投资的投资机构，两位创始人都来自俄罗斯，背靠俄罗斯诸多科技巨头，经济实力雄厚。其创始人多米尼克（Dominic）曾经在硅谷一家叫作 Taipan 的餐厅和我一起吃饭，我们聊到了他的联合创始人尤里·米尔纳（Yuri Milner）。尤里之前给 Twitter 和 Facebook 投资，一度拥有 Twitter 5% 的股权和 Facebook 8% 的股权，收益颇丰。

在美国，投资者要想成功，一个非常重要的前提是通过投资换取相应的股权，其他方面则可以适当舍弃，最好也不参与企业的运营。从运营角度来说，此举对创始人非常友好。

以 DST Global 对 Facebook 的投资为例，DST Global 当时只要了股权，而没有要任何投票权，也没有要任何董事会席位。这让扎克伯克感到非常开心。DST Global 非常低调，是"闷声发财"的典范，其官网只有一页，信息很少，但这也恰恰体现了其创始人的行事风格。

第二，股权投资：投资者参与管理工作。

投资者是否应该做股权投资，要看企业类型是资金密集型，还是技术密集型。例如，半导体、生物科技、现金装备制造等领域的企业基本都属于资金密集型企业；SaaS 服务、互联网等领域的企业则都属于技术密集型企业，它们往往更注重轻资产运营。

在上述两种情况下，早期资金的作用在企业的生存与发展中有不同的权重。例如，生物科技领域的企业，从创立初期开始，就需要非常多的资金才能开展研发工作。而且，在产品最终上市、实现盈利前，此类企业通常会长时间地（从几年到十几年不等）处于持续、大量烧钱的状态。因此，资金对于此类企业来说至关重要。为了更好地开展研发工作，此类企业很可能不得不在早期融资阶段就授予投资者 50% 以上的股权。

随着赛道的逐渐细分与优化，企业的各种情况也在发生改变，处于一种"减负"的状态。虽然企业在不断"减负"，但资金的重要性仍然非常显著。相比之下，注重轻资产运营的技术密集型企业通常更重视股权，其在种子轮融资和天使轮融资中释放的股权比较少，一般不会超过 20%。

之所以会出现这种情况，本质上是因为各类企业对资金的需求不同。例如，资金密集型企业会愿意用比较多的股权换取巨额投资，因为资金决定了项目是否可以顺利运行，以及项目在早期阶段的存亡；而技术密集型企业则倾向于掌握更多股权，即使这样会导致获得的投资额比较少。

当然，如果财务投资和股权投资都不在投资者的考虑范围内，那么战略投资也是一种比较不错的选择。

但是，如果企业在产品研发过程中盲目地迎合投资者的需求，那么可能会影响企业的发展节奏与方向。不过，战略投资也有好处，那就是可以为企业带来资源。而且，如果投资者的股权比例不高，对业务发展的支持大于索取，那么对于企业来说将会是一件好事。

Google 的投资平台 Google Ventures（谷歌投资）在做投资决策时就非常独立，不会过多地受到 Google 业务的影响。甚至为了弱化自己与 Google 的关系，Google Ventures 还将名字改为 GV，来保证自己独立于 Google 运营，从而保持投资决策的纯粹性。

目前还有一种"导师股"，即企业会赋予帮助自己成长的"导师"一部分股权。这里所说的"导师"通常是指为企业带来资源的投资者。在硅谷，企业给"导师"的股权一般不超过 1%，大部分在 0.5% 以内，但这并不意味着"导师"不能获得丰厚的回报。例如，Facebook 最大的社交游戏开发商 Zynga 的创始人马克·平卡斯（Mark Pincus）的股权虽然越来越少，但身价却逐渐增长。

12.1.3 股权分配的核心：人才 + 资金

对于投资者来说，投资不是把钱给出去就万事大吉了，还需要考虑股权分配问题。在团队比较完整、项目比较有前景的情况下，投资者要关注股权分配情况。合理的股权分配能够保证各利益相关者得到公平的回报，从而确保企业能够稳定地发展。

如今，越来越多的市场机会涌现，但同时用户需求不断升级，且业务竞争渐趋激烈，企业可能无法"单枪匹马"地突出重围，而是要依靠两大外部力量，即人才和资金。因此，企业在进行股权分配时，也要以这两大外部力量为核心。

1. 人才核心

这是一个充满未知的时代，技术的革新让之前一些不可能的事情变得可能。很多行业中都有破局者和颠覆者，他们通过技术或商业模式创新，不断扩展市场边界。对于企业来说，这些破局者和颠覆者才是真正的"宝藏"，他们可以对行业发展趋势和市场变化做出快速反应，并制定解决方案。

如今，不少企业都希望实现组织的平台化和生态化，尽快完成转型升级。这背后隐藏的其实是人才理念，即只有推动人才的更替，才能更好地促进企业发展，才可以催生出更有价值的商业模式。因此，在进行股权分配时，创业者有必要以人才为核心，关注人才，让人才获得其应有的回报。

现在"单打独斗"的模式已经越来越不适用于创新领域，取而代之的是团队模式。对于企业来说，基于人才的股权分配是一次深刻变革。合理的股权分配方案应该是灵活且公平的，同时也需要一定的策略来搭建并培养优秀、成熟且稳定的团队。

例如，通过不断稀释老股东的股权，企业可以给予员工与其能力相对应的优先认股权，也就是期权。但企业最好将这些期权在一定时间内（一般为3～4年）分批次授予员工。而且，考虑到企业未来发展对股权产生的影响，也有投资者在投资前就会要求企业先预留好一定的股权比例作为期权池，否则就拒绝投资。这样可以很好地避免企业因为扩大规模、吸引人才而过度稀释投资者的股权,从而保护投资者的利益。

2. 资金核心

相比技术、经验等无形资源,资金是实实在在的、非常容易量化的资源。要想合理地分配企业的股权,企业不妨将创业者的技术及其他资源投入折算成资金。当然,这样做的目的并非推行平均主义,而是为了选出承担主要责任的人。要知道,股东们在实际合作时难免会出现分歧,如果没有一个承担主要责任的人,那么企业的很多重要决策将无人牵头实施。

也就是说,在企业中,应该有一个人占据较多股权,承担较大责任,这是企业获得长足发展的保证。关于这一点,美国的创业者在做股权分配时就非常注意。他们会在注册企业前,就商量并制定一套合理且完善的股权分配方案,同时明确一些问题,如按照何种标准分配股权、除资金外的其他投入如何折算为股权、企业的主要决策者是谁及如何实施决策权等。

扎克伯格曾经在2004年设立了一家新企业,并将注册地点选在了美国特拉华州。对此,他向合伙人埃德华多·萨瓦林(Eduardo Saverin)解释,这样做是为了让企业具备灵活调节股权架构的能力,从而吸引外部投资者。

过了一段时间,萨瓦林便前往硅谷与扎克伯格签署了一份新的协议。当时,萨瓦林并没有注意到,他的股权与扎克伯格的股权不同。他持有的是普通股,而扎克伯格持有的是具备结构性防稀释功能及转换权的优先股。

两个多月后,扎克伯格领导Facebook通过了两次大量普通股增发的授权。当普通股全部发行后,萨瓦林的股权被稀释至0.03%,这一戏剧性的股权变化还反映在电影《社交网络》(*Social Network*)中。凭借此操作,扎克伯格成功让萨瓦林出局,将企业的控制权牢牢地掌握在了自己和支持自己的投资者手里,带领Facebook走向成功。

举这个例子,是为了说明股权分配对于确定企业主要责任人的重要性,也是为了提醒企业在设计股权分配方案时,一定要以人才和资金为核心,确保企业的股权分配科学、合理。

12.2 什么样的股权架构更科学

在资本高速流动的时代，每家企业都应该有科学的股权架构，这是强化顶层设计的基础。科学的股权架构一方面能够为团队建立竞争优势，另一方面可以使企业业绩实现指数级增长，降低融资难度。在投资过程中，股权架构的优劣在很大程度上会决定投资的成败，也会对投资者的利益产生深刻影响。那么，究竟什么样的股权架构更科学？企业应该如何打造科学的股权架构呢？

12.2.1 如何打造科学的股权架构

1994年，四个年轻人在四川省简阳市开办了一家只有四张桌子的小火锅店。这个小火锅店就是海底捞的前身。截至2021年，海底捞在全球范围内已经拥有上千家直营店，受到广大食客的欢迎，并作为餐饮品牌龙头成为哈佛商学院的教学案例，成就十分显著。

创建海底捞之初，其现任董事长张勇没有花一分钱，早期投入的8000元资金是由其他三个人筹集的。由于张勇是项目发起人，因此提议四个人均分股权，每个人拿到了25%的股权。后来四个人双双结成了夫妻，海底捞的局面变为两家人各占50%的股权。

随着海底捞的不断发展与壮大，张勇意识到了股权架构存在问题，于是便说服另外三个人只做股东，不插手企业管理。张勇的太太最先离开海底捞，随后另一位股东施永宏的太太也离开了海底捞。2007年，在海底捞发展走上"快车道"时，施永宏也选择离开。

当施永宏离开后，张勇与施永宏夫妇达成共识，以原始出资额的价格，从他们手里回购了18%的股权。因此，张勇凭借68%的股权成为海底捞的绝对控股股东。其实施永宏选择向张勇转让股权的做法是明智的，他自己也认识到了这一点。他曾经公开表示,尽管自己的股权比例降低了,但获得的收益并没有减少,而且还有更多时间享受生活。

张勇在成为海底捞的控股股东后,对企业管理更用心,海底捞的发展也非常顺利。从2013年到2021年,海底捞的总收入一直在飙升,而且其旗下的子公司颐海国际控股有限公司也成功在港交所上市。可以说,海底捞借助颐海,迈出了进军资本市场的第一步。

早期,海底捞在股权架构上是有问题的,几个合伙人由于没有创业经验,而选择了错误的股权均分的模式。后来,张勇意识到股权分配有问题,选择回购施永宏夫妇的股权,才得以形成以自己为主、施永宏为辅的科学的股权架构。

那么,投资者应该如何评估和认定企业的股权架构是否科学呢?投资者可以参考三个标准,如图12-1所示。

图 12-1　科学的股权架构需满足的标准

第一,简单明晰。"简单"是指企业的合伙人尽量不要太多。对于初创企业来说,比较科学的配置是2～3个合伙人,这样在彼此沟通方面会有缓冲地带。"明晰"是指股东数量、股权比例、代持人、期权池等要明晰,以切实保障各方利益。

第二,有一个占股最多的创始人。在企业的合伙人中,应该有一个占股最多的创始人,也就是团队的"领头羊"。如果创业团队中没有一个拥有话语权的人,或者谁都可以对企业决策指手画脚,那么企业的决策效率会很低下,影响企业发展进程,从而对投资者的收益产生很大影响。无论是创业者,还是合伙人,其股权都不能均分,这样才能保证项目的正常运行和企业的长远发展。

第三,合伙人之间优势互补。前面已经说过,一家初创企业的合伙人最好是2～3个,而且这几个合伙人之间应该体现优势互补。而对于投资者来说,最好不要选择成员优势重叠的创业者团队,因为这样的团队不仅可能造成资源浪费,还容易在同一专业领域发生分歧。

12.2.2 警惕"五五"式股权架构

很多时候,刚毕业的大学同学或者有相同理想的同事一起创立企业,都选择将股权平均分配,因为这样看似比较公平,操作起来也非常简单。但这样的股权分配方式是非常不合理的。创业者在设计股权架构时,必须摒弃"不患寡而患不均"的想法。

当股东间出现矛盾时,如果企业的股权架构足够合理,那么持股比例最多的人就可以发挥自己的作用,调节矛盾,形成有效的决策。但有意思的是,如果把"患"字进行拆解,我们会发现"心"的上面是两个"中"。这恰恰是企业进行股权架构设计的大忌。如果企业有两个或多个管理中心,那么它们很有可能成为企业发展过程中的阻碍。

投资者作为提供资金的人,需要尽可能地保证自己的回报,所以就不可以只考虑表面上的公平,而忽视平均分配股权所导致的风险,如股权空间的预留、因为职责过多而引起的心理不平衡、后续投资者进入后的控制权旁落等。投资界比较知名的西少爷股权之争,就是由平均分配股权所导致的矛盾引起的,这个矛盾也让该企业的发展受到了严重影响。

股权有多种分配方式,最差的一种就是均分。因为在企业创立和运作过程中,各方发挥的作用是不一样的,做出的贡献也是不同的。

真功夫曾经是中国规模最大的快餐企业,其合伙人之间的股权分配是五五分,即创始人潘宇海与蔡达标夫妇各占50%的股权。

1990年,潘宇海在广东省东莞市长安镇开了一家甜品店。一段时间后,他的姐姐(潘敏峰)、姐夫(蔡达标)也加入其中。为了扩大经营范围,三人决定将甜品店转型,并更名为"真功夫"。凭借着蒸品这一特色产品,真功夫获得了迅猛发展。

然而，这家曾被称为快餐行业领军品牌的餐厅，最终因为股权问题导致估值不断缩水，经营和管理等工作也一度停滞不前。潘宇海及其姐姐、姐夫的股权比例是这样的：潘宇海占股50%，其姐姐、姐夫分别占股25%。随着真功夫的不断发展与扩张，三人并没有按照实际情况对股权进行重新分配和调整，这为后来的股权纠纷埋下了隐患。

2006年，潘宇海的姐姐与姐夫协议离婚。因为潘敏峰主动出让了自己的股权，所以蔡达标当时其实掌握着真功夫50%的股权。也就是说，潘宇海和蔡达标的股权是平均分配的。

2007年，潘宇海和蔡达标有了上市的想法，便决定融资，最终获得了中山联动和今日资本的投资。当时，二人分别拿出了3%的股权给投资者。即使如此，二人的股权依然是平分的，均为47%。这样的股权结构对于投资者和真功夫来说都是非常不利的。

随后，蔡达标提出了去家族化的内部管理改革，并控股中山联动。他还聘请了一些职业经理人对真功夫进行更严格的管理，取代了之前的家族内部管理人员。至此，真功夫的股权已经发生了多次变化，变化路径如表12-1所示。

表12-1 真功夫的股权变化路径

关键节点	蔡达标股权	潘敏峰股权	潘宇海股权
蔡达标、潘敏峰离婚前	夫妻二人共同持有50%		50%
蔡达标、潘敏峰离婚后	50%	放弃其原本持有的25%	50%
引入中山联动直播和今日资本，两家各占3%的股权	47%	—	47%
蔡达标控股中山联动后	50%	—	47%

为此，潘宇海状告蔡达标非法挪用资产，经过法庭调查和审理，蔡达标最终被判入狱。

潘宇海重新获得了真功夫的控制权。真功夫的股权之争虽然落下了帷幕，但是此次股权之争给真功夫带来的负面影响却不是马上就可以消除的。

很多创业者会选择与自己的朋友或亲人一起合伙创业。在创业初期，出于朋友或亲人之间的情谊，他们往往会有平分股权的想法。如果真的平分股权，刚开始时涉及的经济纠纷可能较少，弊端也不会明显地凸显出来。但当企业发展和壮大后，如果创业者依然不重视股权分配问题，那么就很有可能导致种种不良后果。为了避免这种情况，投资者需要在投资前了解企业的股权分配制度，尽量要求创业者将其形成书面文件，以更好地维护自身利益。

12.2.3　股权架构不合理引发投资风险

2012年，在西安交通大学北京校友会上，孟兵、宋鑫、罗高景三位热血方刚的年轻人相识了，西少爷的故事也由此展开。宋鑫原本就职于一家投资机构，后来产生了自己创业的想法；孟兵曾经先后在腾讯和百度担任高级工程师；罗高景是一名IT从业者，熟练掌握计算机技术。他们三人经过深入讨论后，一拍即合，踏上了合伙创业之路。

2013年，孟兵、宋鑫、罗高景成立了自己的企业，但因为业绩不佳，这次创业仅持续了7个月便宣告结束。后来，三人又将创业方向定为肉夹馍。不过，再次创业的发起者不再是三个人，而是四个人，因为袁泽陆也加入了进来。

2014年，西少爷肉夹馍店在北京五道口正式开业，当天中午就卖出了1200个肉夹馍。这家以互联网思维卖肉夹馍的店铺开业后，生意非常火爆，吸引了很多媒体和投资者的关注。西少爷肉夹馍在媒体面前频频亮相后，诸多投资者主动与其联络，当时其估值为4000万元。

在肉夹馍业务发展趋于稳定时，四个创始人都认为应该扩大业务，但他们缺乏资金支持。因此，他们一致同意通过融资的方式获取扩大业务所需要的资金。然而，就在引入投资、协商股权的过程中，四个共苦过的创始人之间的矛盾被彻底激化了。

孟兵想让自己的投票权是其他人的3倍，其他人对孟兵的这一要求都表示不能接受。但经过协商后，罗高景、袁泽陆表示只要做出一些退让，即孟兵拥有2.5倍的投票权，就可以接受孟兵的要求。宋鑫却表示不能接受这样的要求，除非得到投资者的肯定。因为没有达成一致意见，所以这件事就被搁置了起来。

后来，孟兵、罗高景、袁泽陆要求宋鑫退出团队。他们没有召开股东大会，也没有正式宣布结果，只是在微信上将这件事告知宋鑫。之后，四人再一次聚到一起就这件事进行洽谈。孟兵、罗高景、袁泽陆提出要用 27 万元和 2% 的股权回购宋鑫手中 30% 的股权。但宋鑫没有同意，他提出要 1000 万元。

在整件事中，孟兵处于"风暴"的中心。异常冷静、鲜少发声的他在媒体的追问下表明了自己对股权分配的想法。他认为，股权分配一定要合理，否则就是给企业埋下一颗"定时炸弹"。在我看来，他的观点非常有道理。

一拍即合的一群人，在成立企业时，往往秉持着"好朋友不应该过于计较"的原则。所以，即使西少爷的股权分配缺乏一定的严谨性和科学性，在他们看来也不是什么大事。然而，企业的发展和变革是没有人能预料到的。换句话说，一旦股权分配与企业的发展状况不匹配，曾经最好的朋友也可能会因为股权纷争而心生隔阂，甚至反目成仇。

此事也提醒投资者：在对企业，尤其是对合伙企业投资时，必须警惕各合伙人之间因为朋友情谊而忽略了股权分配方案的科学性与严谨性。对于企业运营中可能出现的问题，投资者应该提前识别和预防，并为之制定相应的解决措施。

12.3 投资者要参与股权设计

所有投资者都应该认识到一件事：做好企业的股权设计是做好投资的重要环节，它将直接影响到企业的经营与管理及后期的投资回报。如果股权设计过于简单、粗糙，那么就会是投资路上的绊脚石。

因此，投资者要参与股权设计，并指导企业根据实际情况灵活地调整股权结构，而不能指望只要设计好股权结构，就一劳永逸了。

12.3.1　股权是商业文明的里程碑

在投资过程中,我见过形形色色的股权故事,也帮助企业处理过各式各样的股权事故。这让我深刻地意识到,股权对于企业来说是非常重要的,甚至可以被认为是商业文明的里程碑。股权一旦出现问题,无论是企业,还是创始人、投资者、股东,都会受到严重影响。

当初"宝能系"在二级市场上疯狂买入万科的股票,最终合计持有万科25.04%的股权,成为万科的第一大股东,这就是曾经轰动一时的万科股权之争。但王石表示,他支持"宝能系"购买股票,但不欢迎"宝能系"成为万科第一大股东,更不允许"宝能系"控制万科。

后来为了与"宝能系"竞争,万科宣布股票停牌,停牌时间长达6个月。在股票停牌期间,王石拜访了很多企业家,希望引进足以抗衡"宝能系"的大股东。对王石的做法,"宝能系"表示无法接受,要求罢免包括王石、郁亮在内的十名万科的董事和两名监事。

至此,万科股权之争达到高潮。为了维护企业利益,万科向"宝能系"及其创始人姚振华提起诉讼,指控其操纵交易,引来了证监会的关注。证监会的介入为王石、郁亮等万科的管理层制定应对策略争取了时间。后来万科对外公布了一份申请查处"宝能系"入股资金的报告,该报告使"宝能系"面临巨大的资金压力。

但即使如此,在接下来一段时间内,双方还是纠纷不断,万科的股价也受到影响,变得十分不稳定。直到2017年,深圳地铁收购万科大约29%的股权,一跃成为万科的第一大股东,而"宝能系"则黯然退场,万科股权之争才终于告一段落。与此同时,王石也放弃了自己的原始股权,退出万科。

与万科不同的是,知名保险企业中国平安虽然也曾引入投资者,但并没有引发股权纠纷。

中国平安曾经引入摩根士丹利和高盛两个外资股东。当时中国平安在国内寻找资金的难度比较大，便决定采取迂回策略，引入国外的投资者。摩根士丹利和高盛以超过每股净资产 6 倍的价格购买了中国平安 13.7% 的股权。

对于当时的中国平安来说，融资更多的是为了解决资金需求。在相关政策的影响下，摩根士丹利和高盛无法进入中国平安的董事会，只能各自派一位观察员列席董事会，观察员没有投票权。外资通常对董事会运作流程的规范化要求很高，因此，摩根士丹利和高盛要求中国平安必须使用国际会计师，以保证信息披露工作顺利进行，而且超过一定金额的投资必须提交董事会审议。

外资的高要求，起初让中国平安觉得受到了很多限制。因为中国平安聘请国内会计师的年度费用往往不会超过 20 万元，如果聘请国际会计师，那么至少要花费 200 万元以上，成本太高。在这种不得不接受外资的要求的情况下，中国平安逐渐体会到了外资的管理智慧。

当时在国内，很多保险企业对承保亏损不是非常在意，认为投资获得的收益可以弥补。但是，摩根士丹利和高盛为中国平安带来了与众不同的国外经验。外资通常会认为，承保亏损的保险企业可能不会立即倒闭，但过了 10 年、20 年后，倒闭的可能性会非常大。因此，像中国平安这种规模比较大的企业，要尽量保证承保业务是盈利的，这样才能做大、做强。

从摩根士丹利、高盛两个外资股东身上学到很多管理经验后，中国平安深刻地意识到了优秀的投资者对于企业发展的意义。随后，中国平安开始寻找更专业的投资者。这样做的目的是：一方面，满足自身日益增长的资金需求；另一方面，与这些投资者实现战略上的强强联合，帮助自己更好地开拓国际市场。

基于这样的战略，中国平安遇到了汇丰。汇丰投资 6 亿美元获得了中国平安 10% 的股权。同为国际领先的金融控股集团，与摩根士丹利、高盛相比，汇丰拥有更专业和领先的风控及合规管理能力。事实证明，中国平安引入汇丰的决定是正确的。

汇丰在入股中国平安后，首先从内部控制、风险管理等方面入手，给中国平安提出了很多意见和建议，并帮助中国平安建立了统一的 IT 系统。中国平安不断向汇丰学习，引入了先进的经营经验，与外资股东彼此赋能、互惠互利，使管理措施和股权模式日益优化，业务逐渐走向成熟，很好地完成了股权多元化、合理化的转变，找到了一条适合自己的发展道路。

在股权设计上，万科与中国平安走了不同的道路。万科因为股权问题，内部发生大的变动。而中国平安则合理进行股权设计，主动学习管理知识，获得了非常不错的发展，值得其他企业学习和借鉴。

12.3.2 股东众多不可取

就股权设计来说，外部股权过多是一个"死穴"，这个"死穴"通常会出现在初创企业中。如果企业缺乏启动资金及高素质人才，而且无法正确地认识到自己的价值，不能对股权进行合理规划，那么就很可能出现这样的情况：大量引入投资者，导致股东众多。这样不仅会削弱创始人对企业的控制权，还会损害后续融资轮次的投资者的权益。

因此，当投资者过多，企业出现大量股东时，为了保证管理、决策效率，创业者可以要求其他股东将签字权授予董事会成员指定的人。这样在需要股东们签署股东会决议时，就不会因为需要每一位股东签字而让决议无限期推迟下去，从而有利于提高团队的执行力。

在做投资的这些年里，我见过很多创始人犯过盲目融资的错误。在创业初期，他们为了获得更多启动资金，引入了太多的投资者，并为其发放大量股权。然而，其中一些投资者可能提供的价值有限，导致他们的股权与他们所做的贡献严重不匹配。久而久之，创始人和团队失去了动力，企业内部和股东之间矛盾重重，使企业难以发展，不得不走向倒闭。

综上所述，企业不应该发放过多的外部股权。此外，企业还要为后续进入的投资者预留一部分股权。这些投资者会对股权结构产生影响，即原有股东的股权会被稀释，从而出现控制权旁落的情况。例如，乔布斯、马斯克都曾经有因为控制权旁落而不得不离开自己一手创办的企业的经历。

反观Facebook，它通过双层股权架构设计，再加上签订表决权代理协议，使其创始人扎克伯格牢牢地把握住了控制权，能够决定企业的发展战略和经营方向。当然，正是因为如此，Facebook才得以成为市值超高的互联网巨头，投资者也从中获得了巨额回报。

如果企业没有在前期预留出股权，而是将股权全部划分完毕，那么就会影响到新进投资者的投资意愿，还会对原有股东的利益造成影响。此外，如果从其他股东手中收回股权给新进投资者，那么不仅费时、费力，还会伤了其他股东的心，继而阻碍企业扩张。

因此，为了能够在未来的发展中吸引更多投资者，获得更多资金，创业者需要在前期预留出一部分股权，这也是为企业的进步与成长创造空间。

12.3.3 明确创始团队"权、责、利"

秉持着对企业负责的原则和态度，创始团队会积极参与到实际的运营和管理中。然而，当各成员之间的任务不明晰时，就容易出现推诿、扯皮的情况。对于创业者和投资者来说，明晰的"权（权利）、责（责任）、利（利益）"都是维护公平、保证合作稳定的基石，三者必须相辅相成，保持一致。

此外，企业应该根据各成员所做的贡献为其分配股权。做出较多贡献的成员，可以适当地占据企业较大比例的股权，以此类推。当然，占据股权比例越大的成员，享有的权利和承担的责任越大，获得的利益也越丰厚。这里需要注意的是，贡献通常是看不见、摸不着的，此时就需要投资者掌握量化贡献的方法。下面借助一个案例进行说明。

卡尔（Carl）、马特（Matt）、莱纳德（Leonard）、布罗德里克（Broderick）在大学毕业后共同成立了一家科技企业，他们各自的角色如下所示。

（1）发明人员（卡尔）：领域内公认的引领者，有较强的综合能力。

（2）商务人员（马特）：为企业带来业务，为员工充实行业知识。

（3）技术人员（莱纳德）：发明人员的得力助手。

（4）研究人员（布罗德里克）：因为某些契机开始创业，目前不会对企业做出太大贡献。

如果他们均为第一次创业，而且缺乏相关经验，那么股权很可能是这样设计的：每个人得到25%的股权。对于卡尔、马特等人来说，这样的结果其实是不公平的。比较好的股权设计方案应该是对每个人做出的贡献进行量化，按照从0分到10分的等级打分。

对于科技企业来说，比较重要的贡献有四种，分别是创业观点、商业计划书、领域专业性、担当与风险。不同的贡献还需要有不同的重要程度（单位：级），如表12-2所示。

表12-2 贡献的重要程度

贡献	重要程度	卡尔	马特	莱纳德	布罗德里克
创业观点	7级	10分	3分	3分	0分
商业计划书	2级	3分	8分	1分	0分
领域专业性	5级	6分	4分	6分	4分
担当与风险	7级	0分	7分	0分	0分
资金	6级	0分	6分	0分	0分

之后可以把每个人的分数与贡献的重要程度相乘，计算出一个加权分数；把每个人的加权分数加在一起，得到一个总分数，根据总分数判定股权比例。对股权比例的合理性进行检查，判断其是否符合逻辑，如果没有问题，便可以正式投入使用，如表12-3所示。

表12-3 四位成员的贡献值

贡献	卡尔	马特	莱纳德	布罗德里克	
创业观点	70分	21分	21分	0分	
商业计划书	6分	16分	2分	0分	
领域专业性	30分	20分	30分	20分	
担当与风险	0分	49分	0分	0分	
资金	0分	36分	0分	0分	
					合计
总分数	106分	142分	53分	20分	321分
股权比例	33%	44.2%	16.5%	6.3%	100%

通过上述方法对各人的贡献进行量化后，企业几乎就不会存在平分股权的情况，也不会出现权、责、利不明晰的现象。投资者在参与股权设计时，需要考虑每个人过去、现在、未来可以为企业做出多大贡献。这是一种量化的分配股权的模式，可以使股权分配更公平、合理。

不过大家请注意，上文对各类贡献的权重和分值只是作为案例使用，不具备普适性。想要使用这个办法的创业者，还是应该结合自身业务和企业发展情况对其进行优化和调整。

12.3.4　用法律武器保护股权公平

股权是投资者和创业者之间的一个重要关联点，也是双方合作的基础和利益的核心载体，同时也是导致矛盾爆发的"导火索"。创业者应该慎重地给予投资者股权，以保护自己的控制权；而投资者为了实现回报最大化，自然也希望对企业的重要事件和关键业务拥有一定的决策权。

例如，如果创业者想以某个价格将企业整体出售，而作为占有股权比例较小的投资者却认为当前不是一个好的出售时机，交易对价和支付方式也不理想，那么投资者有权阻止此次交易吗？如果双方没有提前约定相关条款，那么投资者此时只能眼睁睁地看着创业者卖掉企业。

因此，在投资过程中，投资者要学会用法律武器保护股权公平。很多时候，保护条款的范围、广度、深度可能有所不同，需要根据双方的地位和项目的实际情况来决定。目前比较常见、有利于保护投资者利益和股权公平的条款包括以下几个。

1. 一票否决权

投资者一般会以较高的溢价进行投资，而且在完成投资后会在企业占据一部分股权。此时如果仅遵循一般的"资本多数决策"原则，那么持有股权比例较小的投资者在企业的重大事件上基本无法产生任何实质影响。这是投资者需要考虑的一个风险因素。

因此，在投资时，投资者会争取在股东会或董事会层面对重大事件拥有一票否决权。投资者是否可以取得一票否决权，与其所占据的股权比例、投资规模及其能为企业提供的价值息息相关。

2. 董事会和董事保险

硅谷流行这样一句话："Good boards don't create good companies, but a bad board will kill a company every time."大意是："好的董事会不一定能让企业成功，但糟糕的董事会一定可以毁掉企业。"鉴于董事会和股东会的召开频次及参与人员的专业差异度等多方面原因，企业的很多重大事件往往是在董事会层面被决策的。

因此，对于投资者而言，占据一定的董事会席位，除了可以防止创始团队为了自己的利益以较低的价格出售企业外，还可以利用董事会决策避免损害投资者利益的情形发生。在创立初期，董事会成员一般为3～5人，创始团队保留企业的绝对控制权。等到企业获得发展后，董事会成员会增加为7～9人，有时还会引入外部董事，即经验丰富的创业者、学者或高管等。

如果因为投资额低，股权比例有限，导致投资者无法在企业中争取到董事会席位，那么投资者可以争取董事会观察员席位。观察员一般能够收取和审阅董事会会议资料、列席董事会会议，但没有法定权利在会议上发言和投票。不过，这样至少可以保证投资者了解企业目前的发展情况和重大事件的决策结果。

在公司的董事会中，很多董事都是CEO的朋友或者与其志同道合之人，这不一定是一件坏事。当创始人和董事会有足够的眼光和经验做出比较好的发展决策时，一致的思路能够形成合力，加速企业成长。但有人的地方就有"江湖"。无论是法律，还是规章，最终在背后起决定性作用的还是人。这也是我一直强调早期投资要投人的原因。

由于董事在履行职责的过程中，可能因为单独或共同实施的不当行为给企业、股东、员工、消费者等造成伤害，因此其有着较高的职业风险和经营责任风险。虽然很多时候董事并非有意而为之，但如果不对其权利加以保护，那么同样会削弱其创新精神。

一般来说，非上市企业受到的监管压力和要求比上市企业更低，但我还是建议如果投资者在初创企业担任董事，那么就应该尽可能地要求企业给自己购买责任保险。尤其是在高风险行业和相关法律法规尚不健全的新兴领域，董事面临的风险更大。

3. 同比例跟投

在早期项目中，投资者的投资额和所占项目股权比例通常不会太高，因为项目还处于早期发展阶段，未来发展情况尚不明朗。尽管如此，投资者依然会与初创企业签订同比例跟投条款，以确保自己可以锁定那些在创业泥淖中突围而出的赢家。更实际地说，投资者投资的众多项目总是有盈有亏，最终决定其总体回报和表现的是少数明星项目。

同比例跟投条款可以保障投资者在企业的后续融资中持续加码，获得更多股权，赚取更丰厚的回报。如果出现了明星项目，那么投资者也享有跟投权，但当投资者核心基金的储备资金耗尽或不足时，应该怎么办呢？这时基金管理层可以通过设立特殊机会基金（Special Opportunity Fund）的方式参与明星项目的后续融资。

一般来说，特殊机会基金的单笔投资额要大于核心基金，但募集规模通常会小于核心基金。在募集资金时，创业者需要关注特殊机会基金与核心基金的潜在利益冲突，并打消投资者的顾虑。目前许多基金管理人已经设立专门的特殊机会基金，用于跟投核心基金已经投资的明星项目。

4. 创始团队股权兑现

在硅谷，比较常见的股权兑现条款是创始团队的股权要分 4 年成熟。也就是说，创始团队必须为企业服务满 4 年，才能拿到所有股权。在这个过程中，创始团队每年可以兑现 1/4 的股权，每月可以兑现 1/48 的股权。

当企业达到一定规模但还未上市时，创始团队可以出售部分股权给投资者。董事会通常会允许此类事情发生，从而让创始团队的生活有所保障。但在企业规模还不理想时，创始团队如果将股权过早兑现，则会存在一定弊端。因为这意味着创始团队和企业发展的利益绑定变弱，或者创始团队产生了其他更迫切的需求，这可能会让企业失去发展原动力。这就像在奶牛还没长大时就开始挤奶，从长远来看，这种做法对奶牛一定是有很大损害的。

此外，硅谷还会有一个为期 1 年的"阶梯"（cliff），即 1/4 的股权，创始团队需要为企业服务满 1 年才能获得，剩余的在未来 3 年内，按月或按季度兑现。这样可以很好地防止创始团队随意离开企业而对项目进展造成不良影响。

有些创业者刚开始可能无法理解，自己一手创立的企业，股权本来就是自己的，为什么引入投资者之后，股权就必须分几年才能拿回来？其实从另一个角度想，股权兑现条款不仅对投资者有好处，可以帮助投资者降低投资风险，而且对创业者也有好处。

试想，如果没有股权兑现条款，那么在创业过程中，一旦有成员离开创始团队，留下来的成员都将要为他（她）打工，这是大家都不想看到的情形。

正如我一直强调的，股权是利益的核心载体，股权的分配和变化是一切投资行为的基础。无论是投资者，还是创业者，在进行股权相关决策时都必须审慎。如果大家能够多研究成功企业的股权架构，再化为己用，那么将会有事半功倍的效果，也能帮助企业健康、平稳地发展下去。

行文至此,我已经比较系统地为大家梳理并介绍了有关投资的一些入门知识和核心逻辑。本书的内容汇聚了我从业至今的所思、所想。本书撰写的过程,也是我对自己投资经历和投资逻辑的一次复盘与整理,我从中获益良多。本书的内容都是我的个人观点,难免会有疏漏。如有尚待补实之处,欢迎大家指正。

旅美30余载,感慨万千。我从当年青涩的清华学子一路走到今天,获得的支持和遇见的善意不胜枚举。本书满怀本人的诚意,是我对过往的一种致谢和怀念。如果这12章的内容能够对正在读本书的读者有一丝帮助或启发,那么本书就有意义。

70年悠悠岁月,如今的投资领域已经和它最初面世时大有不同。从一个新兴的商业扶持形式,再到如今全球经济的"加速器",乃至未来科技与人类社会边界的核心推动力,投资在世界经济与发展中扮演的角色已经发生了翻天覆地的变化,而这种变化将永远持续下去。

现在投资的影响对象已经从地面"飞"到了太空,而这场"游戏"的参与者,也从极少数有能力、有财力的精英分子，扩展到了有志于此的所有普罗大众。例如，领投 + 跟投等模式的出现，让每一个有兴趣的人都有机会通过远程连接的方式，与专业投资者一起对新奇、有趣、具有颠覆性的项目发起联合投资。这是时代和科技的恩赐。

对于投资者和创业者来说，历史上从来没有任何时代，比当今时代更尊重科技发展和创新创业；没有任何时代，比当今时代给予创业者和投资者的回报更大；更没有任何时代，比当今时代赋予创业者和投资者的敬意与尊重更高。而且，在现实世界中，遥远的物理距离正在被不断革新的科技通过虚拟的方式缩短，从而逐渐形成一个不曾有过的巨大市场。

同等程度的颠覆和革新，在当下时代能够产生的价值和对社会造成的影响，也是远远超过以往任何一个时代的。因此，投资的重要性也达到了有史以来的巅峰。

创业从来都不是一件容易的事，寻找到有价值的项目并成功投资更是难上加难。但当全民创业和全民投资成为时代浪潮，每个人都应该做的，就是尽可能地了解和学习更多知识，积极拥抱变化和革新，并寻找和把握每一个属于自己的机会。

作为一个投资从业者，我很幸运能够在 21 世纪初就进入了这个领域，并获得了一定的成功。我深知今日所拥有的一切都不是理所当然的，除了我自己的努力外，还有时代发展和运气使然。因此，我永远怀着谦卑和感恩之心，也希望自己所做的一切能够不负今日所得。

感谢多年来不断向前的自己。正是得益于从清华校园开始的每一次踏步，我才能不断地触碰和探索新世界，才能一路实现自己遥不可及的梦想。

感谢我的家人，这么多年他们对我无条件地支持，是我一路前行的最大勇气。

感谢我的朋友，在我每一次有需要时，给予我无尽的指导和帮助，让我在人生中几乎所有的十字路口，都幸运地选对了方向。

感谢我的同事，让我能够通过自己创立的丰元资本，与志同道合的他们相遇，一起用我们的能力、经验、资源为创业者们赋能，与创业者们共同开启全新的未来。

○ 后记

丰元资本合伙人徐霄羽博士、朱会灿博士、李强、吴军博士（从左向右）

感谢这个时代，让身处投资领域的我能够和其他人一样，成为时代发展浪潮的见证者和参与者，成为当下世界的一个最鲜活的注脚。

最后，感谢读至此处的你——我的读者。无论你从事哪种职业，无论你对投资是否感兴趣，甚至无论我们是否会相见，我都衷心地祝愿你能够勇于探索、积极尝试。在这个过程中，不管是跌跌撞撞也好，一帆风顺也罢，我都祝福你能够大胆追梦、不负此生。